中小学校财务人员必备手册

晋晓琴 主编

中国财经出版传媒集团
经济科学出版社
Economic Science Press

图书在版编目（CIP）数据

中小学校财务人员必备手册/晋晓琴主编. --北京：经济科学出版社，2023.4
ISBN 978-7-5218-4728-4

Ⅰ.①中… Ⅱ.①晋… Ⅲ.①中小学-财务管理-手册 Ⅳ.①G637.5-62

中国国家版本馆CIP数据核字（2023）第070868号

责任编辑：杜 鹏 武献杰 常家凤
责任校对：郑淑艳
责任印制：邱 天

中小学校财务人员必备手册
晋晓琴 主编
经济科学出版社出版、发行 新华书店经销
社址：北京市海淀区阜成路甲28号 邮编：100142
编辑部电话：010-88191441 发行部电话：010-88191522
网址：www.esp.com.cn
电子邮箱：esp_bj@163.com
天猫网店：经济科学出版社旗舰店
网址：http://jjkxcbs.tmall.com
固安华明印业有限公司印装
787×1092 16开 14.5印张 320 000字
2023年4月第1版 2023年4月第1次印刷
ISBN 978-7-5218-4728-4 定价：68.00元
（图书出现印装问题，本社负责调换。电话：010-88191545）

前　言

2011 年，《中华人民共和国国民经济和社会发展第十二个五年规划纲要（2011—2015 年）》提出“进一步推进政府会计改革，逐步建立政府财务报告制度”。2013 年，党的十八届三中全会提出“建立权责发生制的政府综合财务报告制度”。2014 年，国务院批转财政部制定的《权责发生制政府综合财务报告制度改革方案》，全面开启了政府会计改革。最近几年，政府会计领域改革不断。尤其是自 2019 年 1 月 1 日起，政府会计准则制度在全国各级各类行政事业单位（包括中小学校）全面施行；2020 年，修订后的《中华人民共和国预算法实施条例》施行，财政部印发《预算管理一体化规范（试行）》和《预算管理一体化系统技术标准 V1.0》；2021 年《行政事业性国有资产管理条例》《中华人民共和国民办教育促进法实施条例》发布；2022 年《关于建立中小学校党组织领导的校长负责制的意见（试行）》发布，《事业单位财务规则》《中小学校财务制度》修订发布；2023 年《预算管理一体化规范（2.0 版）》发布。为进一步贯彻落实党的二十大精神，落实立德树人根本任务，建设社会主义教育强国，推进国家治理体系和治理能力现代化，帮助中小学校财务人员全面理解和应用上述新准则制度或规范，我们编写了这本《中小学校财务人员必备手册》。本书可作为中小学校以及其他事业单位财务人员的业务指导用书或者培训、自学的教材，还可以作为高等学校会计学、财务管理等专业本科生以及研究生学习政府会计的重要参考资料。

本书主要有以下三个特点：

1. 内容全面。本书第 2 章至第 5 章讲解了中小学校经济业务的会计核算，第 6 章至第 11 章分别讲解了中小学校的预算会计报表和决算报告、财务报告、国有资产管理、食堂财务管理、内部控制、会计档案管理等最新内容，是中小学校财务人员的“百宝箱”。

2. 结构创新。本书以中小学校的五大财务会计要素和三大预算会计要素的核算为主线，在有关章节中有机融入预算管理一体化、财务制度、政府收支分类改革、国库集中支付、全面预算绩效管理等最新规范，助力中小学校财务人员全面了解、快速掌握。

3. 理论联系实际。本书既涉及中小学校会计核算、财务管理、内部控制等最新理论，更选用中小学校的实际经济业务为例说明其会计核算，讲解其国有资产月报和年报、决算报告、财务报告、内部控制报告等各种实际编报流程。

本书为以下教学改革项目或者教学质量工程的阶段性成果：2021 年河南省高等教育教学改革研究与实践重点项目“新文科背景下行业特色高校会计学国家级一流本科专

业建设的研究与实践”（项目编号：2021SJGLX152）、2021 年校级教育教学研究与改革重点项目，并获得资助；2023 年度河南省高校人文社会科学研究一般项目（项目编号：2023－ZZJH－203）；河南省本科高校会计学专业课程思政教学团队；国家级一流本科专业（会计学专业）建设点；河南省高等学校教学名师；华北水利水电大学研究生教育改革与质量提升工程项目（批准号：NCWUSZKC202303）。

本书由华北水利水电大学管理与经济学院晋晓琴教授和范莹吉、朱露莹以及郑州市郑东新区文苑学校陈思琪编写，最后由晋晓琴对全书进行修改、总纂。具体分工如下：晋晓琴编写第 1、第 2、第 4、第 5、第 7、第 11 章，范莹吉编写第 9、第 10 章，朱露莹编写第 6、第 8 章，陈思琪编写了第 3 章。本书在编写过程中得到了郑州市金水区城市管理局王新华、鹤壁市非税收入管理局高天、湖北省老河口市财政局郭珂等的帮助，部分章节由华北水利水电大学硕士研究生曹峥、张译博进行了核对，我们还借鉴和参阅了大量相关的研究成果与文献，引用了法律法规部分相关条文，在这里一并表示由衷的感谢。由于近年来政府会计改革持续进行，更由于我们水平有限，书中难免有错误或不当之处，敬请各位专家和读者批评指正。

编者

2023 年 3 月

目　录

第1章　中小学校会计概述

1.1　中小学校会计改革发展历史

1.1.1　1949～1992年的预算会计改革

1.《各级人民政府暂行单位预算会计制度》（1950年）。1950年10月，财政部召开第一次全国预算会计金库会议，讨论通过并于12月发布了《各级人民政府暂行总预算会计制度》和《各级人民政府暂行单位预算会计制度》（以下简称1950年会计制度），分别适用于各级财政机关和各级各类事业行政单位，是中华人民共和国成立后第一个关于政府会计的制度。

主要内容包括：核算除国防、企业资金、大宗岁入等具有特殊性质外的各机关一切财务收支的会计事项；预算会计年度为公立年度；预算会计科目分为岁入、岁出、资产、负债和资产负债共同类五大类；会计基础为收付实现制；记账方法为现金收付记账法，但如事实需要，可采用借贷记账法；统一规定预算会计报表格式；会计报表分别采用"报到"和"划期"两种基础编报。该制度首创了"会计事项分录举例"，清晰明了，有利于财务人员快速学习和掌握。

2.《行政事业单位会计制度》（1966年）。1965年，财政部印发了《行政事业单位会计制度》（以下简称1966年会计制度），从1966年1月1日起实行。

主要内容包括：（1）根据国家建制和经费领拨关系，各单位的会计组织分为主管会计单位、二级会计单位和基层会计单位，该分类延续至今。（2）规定了行政事业单位会计年度以国家预算年度为准；采用以资金活动为主体的"收付记账法"，各地区也可以试点以账户为主体的"增减记账法"或以会计为主体的"收付记账法"；主要账务核算组织包括会计科目、会计账簿、会计凭证。（3）会计科目分类由1950年会计制度的五个改为资金来源、资金运用和资金结存三大类，共设置18个会计科目；会计等式是"资金来源－资金运用＝资金结存"。（4）固定资产分为房屋和建筑物、专用设备、一般设备、文物和陈列品、牲畜等五类；规定了固定资产的单位价值标准，一般设备单价在20元以上，中央事业单位专用设备单价在100元以上，地方事业单位专用设备单价起点为 50 ~ 100 元。（5）会计报表分为月报和年度决算两种，报表主要包括资金活动情况表、经费支出明细表，差额预算单位按月报送“差额单位收支情况表”；每逢 6 月、9 月报表时，加报“基本数字”和主管部门汇总的“差额单位收支情况表”。（6）该制度主要适用于全额预算管理单位，对差额单位、自收自支单位的会计核算均未涉及。

3.《事业行政单位预算会计制度》。随着行政事业单位财务管理体制的改革，尤其是许多事业单位已从单纯依靠国家拨款，转向经营管理型过渡，差额预算单位和自收自支单位的数量不断扩大和增加。同时，由于前期预算会计制度的制定权的下放，出现了地方同中央主管部、委制定的单位预算会计制度的矛盾，导致单位执行困难。1988 年财政部召开全国预算会计工作会议，全面修订单位预算会计制度。同年 9 月 17 日，财政部印发《事业行政单位预算会计制度》（以下简称 1988 年会计制度），从 1989 年 1 月 1 日起执行。

该制度共 15 章 93 条，与 1966 年会计制度相比，主要有如下特点：

第一，适用范围覆盖全额预算管理单位、差额预算管理单位和自收自支预算管理单位，范围大大扩展；规定该制度必须在全国统一执行，中央主管部、委和地方各省市均不得再自行制定制度，只能根据财政部的统一会计制度，结合本系统、本地区的实际情况，制定补充规定或实施细则。

第二，明确了行政事业单位仍采用资金收付记账法；会计要素和会计等式仍延续 1966 年会计制度的做法；记账规则为增加结存记“同收”，减少结存记“同付”，不涉及结存总额增减变化的记“有收有付”；首次引入权责发生制，会计核算一般实行收付实现制，简单的成本费用核算的会计事项可用权责发生制。

第三，制定了三种不同预算管理方式适用的会计科目和各自不同的会计核算规定，使新制度成为各类各级行政事业单位通用的、完整的会计制度；对会计科目实行科学编号，便于财务人员掌握运用，并为实现会计核算的电算化创造有利条件。

第四，明确了会计凭证的概念，变“原始单据”为“原始凭证”，变“记账凭单”为“记账凭证”，修改了原始凭证的分类，规定原始凭证必须具备五项基本内容；修改了会计账簿的概念和分类，补充了账簿启用原则和记账要点。

第五，新增了抵支收入的核算，统一了行政事业单位以收抵支的核算方法；规范了预算外收支、专项资金、专用基金等新业务的会计账务处理与管理；根据全国统一规定的成本费用核算科目，首次简单构建了成本费用的核算与管理框架，以适应事业单位进一步加强经济核算的需要。

该制度标志着事业单位向“统一领导、分级管理”体制的转变；它内容丰富，融会计制度、财务制度、会计基础工作规范于一体，为后来制定行政事业单位会计制度、财务制度以及《会计档案管理办法》等奠定了基础；行政与事业单位（包括中小学校）共用同一套会计制度，体现了高度集中的会计管理思想。

1.1.2　1993～2009 年的中小学校会计改革

1993 年 7 月 1 日，企业开始实行新的“两则”“两制”，标志着我国会计由计划经济向市场经济模式的转换。企业会计改革对事业单位会计工作产生了较大影响，把预算会计制度改革提到了议事日程。财政部从 1996 年起，先后颁发了《事业单位财务规则》《事业单位会计准则（试行）》《事业单位会计制度》。

1.《中小学校财务制度》。1997 年 6 月 23 日，财政部、国家教委联合发布《中小学校财务制度》（以下简称 1997 年财务制度），自 1997 年 1 月 1 日起施行，共 13 章 55 条。它是中华人民共和国成立以来第一部专门适用于中小学校的财务制度。其主要内容如下。

第一，明确了制度的适用范围。制度适用于各级人民政府举办的普通中小学校、职业中学、特殊教育学校、工读教育学校、幼儿园、成人中学和成人初等学校，企业事业组织、社会团体及其他社会组织的上述学校参照执行。

第二，规范了学校的财务管理体制。第五条规定：单独设置财务机构的中小学校，实行“统一领导、统一管理”的体制。学校的财务活动在校长的领导下，由财务部门统一管理。不具备条件或不需要单独设置财务机构的中小学校，实行“集中管理、分校核算”的体制。即在一定区域内，设置中心财务机构，统一管理区域内中小学校的财务活动，学校只设报账员，在校长领导下，管理学校的财务活动，统一向中心财务机构报账。

第三，改革了学校预算管理模式。取消了全额、差额、自收自支三种预算管理形式，国家将根据教育事业发展计划和学校特点，对学校实行“核定收支、定额或者定项补助、超支不补、结余留用”的新预算管理办法。

第四，规范了收支余的管理。第 4 章和第 5 章对收入和支出的概念、分类进行阐述并提出了相应的管理要求，中小学校收入包括财政补助收入、上级补助收入、事业收入、经营收入、附属单位上缴收入和其他收入六大类，支出包括事业支出、建设性支出、经营支出和对附属单位补助支出。

第五，规范了专用基金管理。第 6 章明确中小学校除了设置修购基金、职工福利基金外，还可以设置医疗基金、奖教奖学基金以及其他专用基金，并规定了不同基金的来源。

第六，规范了资产与负债的管理。以往的学校财务管理中没有资产与负债概念，第 8 章和第 9 章对资产和负债要素的概念、分类进行阐述并提出了相应的管理要求，可促进学校加强国有资产的管理，增强风险意识。

第七，构建了新的财务报告体系。第 11 章明确了财务报告的概念，确定中小学校财务报告包括资产负债表、收支情况表、专用基金变动情况表、有关附表及财务情况说明书，改变了过去各种报表类型多、内容杂，缺乏通用性与可比性的状况，有利于全面真实地反映中小学校财务状况，有利于国家对学校进行宏观调控；此外，中小学校应按照主管部门的规定和要求，根据学校管理的需要，定期编制财务分析报告；中小学校财务分析包括四大指标。

2.《中小学校会计制度（试行）》。为了在中小学校贯彻新事业单位会计准则制度的精神，财政部、教育部按照国家事业单位财务会计改革的总体部署，结合中小学校的实际，于1998年3月31日颁布了《中小学校会计制度（试行）》（以下简称1998年会计制度），从1998年1月1日起试行。它是中华人民共和国成立以来第一部适用于中小学校的会计制度。主要包括六部分。

第一部分为总说明，主要包括：（1）建立新的中小学校会计核算模式。将除国家基本建设投资、校办产业经营收支以外的事业资金，均纳入学校的核算范畴之内，体现了“大收支”和“大预算”的观念。（2）淘汰了原来的资金收付记账法，实行国际通行的借贷记账法。（3）改进会计记账基础，会计核算基础主要采用收付实现制，对实行内部成本核算的勤工助学收支采用权责发生制，将事业收支活动和经营收支活动严格分开，有利于对经营性活动进行相对完整的成本核算。

第二部分是会计科目及其编码。主要创新点有：（1）重新设计了会计要素，分别是资产、负债、净资产、收入和支出，建立了“资产 + 支出 = 负债 + 净资产 + 收入”的新的会计等式。（2）改革了会计科目的设置，设置了五大类35个会计科目，其中资产类8个，负债类5个，净资产6个，收入类9个，支出类7个。（3）在会计科目表中既统一规定了35个一级科目，也根据中小学校的实际情况，对“事业基金”“专用基金”“教育经费拨款”“教育附加拨款”“事业收入”“拨出经费”“事业支出”等统一规定了二级明细科目。（4）与财务制度相衔接，设立了“代管款项”科目，将对外投资分解为“对勤工俭学项目投资”和“其他对外投资”两个会计科目。（5）取消预算内外资金割裂核算和使用的办法，基本按照“收支两条线”的原则，对学校的收入和支出进行重新分类，体现了“收入按来源，支出按用途”的管理思想。

第三部分为年终清理结算的主要事项和年终结账的三大步骤。

第四部分为会计报表，主要创新点有：（1）构建了新的学校会计报表体系，主要包括资产负债表、收入支出表、附表（基本数字表）及收支情况说明书等。（2）列示资产负债表的月报和年报两种格式，月报表的原理和方法与《事业单位会计制度》一样，年报表的方法与《高等学校会计制度》类似，但对专项未完项目的收支差额采取如下办法处理：以“拨入专款”科目年末贷方余额减去“专款支出”科目借方余额，得出专项资金结存项目的期末数，填列在“专项资金结存”项下。

第五部分为会计档案。与1988年会计制度相比，该部分字数减少，对“保管期限以及交接手续”表述基本不变，但强调了会计档案包括的内容。

第六部分新增了附录。附录一为中小学校新旧会计科目转换及与事业单位会计制度科目对照表，便于财务人员进行新旧衔接；附录二延续了1950年、1966年会计制度的做法，对主要会计事项分录进行举例说明。

1.1.3 2010～2015年的中小学校会计改革

2010年，财政部发布修订后的《医院财务制度》《医院会计制度》，标志着新一轮的事业单位财务制度和会计制度改革拉开了序幕。

1.《中小学校财务制度》(2012年)。2012年12月21日，财政部会同教育部修订发布了《中小学校财务制度》(以下简称2012年财务制度)，自2013年1月1日起施行。修订后的财务制度共13章77条。与1997年财务制度相比，主要有如下变化。

第一，适用范围发生变化。将中等职业学校、接受国家经常性资助的社会力量举办的中小学校纳入适用范围，其他社会力量举办的中小学校可以参照执行；纳入企业财务管理体系的中小学校，以及独立核算的中小学校校办企业，执行企业财务制度；各类幼儿园可依照或参照执行。

第二，强化校长的主体作用。为进一步落实中小学校的法人主体地位，2012年财务制度第五条规定中小学校财务管理实行校长负责制。中小学校校长是中小学校财务管理的第一责任人。

第三，严格义务教育阶段学校的财务管理。义务教育阶段学校按国家有关规定不得从事经营活动；国家将义务教育经费全面纳入财政预算，由国务院和地方各级人民政府依法予以保障；义务教育阶段学校不提取修购基金、不得对外投资、不得提供担保；严禁义务教育阶段学校举借债务；义务教育阶段学校不能使用“对附属单位补助支出”科目。

第四，食堂管理、决算管理、结余管理实现新突破。2012年财务制度第九条规定，中小学校食堂应当坚持公益性和非营利性原则，在学校财务部门统一管理下，实行单独核算，定期公开账务；第十七条至第十九条增加了决算的定义、编制和管理要求，确定了财务决算在整个预算管理中的重要地位，完善了中小学校的财务管理内容，体现学校预算管理的完整性；第三十四条至第三十七条界定了中小学校结转和结余的概念，明确了财政拨款结转结余、非财政拨款结转结余以及事业基金的管理要求。

第五，新增了与公共财政改革相关的内容。如第十三条的政府收支分类、第二十三条和第三十一条的国库集中支付和政府采购、第三十二条的绩效管理、第8章的资产管理、第五十五条的“收支两条线”等。

第六，完善了资产管理。根据国库集中收付制度的要求，在流动资产中增加了“零余额账户用款额度”；减少了“借出款”，将“应收及暂付款项”名称改为“应收及预付款项”，增加了流动资产管理的要求。对固定资产分类进行了适当调整，与2011年5月新修订的《中华人民共和国国家标准——固定资产分类与代码》保持一致；调高了固定资产的单位价值标准，通用设备、专用设备分别由原来的500元、800元提高到1 000元、1 500元；增加了固定资产总账、明细账的设置要求。在资产分类中增加了“在建工程”，明确了“在建工程”的定义、核算和管理要求，将“在建工程”纳入资产管理，使学校资产的管理更加完整、准确。要求中小学校严格控制对外投资，在保证学校正常运转和事业发展的前提下，按照国家有关规定可以对外投资的，应当履行相关审批程序。中小学校不得使用财政拨款及其结余进行对外投资，不得从事股票、期货、基金、企业债券等投资，国家另有规定的除外，强调义务教育阶段学校不得对外投资。规范了资产处置的概念、内容、原则，规定资产处置收入实行“收支两条线”管理。

第七，加强了负债管理。第五十八条对借入款项、应付及预收款项含义等作出了具体界定；强调建立中小学财务风险控制机制，严禁义务教育阶段学校举借债务，非义务教育阶段学校不得违反规定举借债务；中小学校不得提供担保等。

第八，强化了收入支出管理。中小学校六类收入的范围发生变化，取消了预算外资金和义务教育阶段学校杂费收入；严禁设立小金库、严禁账外设账、严禁公款私存；增加了收入管理的要求。增加了适应政府收支分类改革的要求，把“事业支出”由原来的 11 小项合并为“基本支出”和“项目支出”两大项，同时将原“建设性支出”并入“事业支出”中的“项目支出”，界定了两类支出的含义；增加了“其他支出”和“上缴上级支出”两个支出；经营支出和对附属单位补助支出的范围由“全部中小学校”变为“非义务教育阶段学校”；强化支出管理，强调将各项支出全部纳入学校预算，建立健全支出管理制度；加强绩效管理和票据管理；基本支出、项目支出不得混用；公用支出不得用于教职工福利等人员支出；项目支出专款专用，不得挤占和挪用；专项资金应当专款专用等。

第九，调整了财务报告体系。年度财务报告增加了“财政拨款收入支出表”“固定资产投资决算报表”两张主表，删除了“专用基金变动情况表”；财务情况说明书中增加了“结转”“对外投资”“资产出租出借”“资产处置”“固定资产投资”“绩效”“财务分析指标”等内容；调整了财务分析指标，新增“生均事业支出”和“生均公用支出”两个指标，取消了“生均支出增减率”指标。

2. 《中小学校会计制度》(2013 年)。2013 年，财政部发布了修订后的《中小学校会计制度》(以下简称 2013 年会计制度)，自 2014 年 1 月 1 日起正式施行。与 1998 年会计制度相比，主要有如下变化。

第一，整体结构发生变化，具体变化见表 1－1。

表 1－1　　1998 年和 2013 年中小学校会计制度的比较

1998 年会计制度（六部分）	2013 年会计制度（五部分）	说明
第一部分　总说明（共 14 条）	第一部分　总说明（共 9 条）	删除的内容包括在《事业单位会计准则》
第二部分　会计科目		
一、会计科目表	第二部分　会计科目名称和编号	1998 年会计制度第二部分在 2013 年会计制度中被拆分为两部分
二、会计科目使用说明	第三部分　会计科目使用说明	

续表

1998 年会计制度（六部分）	2013 年会计制度（五部分）	说明
第三部分　年终清理结算和结账		已删除，相关内容包括在《会计基础工作规范》中
第四部分　会计报表	第四部分　会计报表格式	1998 年会计制度第四部分在 2013 年会计制度中被拆分为两部分
	第五部分　财务报表编制说明	
第五部分　会计档案		已删除，相关内容包括在《会计档案管理办法》
第六部分　附录		已删除
附录一　中小学校新旧会计科目转换及与事业单位会计制度科目对照表		已删除，2014 年 1 月 27 日，财政部单独发布《新旧中小学校会计制度有关衔接问题的处理规定》
附录二　主要会计事项分录举例		已删除

第二，新增了与近年来公共财政改革有关的会计核算内容。①为了满足国库集中收付制度的核算要求，新增了“零余额账户用款额度”“财政应返还额度”两个科目来核算财政直接支付或者财政授权支付；取消“拨出经费”“拨入专款”“专款支出”“结转自筹基建”科目，不仅是对我国国库集中支付制度的适应，也为了加强国家对采购资金的监督力度。②为了适应政府收支分类改革的要求，在“财政补助结转”下设置“基本支出结转”和“项目支出结转”两个明细，把“事业支出”原来的 11 个明细科目修改为“基本支出”和“项目支出”两个明细科目；把“教育经费拨款”和“教育附加拨款”科目改为“公共财政预算拨款”和“政府性基金预算拨款”科目。③根据我国工资津贴补贴改革，将“应付工资”“应付津贴补贴”合并为“应付职工薪酬”科目，并设置了“工资（离退休费）”“地方（部门）津贴补贴”“其他个人收入”“社会保险费”“住房公积金”等进行明细核算。④根据我国的医疗和住房体制改革，取消了专用基金中的“医疗基金”“住房基金”二级科目；由于不再将升学率等指标作为考核教师的标准，取消了“奖教基金”二级科目。

第三，明确规定了基建并入会计“大账”。2014 年之前，基建账数据长期“游离”于会计“大账”之外。2013 年会计制度要求中小学校基本建设投资在按照基建会计核算规定单独建账、单独核算的同时，也要同时执行本制度，专门设置了“1511 在建工程”科目进行核算，实现了基建会计与中小学校会计的并轨整合。

第四，修改了不少条款，与 2012 年财务制度保持协调。①调整了中小学校会计制度的适用范围。②增加了一些会计科目。如反映资产处置全过程管理的“待处置资产损溢”科目，“其他支出”和“上缴上级支出”两个支出科目，“财政补助结转”“财政补助结余”“非财政补助结转”三个净资产科目。③规定中小学校食堂实行单独核算，年末将食堂收支净额结转至“非财政补助结转”科目，年末抵销中小学校与本校食堂内部往来后，将食堂收支净额并入“其他收入——食堂净收入”科目，最终结转至“非财政补助结转”科目，会计报表附注中应当披露本校食堂单独核算的会计报表。④规定义务教育阶段学校不得使用“经营收入”“经营支出”“经营结余”“短期投资”“长期投资”“短期借款”“长期借款”“其他支出——利息支出”“专用基金——修购基金”“对附属单位补助支出”等会计科目。⑤变“勤工俭学收入”“勤工俭学支出”“勤工俭学结余”为“经营收入”“经营支出”“经营结余”三个科目；专用基金明细科目修改为“修购基金”“职工福利基金”“奖助学基金”“其他专用基金”。

第五，根据2012年的《事业单位会计准则》的要求，对会计科目做了较大幅度的调整。①科目名称改变，但核算范围不变。如“现金”变为“库存现金”，“材料”变为“存货”；“附属单位缴款”变为“附属单位上缴收入”，“对附属单位补助”变为“对附属单位补助支出”，“结余分配”变为“非财政补助结余分配”，“应交税金”变为“应缴税费”，“应缴预算款”改为“应缴国库款”。②科目名称改变，核算范围扩大。如将“固定基金”更名为“非流动资产基金”，与资产科目中的非流动资产相对应，名称更加准确，同时核算范围也由原来的“核算因购入、自制、调入、接受捐赠以及盘盈固定资产所形成的固定资产基金”，扩展到“核算中小学校长期投资、固定资产、在建工程、无形资产等非流动资产占用的金额”，并通过“长期投资”“固定资产”“在建工程”“无形资产”四个明细科目进行分别核算，实现对长期资产占用资金的真实核算和有效监督，减少国有资产的流失。③根据资产的流动性，把原来的“对勤工俭学项目投资”“其他项目投资”修改为“短期投资”“长期投资”，有利于加强对投资活动的管理，作出正确的投资决策。④将一个会计科目分立为多个会计科目。根据偿还时间的长短将“借入款项”分立为“短期借款”和“长期借款”两个科目，对借款进行分别管理，科学反映其偿债能力；把原来的“应收及暂付款”细化为“应收账款、其他应收款”；把原来的“应付及暂存款”细化为“应付账款、其他应付款、长期应付款”。⑤将“捐赠收入”“其他收入”合并为“其他收入”一个科目。

第六，调整了财务报表体系。①修改了资产负债表的编报基础和结构。月报编制基础由“资产＋支出＝负债＋净资产＋收入”变为“资产＝负债＋净资产”；报表只列示资产、负债和净资产三类，删除了收入和支出两大类；资产和负债分别按流动资产和非流动资产、流动负债和非流动负债列示，有利于报表使用者分析中小学校的资产、负债结构以及偿债能力。②修改了收入支出表的结构。列示了月报和年报两种报表格式；报表格式由原来的只列示收入和支出修改为列示收入、支出和结余三大类。③增加了财政补助收入支出表。按年初、本年、年末三大时间点，按基本支出和项目支出两大分类，披露了财政拨款收支结余情况。④增加了附注，而且明确规定中小学校报表附注至少应披露八个方面的内容，其中事业支出是通过“中小学校事业支出明细表”来披露的，纵向按财政补助支出、非财政补助支出和事业支出，横向按《政府收支分类科目》中的“部门预算支出经济分类”的类、款来综合披露。

1.1.4　2015年至今的中小学校会计改革

2014年12月，国务院批转了财政部的《权责发生制政府综合财务报告制度改革方案》，它的出台为政府会计改革指明了方向：建立统一、科学、规范的政府会计准则体系。

1. 政府会计标准体系。

（1）政府会计标准体系的构成。

①《政府会计准则——基本准则》。2015年10月，财政部发布《政府会计准则——基本准则》，自2017年1月1日起施行。基本准则共6章62条，主要包括以下内容：政府会计目标、会计核算的基本前提、政府会计信息质量要求、政府预算会计要素和政府财务会计要素、政府决算报告和财务报告。它是政府会计的“概念框架”，统驭政府会计具体准则和政府会计制度的制定，为政府会计实务问题提供处理原则，为编制政府财务报告提供基础标准。

②政府会计具体准则、应用指南、解释。具体准则主要规定政府发生的经济业务或事项的会计处理原则，具体规定经济业务或事项引起的会计要素变动的确认、计量和报告。截至2021年8月底，财政部已经出台了10个政府会计具体准则。应用指南主要对具体准则的实际应用作出操作性规定。

政府会计准则制度解释是对具体准则实施过程中出现的问题、具体准则条款规定不清楚或者尚未规定的问题作出的补充说明，是对政府会计准则体系的进一步完善，它与准则制度具有同等效力、同等地位。截至2022年9月，财政部已发布了5个政府会计准则制度解释。

另外，2018年12月6日，财政部发布的《关于进一步做好政府会计准则制度新旧衔接和加强行政事业单位资产核算的通知》也起到了解释的作用。

上述内容具体见表1－2。

表1－2　　政府会计具体准则、应用指南、解释

名称	发布时间	实施时间
《政府会计准则第1号——存货》	2016年7月6日	2017年1月1日
《政府会计准则第2号——投资》	2016年7月6日	2017年1月1日
《政府会计准则第3号——固定资产》	2016年7月6日	2017年1月1日
《政府会计准则第4号——无形资产》	2016年7月6日	2017年1月1日
《政府会计准则第5号——公共基础设施》	2017年4月17日	2018年1月1日
《政府会计准则第6号——政府储备物资》	2017年7月28日	2018年1月1日
《政府会计准则第7号——会计调整》	2018年10月21日	2019年1月1日
《政府会计准则第8号——负债》	2018年11月9日	2019年1月1日

续表

名称	发布时间	实施时间
《政府会计准则第 9 号——财务报表编制和列报》	2018 年 12 月 26 日	2019 年 1 月 1 日
《政府会计准则第 10 号——政府和社会资本合作项目合同》	2019 年 12 月 17 日	2021 年 1 月 1 日
《〈政府会计准则第 3 号——固定资产〉应用指南》	2017 年 2 月 21 日	2017 年 1 月 1 日
《〈政府会计准则第 10 号——政府和社会资本合作项目合同〉应用指南》	2020 年 12 月 17 日	2021 年 1 月 1 日
《政府会计准则制度解释第 1 号》	2019 年 7 月 16 日	2019 年 1 月 1 日
《政府会计准则制度解释第 2 号》	2019 年 12 月 27 日	2019 年 1 月 1 日 2020 年 1 月 1 日
《政府会计准则制度解释第 3 号》	2020 年 10 月 20 日	2020 年 10 月 20 日
《政府会计准则制度解释第 4 号》	2021 年 12 月 22 日	2021 年 1 月 1 日 2022 年 1 月 1 日
《政府会计准则制度解释第 5 号》	2022 年 9 月 29 日	2022 年 9 月 29 日

③政府会计制度及补充规定。政府会计制度主要规定政府会计科目及其使用说明、会计报表格式及其编制说明等，便于会计人员进行日常核算。2017 年 10 月，财政部发布《政府会计制度——行政事业单位会计科目和会计报表》（以下简称《政府会计制度》），自 2019 年 1 月 1 日起施行，鼓励行政事业单位提前执行。

2018 年，财政部陆续发布了 7 个行业事业单位补充规定，其中《关于中小学校执行〈政府会计制度——行政事业单位会计科目和报表〉的补充规定》适用于中小学校，意味着各中小学校和其他行政事业单位执行同一套政府会计准则制度体系。

提醒

中小学校补充规定中所指的中小学校包括各级人民政府和接受国家经常性资助的社会力量举办的普通中小学校、中等职业学校、特殊教育学校、工读教育学校、成人中学和成人初等学校。各级人民政府和接受国家经常性资助的社会力量举办的幼儿园依照本规定执行。

（2）政府会计标准体系的实施时间和适用范围。根据《关于贯彻实施政府会计准则制度的通知》规定，自 2019 年 1 月 1 日起，政府会计准则制度在全国各级各类行政事业单位（包括中小学校）全面施行，不再执行《事业单位会计准则》《中小学校会计制度》《国有建设单位会计制度》等。

补充

军队、已纳入企业财务管理体系执行企业会计准则或小企业会计准则的事业单位和执行《民间非营利组织会计制度》的社会团体，不执行政府会计准则制度。

2021年4月14日，财政部修订印发了《工会会计制度》，自2022年1月1日起实施；为了确保新旧制度顺利衔接、平稳过渡，2021年6月30日，财政部发布《工会新旧会计制度有关衔接问题的处理规定》。中小学校的工会应当执行新工会会计制度。

中小学校收取的党费，应按照2008年2月4日中央组织部印发的《关于中国共产党党费收缴、使用和管理的规定》来进行会计核算，单独建账，参照政府会计制度中的财务会计进行核算。预算管理一体化系统中配置了工会经费、党费账套，各单位可以按需申请启用。

中小学校收取的团费，应按照2016年7月13日共青团中央发布的《关于中国共产主义青年团团费收缴、使用和管理的规定》进行核算。

（3）政府会计标准体系的创新点。与以前的中小学校会计制度、《事业单位会计准则》相比，政府会计标准体系有不少创新之处。

①重构了政府会计核算模式。此次改革构建了“财务会计和预算会计适度分离并相互衔接”的会计核算模式。“适度分离”是指适度分离政府预算会计和财务会计功能，决算报告和财务报告功能，全面反映政府会计主体的预算执行信息和财务信息；“相互衔接”含义有四个：一是指在政府预算会计要素和财务会计要素相互协调，反映的经济业务有交叉；二是财务会计和预算会计之间要平行记账；三是权责发生制和收付实现制相互补充；四是决算报告和财务报告相互补充，共同反映预算执行信息和财务信息。该模式兼顾了现行部门决算报告制度的需要，又能满足部门编制权责发生制财务报告的要求，对于规范政府会计行为，夯实政府会计主体预算和财务管理基础，强化政府绩效管理具有深远的影响。

②所有行政事业单位执行同一套政府会计标准体系。该体系对行政事业单位的共性业务和事项的会计处理，以及财务报告和决算报告的编制进行了统一，提高了会计信息的可比性。行政单位和事业单位的部分业务内容存在差异的，通过部分科目加以区分。对中小学校的特殊业务通过补充规定和衔接规定加以说明。

③强化了财务会计功能。该体系中的基本准则、具体准则、应用指南以及解释，主要是针对财务会计核算出台的，仅有部分准则涉及预算会计核算；新《政府会计制度》中财务会计有资产、负债、净资产、收入和费用五个要素共77个一级会计科目，而预算会计仅有预算收入、预算支出和预算结余三个要素共26个一级科目会计；财务会计采用权责发生制基础，需要进行职业判断，对会计人员的要求高；新增了一些资产负债，扩大了某些资产负债的使用范围，财务会计在双体系中的占比迅速提高。

④扩大了政府资产负债的核算范围。资产方面，借鉴企业做法，增加了其他货币资金和研发支出；增加了与投资业务相关的应收股利、应收利息，长期股权投资可以采用

权益法；增加了公共基础设施、政府储备物资、文物文化资产等经管类资产和受托代理资产的核算内容，全面核算单位控制的各类资产；扩大了坏账准备、待摊费用和长期待摊费用的适用范围；增加了工程物资、在建工程，将基本建设核算并入学校大账，提高了会计信息的完整性；对固定资产和无形资产计提折旧或摊销，真实反映资产的价值，还给出中小学校固定资产计提折旧的参考年限。负债方面，增加了体现权责发生制基础的应付利息，扩大了预提费用的适用范围，增加了预计负债、受托代理负债，全面反映单位承担的现时义务。

⑤改进了预算会计功能。根据《预算法》和部门综合预算的要求，仅核算纳入部门预算管理的现金收支业务，仅采用预算收入、预算支出和预算结余三大会计要素；除按《预算法》要求的权责发生制事项外，一般采用收付实现制基础，避免虚列预算收支；增设了债务预算收入、债务还本支出、投资支出、专用结余、资金结存、非财政拨款结余等。调整后的预算会计，能更准确反映单位预算收支情况，满足单位预决算管理的需要。

⑥调整完善了报表体系和结构。新体系严格区分了预算会计报表体系和财务报表体系。预算会计报表一般包括预算收入支出表、预算结转结余变动表和财政拨款预算收入支出表三张，其编制基础均为收付实现制，预算结转结余变动表是新增报表，另外两张报表名称、格式和内容也进行了调整和优化；此外，同2013年会计制度一样，中小学校还要编制事业支出明细表，但其格式有较大变化：纵向由原来的三个修改为按同级财政拨款、事业收入、非同级财政拨款和其他资金四个来列示，横向仍按《政府收支分类科目》中的“部门预算支出经济分类”的类、款来列示，但款级科目发生了变化。财务报表由会计报表和附注构成，会计报表包括资产负债表、收入费用表、净资产变动表和现金流量表；除现金流量表编制基础为收付实现制外，其余三张报表编制基础均为权责发生制；其中收入费用表、净资产变动表为新增报表，现金流量表由各单位自行选择编制，中小学校一般不编制；明确了附注的概念和重要性，大幅度调整了附注应披露的内容，尤其是对“会计报表重要项目说明”新增了20张附表，还新增了“本期预算结余与本期盈余差异调节表”来反映财务会计和预算会计之间的“相互衔接”关系，中小学校还要提供将食堂财务会计信息纳入学校财务报表情况的说明，包括内部业务或事项抵销处理的情况，食堂本年收入、费用情况。

2.《事业单位财务规则》（2022年）。2022年1月7日，财政部公布《事业单位财务规则》（以下简称新财务规则），对原《事业单位财务规则》进行了修订，自2022年3月1日起施行。它适用于各级各类事业单位（包括中小学校）的财务活动。

新财务规则主要做了四方面修订。

（1）与《预算法》及其实施条例相衔接。第十五条提出，事业单位应当全面加强预算绩效管理，提高资金使用效益。第十八条提出，事业单位应当将各项收入全部纳入单位预算，统一核算，统一管理，未纳入预算的收入不得安排支出。第二十二条提出，事业单位应当将各项支出全部纳入单位预算，实行项目库管理，建立健全支出管理制度。第三十四条提出，事业单位应当将专用基金纳入预算管理，结合实际需要按照规定提取，保持合理规模，提高使用效益。第五十一条提出，事业单位应当建立健全财务风险预警和控制机制，规范和加强借入款项管理，如实反映依法举借债务情况，严格执行审批程序，不得违反规定融资或者提供担保。第十一条将原来的“预算调整”字眼修改为“预算调剂”，流动资产中删除了零余额账户用款额度。

（2）与政府会计准则制度、政府综合财务报告制度改革相衔接。在总则中新增第六条，强调事业单位的各项经济业务事项按照国家统一的会计制度进行会计核算；删除专用基金中的“修购基金”，将“事业基金”调整为“非财政拨款结余”科目。第二十五条提出，事业单位应当加强经济核算，可以根据开展业务活动及其他活动的实际需要，实行成本核算。成本核算的具体办法按照国务院财政部门相关规定执行。第五十五条至第五十九条规定了财务报告、决算报告的定义及构成等内容，删除了年度财务报告、财务情况说明书、财务分析的内容相关条款及附件等。

（3）与《行政事业性国有资产管理条例》相衔接。第三十七条在资产分类构成中新增“公共基础设施、政府储备物资、文物文化资产、保障性住房”四类经管资产具体类别；第三十八条规定，事业单位应当按照国家规定设置国有资产台账；汇总编制本单位行政事业性国有资产管理情况报告；定期或者不定期对资产进行盘点、对账。出现资产盘盈盘亏的，应当按照财务、会计和资产管理制度有关规定处理，做到账实相符和账账相符；对需要办理权属登记的资产应当依法及时办理。第三十九条规定，事业单位应当根据依法履行职能和事业发展的需要，结合资产存量、资产配置标准、绩效目标和财政承受能力配置资产。优先通过调剂方式配置资产。不能调剂的，可以采用购置、建设、租用等方式。第四十二条规定，在建工程达到交付使用状态时，应当按照规定办理工程竣工财务决算和资产交付使用，期限最长不得超过 1 年。第四十四条强调，事业单位应当明确对外投资形成的股权及其相关权益管理责任，按照国家有关规定将对外投资形成的股权纳入经营性国有资产集中统一监管体系。第四十七条规定，事业单位应当在确保安全使用的前提下，推进本单位大型设备等国有资产共享共用工作，可以对提供方给予合理补偿。

3.《中小学校财务制度》（2022 年）。2022 年 7 月 14 日，财政部会同教育部印发《中小学校财务制度》（以下简称 2022 年财务制度），对原《中小学校财务制度》进行了修订，自 2022 年 9 月 1 日起施行。与 2012 年财务制度相比，2022 年财务制度主要做了五方面修订。

（1）适用范围发生变化。将“接受国家经常性资助的社会力量举办的各类学校执行本制度”改为“可以参照执行”。具体适用范围如下：适用于各级人民政府举办的普通中小学校、中等职业学校（含技工学校）、特殊教育学校、专门学校、成人中学和成人初等学校。政府举办的幼儿园依照执行。社会力量举办的普通中小学校、中等职业学校（含技工学校）、特殊教育学校、专门学校、成人中学、成人初等学校和幼儿园可以参照执行。纳入企业财务管理体系的中小学校，以及独立核算的中小学校校办企业，执行企业财务制度。

（2）明确党组织领导中小学校的财务管理工作。2022 年 1 月 26 日，中共中央办公厅发布《关于建立中小学校党组织领导的校长负责制的意见（试行）》，提出建立中小学校党组织领导的校长负责制。2022 年财务制度贯彻该意见，第六条规定，中小学校财务管理实行党组织领导的校长负责制。校长在学校党组织领导下，依法依规管理财务工作，对财务资料的真实性、完整性负责。

（3）强化学校财务队伍建设，新增学校财务主管人员和财务、会计人员的岗位设置、职责权限以及任职条件等规定，具体内容见第 10 章“中小学校内部控制”；对学校采取自主经营食堂、委托方式经营食堂、配餐或托餐等不同方式为学生供餐的实际情况，分类提出财务管理要求，具体内容见第 9 章“中小学校食堂财务管理”。

（4）明确课后服务等服务性收费的管理要求，增加中小学校不得擅自扩大收费范围、增加收费项目、提高收费标准的禁止性规定，加强对地方落实“双减”政策财务行为的指导；强调中小学校应当提升财务信息化管理水平，积极利用现代信息技术，管理学校财务活动；与《行政事业性国有资产管理条例》相衔接，完善了中小学校的国有资产管理，具体内容见第 8 章“中小学校国有资产管理”。

（5）与政府会计准则制度、新财务规则、政府综合财务报告制度改革、《预算法》及其实施条例相衔接，对预算管理、决算、收支管理、财务报告制度等内容作相应调整和细化，例如明确提出全面实施绩效管理、未纳入预算的收入不得安排支出、如实反映依法举借债务等要求，增加中小学校实行成本核算的规定等。

4. 预算管理一体化改革。

（1）改革历程。2019 年，为提升财政预算管理现代化水平，财政部党组审议通过了《财政核心业务一体化系统实施方案》，作出了积极推进预算管理一体化建设，运用信息化手段全面深化预算制度改革的决策部署。

2020 年 3 月，财政部印发《预算管理一体化规范（试行）》和《预算管理一体化系统技术标准 V1.0》，并将海南等省作为第一批实施省份。预算管理一体化包括 8 个部分以及附录。按照财政部统一部署，预算管理一体化系统建设分两批进行，到 2021 年 5 月底前所有省份要按照规范和技术标准完成预算管理一体化系统建设。

2021 年 4 月，国务院印发《关于进一步深化预算管理制度改革的意见》，提出：①实现中央和地方财政系统信息贯通。用信息化手段支撑中央和地方预算管理，规范各级预算管理工作流程等，统一数据标准，推动数据共享。以省级财政为主体加快建设覆盖本地区的预算管理一体化系统并与中央财政对接，动态反映各级预算安排和执行情况，力争 2022 年底全面运行。中央部门根据国家政务信息化建设进展同步推进相关信息系统建设。建立完善全覆盖、全链条的转移支付资金监控机制，实时记录和动态反映转移支付资金分配、拨付、使用情况，实现资金从预算安排源头到使用末端全过程来源清晰、流向明确、账目可查、账实相符。②推进部门间预算信息互联共享。预算管理一体化系统集中反映单位基础信息和会计核算、资产管理、账户管理等预算信息，实现财政部门与主管部门共享共用。积极推动财政与组织、人力资源和社会保障、税务、人民银行、审计、公安、市场监管等部门实现基础信息按规定共享共用。落实部门和单位财务管理主体责任，强化部门对所属单位预算执行的监控管理职责。

为贯彻落实党的十九届五中全会精神和国有资产管理情况报告制度，推进资产管理融入预算管理一体化建设，2021 年 4 月，财政部发布《关于修订预算管理一体化规范和技术标准有关资产管理内容的通知》，扩充了资产信息卡片涵盖的资产类型，完善了资产信息卡片内容，确定了固定资产、无形资产、公共基础设施、政府储备物资、文物文化资产、保障性住房、在建工程、长期投资等各类资产的资产信息卡样式，作为附录纳入《预算管理一体化规范（试行)》。相应对《预算管理一体化要素目录》中的资产信息管理要素、《预算管理一体化系统技术标准 V1.0》中的资产信息逻辑库表及逻辑库表要素、资产信息基础数据集进行了增补和修改。

为了在中央部门全面推广实施预算管理一体化，2022 年 1 月 29 日，财政部、人民银行发布《中央财政预算管理一体化资金支付管理办法（试行)》，对预算管理一体化资金支付管理作了进一步规范，核心变化是不再区分财政直接支付和财政授权支付，统一为国库集中支付。

2022 年 5 月，财政部发布《预算管理一体化规范（2.0）（征求意见稿)》，与《预算管理一体化规范（试行)》相比，预算管理一体化整体新增了第九部分“资产管理”，规定了资产的验收、使用、处置、调剂共享平台、设备动态监管、清查核实、产权管理的管理流程和规则；“基础信息管理”从原来的 12 个子模块变为 15 个，“预算执行”从原来的 5 个子模块增加到 7 个。

2023 年 4 月，财政部印发《预算管理一体化规范（2.0 版)》，自印发之日起施行，《财政部关于印发〈预算管理一体化规范（试行)〉的通知》同时废止。

（2）指导思想。以习近平新时代中国特色社会主义思想为指导，全面贯彻落实党的十九大关于深化预算制度改革的新要求，统一规范各级财政预算管理，将制度规范与信息系统建设紧密结合，用系统化思维全流程整合预算管理各环节业务规范，通过将规则嵌入系统强化制度执行力，为深化预算制度改革提供基础保障，推动加快建立现代财政制度。

（3）改革内容。预算管理一体化的核心是统一规范和标准。财政部组织制定了全国统一的预算管理一体化规范，预算管理一体化包括基础信息管理、项目库管理、预算编制、预算批复、预算调整和调剂、预算执行、会计核算和预算指标核算、决算和报告、资产管理 9 个部分以及 5 个附录，涵盖预算管理的各个环节，每个环节统一规定了管理流程、管理规则和管理要素。

①基础信息管理。基础信息管理是预算管理的基础和初始环节。最新的财政部业务规范基础信息划分为 15 个相关子模块，具体见表 1 – 3。

表 1-3　　预算管理一体化系统中“基础信息管理”子模块

序号	模块	管理要素数（个）
1	单位信息	33
2	人员信息	37
3	资产信息	186
4	中央政府债务信息	11
5	地方政府债务信息	35
6	支出标准	6
7	绩效指标	17
8	政府收支分类科目	4
9	会计科目	20
10	预算指标核算科目	2
11	政府非税收入项目	0
12	政府采购	0
13	账户信息	15
14	转移支付测算因素	0
15	区划信息	2

各项基础信息要在统一口径基础上完整、准确填报，财政部门和主管部门要加强对基础信息的审核。基础信息管理应遵循的原则：一是标准化。统一基础信息的管理要素以及各项要素的名称、明细选项和使用说明，保证各级财政、各部门和单位预算管理基础信息的含义、范围、分类、信息来源和使用要求的标准化。二是规范化。明确规范各项基础信息的维护主体、信息来源和审核流程，实现流程化、动态化管理。三是一致性。整合预算管理各环节的基础信息，进行统一登记和维护更新，实现“一数一源”，各业务操作环节可直接调用，不需重复填报，并由预算管理一体化系统对各数据要素之间的关联关系进行逻辑判断和控制，提高基础信息的准确性。四是全面性。将预算管理相关信息全部纳入一体化系统管理，减少线下手工录入，提升自动化水平。

②项目库管理。项目库管理是预算管理的基础，预算支出全部以项目形式纳入预算项目库，预算管理各环节均以项目为基本单元，实施项目全生命周期管理，主要分为前期谋划、项目储备、预算编制、项目实施、项目结束和终止等阶段。项目库常态化开放项目申报与储备，提高储备项目质量。预算编制坚持“先有项目再安排预算”“资金跟着项目走”，预算申报前应完成项目入库和细化，预算报表根据项目信息自动生成。项目实施阶段，预算执行按项目进行预算指标控制和会计核算，项目库实时记录和动态反映项目预算下达、调整调剂、资金支付等状态。项目结束和终止阶段，一体化系统按规则自动计算项目预算结余，及时清理盘活结余资金。

项目库管理模块围绕项目全生命周期管理的要求设置了项目名称、项目代码、项目类别等49个管理要素，具体内容见表1-4。要素中突出明确项目储备阶段的管理要素，并与基础信息管理、预算编制、预算执行等阶段的有关管理要素相衔接。

表1-4 项目库管理要素

序号	要素名称	序号	要素名称	序号	要素名称
387	项目名称	404	项目概述	421	国外贷款赠款项目名称
388	项目代码	405	项目总额	422	国外贷款赠款协议号
389	中央转移支付项目代码	406	其中：财政拨款	423	国外贷款赠款机构
390	项目期限	407	财政专户管理资金	424	签约日期
391	起始时间	408	单位资金	425	生效日期
392	项目类别	409	其他非财政性资金	426	关账日期
393	财政内部机构	410	分年支出计划	427	贷款年限
394	主管部门	411	项目评审意见	428	贷款宽限期
395	分配方式	412	部门评审论证意见	429	签约金额
396	是否追踪	413	财政评审论证意见	430	贷款利率
397	是否基建项目	414	部门审核意见	431	承诺费率
398	是否科研项目	415	财政审核意见	432	管理费率
399	地方政府债券项目标识	416	项目资产权属	433	先征费率
400	国际金融组织和外国政府贷款赠款项目标识	417	收支平衡方案	434	本级使用的国外贷款或赠款额度
401	财政热点分类	418	资金投向领域	435	转贷或拨付下级使用的国外贷款或赠款额度
402	部门热点分类	419	建设期限		
403	编报模板	420	运营期限		

《预算管理一体化系统技术标准》主要提供给信息技术管理和开发人员使用，保证《预算管理一体化规范（试行)》中的管理流程、管理规则和管理要素在系统开发层面的贯彻落实，同时统一了各地系统的数据生产汇总标准和外部对接标准。

（4）预算管理一体化系统。各地由省级财政部门按照一体化规范和技术标准统一建设本地区预算管理一体化系统，并与财政部联网对接。在本省范围内，各地财政均使用统一的系统进行预算管理。省级财政部门通过一体化系统实现对本地区各级财政预算数据的集中管理，并按日上传财政部系统。财政部通过统一的系统接受各地一体化系统上传预算数据、下发有关基础信息和下达转移支付预算指标等，实现全国各级预算管理的上下贯通、有效衔接和预算数据的集中统一管理。图1-1和图1-2为某市两个区的预算管理一体化系统，系统内功能略有不同。

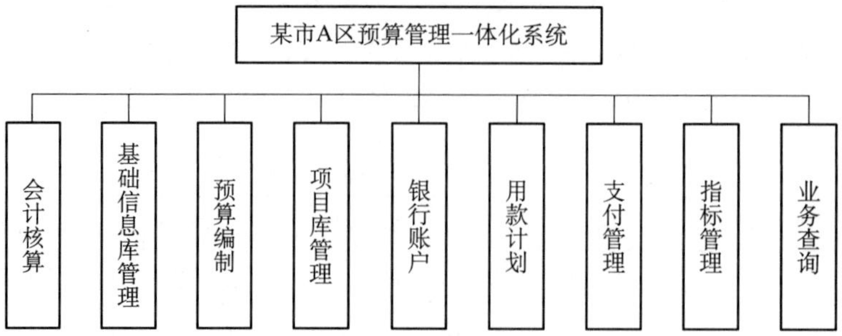

图1-1　某市A区预算管理一体化系统

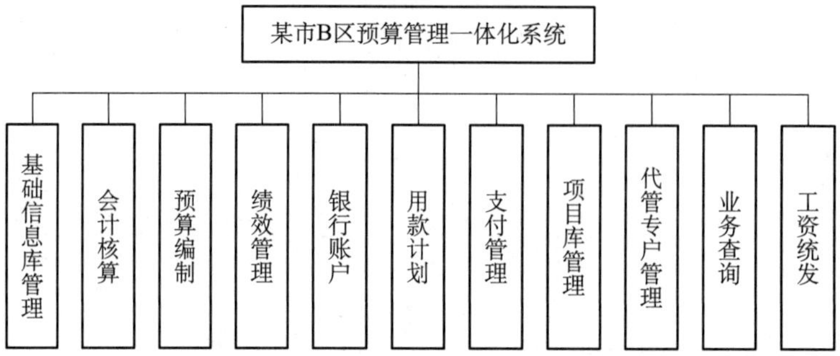

图1-2　某市B区预算管理一体化系统

预算管理一体化对事业单位（包括中小学校）的预算管理、国库集中支付、会计核算、决算报告、财务报告、政府采购等多方面产生重大影响，具体影响将在涉及章节说明。

1.2　中小学校会计基本理论

1.2.1　中小学校财务管理要求

中小学校财务管理实行党组织领导的校长负责制。校长在学校党组织领导下，依法依规管理财务工作，对财务资料的真实性、完整性负责。

中小学校财务管理的基本原则是：贯彻执行国家有关法律、法规和财务规章制度；坚持勤俭办学的方针；正确处理事业发展需要和资金供给的关系，社会效益和经济效益的关系，国家、学校和个人三者利益的关系。

中小学校财务管理的主要任务是：合理编制学校预算，严格预算执行，完整、准确编制学校决算报告和财务报告，真实反映学校预算执行情况、财务状况和运行情况；依法筹集教育经费，努力节约支出；建立健全财务制度，加强经济核算，全面实施绩效管理，提高资金使用效益；加强资产管理，合理配置和有效利用资产，防止资产流失；加强对学校经济活动的财务控制和监督，防范财务风险。

中小学校应当提升财务信息化管理水平，积极利用现代信息技术，管理学校财务活动。

1.2.2 中小学校会计核算模式

中小学校会计核算是指中小学校按照国家统一的会计制度对其发生的各项经济业务事项进行会计核算的工作。中小学校应当以校为单位进行会计核算。实行“集中记账，分校核算”的，不改变学校财务管理权。即在一定区域内，由县级财政和教育部门确定的会计核算机构统一办理区域内中小学校的会计核算。

1. 新型政府会计核算模式。从2019年1月1日起，新的政府会计准则制度在全国各级各类行政事业单位全面施行。这次政府会计改革可以概括为新型政府会计核算模式、“平行记账模式”或“双功能记账模式”。其具体特点总结如表1－5所示。

表1－5　新型政府会计核算模式的特点

特点	政府会计体系	
双体系	财务会计	预算会计
双基础	权责发生制	收付实现制
双报告	财务报告	决算报告
双目标	向财务报告使用者提供与政府的财务状况、运行情况和现金流量等有关信息	向决算报告使用者提供与政府预算执行情况有关的信息
双要素	资产、负债、净资产、收入和费用	预算收入、预算支出与预算结余
双等式	资产＝负债＋净资产 收入－费用＝本期盈余	预算收入－预算支出＝当期预算结余
双功能	创新，加强	继承，完善
会计规范	政府会计准则体系	预算会计制度
结账时间	月结	年结

（1）双体系。政府会计由预算会计和财务会计构成。

预算会计，是指以收付实现制为基础对政府会计主体预算执行过程中发生的全部收入和全部支出进行会计核算，主要反映和监督预算收支执行情况的会计。

财务会计，是指以权责发生制为基础对政府会计主体发生的各项经济业务或者事项进行会计核算，主要反映和监督政府会计主体财务状况、运行情况和现金流量等的会计。

（2）双基础。预算会计实行收付实现制，国务院另有规定的，依照其规定。收付实现制，是指以现金的实际收付为标志来确定本期收入和支出的会计核算基础。凡在当期实际收到的现金收入和支出，均应作为当期的收入和支出；凡是不属于当期的现金收入和支出，均不应当作为当期的收入和支出。

财务会计实行权责发生制。权责发生制，是指以取得收取款项的权利或支付款项的义务为标志来确定本期收入和费用的会计核算基础。凡是当期已经实现的收入和已经发生的或应当负担的费用，不论款项是否收付，都应当作为当期的收入和费用；凡是不属于当期的收入和费用，即使款项已在当期收付，也不应当作为当期的收入和费用。

（3）双报告。政府会计主体应当编制决算报告和财务报告。政府决算报告是综合反映政府会计主体年度预算收支执行结果的文件。政府财务报告是反映政府会计主体某一特定日期的财务状况和某一会计期间的运行情况和现金流量等信息的文件。

（4）双目标。决算报告的目标是向决算报告使用者提供与政府预算执行情况有关的信息，综合反映政府会计主体预算收支的年度执行结果，有助于决算报告使用者进行监督和管理，并为编制后续年度预算提供参考和依据。

财务报告的目标是向财务报告使用者提供与政府的财务状况、运行情况（含运行成本，下同）和现金流量等有关信息，反映政府会计主体公共受托责任履行情况，有助于财务报告使用者作出决策或者进行监督和管理。

（5）双要素。政府预算会计要素包括预算收入、预算支出与预算结余。政府财务会计要素包括资产、负债、净资产、收入和费用。

2. 平行记账。平行记账是指单位对于纳入部门预算管理的现金收支业务，在采用财务会计核算的同时应当进行预算会计核算；对于其他业务，仅需进行财务会计核算。

平行记账判断的两个层次：第一个层次，该业务是否是现金收支业务，如不是，则不需进行预算会计核算，仅在财务会计中核算；第二个层次，如该业务是现金收支业务，进一步判断这一收支业务是否纳入部门预算管理，如纳入，则在预算会计中核算。实务中，学校现金收支业务大部分都是纳入预算管理，需要在预算会计中核算。

不纳入预算管理的现金收支业务主要包括：①受托代理的货币资金：其所有权、控制权仍归属原单位，不属于单位的预算收入。②应缴财政款。如学校收到应上缴财政的学费、处置资产取得应上缴财政的资金净流入（收支两条线）等。③往来款项。如支付和收取的押金；职工预借的差旅费。④直接计入专用基金的资金。⑤转拨款项及未纳入本年度预算的收入等。

除预算结转结余科目之间的相互转账业务外，学校的日常经济业务事项，都需要做财务会计核算，而仅针对“纳入部门预算管理的现金收支业务”进行预算会计核算。

实践中，当经济业务或事项发生时，学校按照政府会计准则制度要求，采取平行记账的方式分别以收付实现制和权责发生制填制预算会计与财务会计记账凭证。具体如图 1－3 所示。

记账凭证

凭证类型：记账　凭证号：9　制单日期：2022－04－30　附单据：7 张

序号	摘要	财务会计			预算会计		
		会计科目	借方金额	贷方金额	会计科目	借方金额	贷方金额
1	支付202202水费	500102　业务活动费——商品和服务费用	6 000. 00		72010102　事业支出——财政拨款支出——项目支出	6 000. 00	
2	支付202202水费	1011　零余额账户用款额度		6 000. 00	800101　资金结存——零余额账户用款额度		6 000. 00
3							
4							
	合计	陆仟元整	6 000. 00	6 000. 00	陆仟元整	6 000. 00	6 000. 00

序号	金额	资金性质	支出功能分类	差异额	预算项目	经济分类
1	6 000. 00	1111　财政拨款	2050203　初中教育	0 无差异		30205　水费

图 1－3　记账凭证格式

3. 预算管理一体化对会计核算的影响。图 1－4 为某市某区的预算管理一体化系统的“会计核算”模块的详细内容。除涉密事项外，原则上纳入部门预算管理的全部资金收支核算都应通过一体化核算系统反映。

财政部门根据政府会计准则制度，在一体化系统中设置了相关会计核算业务场景与核算规则，预制了会计核算凭证模板，预算单位已办理的国库集中支付业务信息可自动匹配核算场景和规则，并生成机制凭证，节约了会计人员大量时间，而且避免了人工录入凭证时选错功能分类、预算项目及经济分类科目等现象，缓解了基层财务人员的工作压力，极大地提高了工作效率。

一体化系统自动生成的机制凭证不得人为修改，自动核算确实有误或因会计政策、估计调整涉及调整会计核算结果的，应以会计调整的方式进行修正。涉及财政资金收支核算结果调整的，应按照财政部门支付更正规定报财政审核通过后调整，调整后的会计核算结果要与财政总预算会计核算结果保持一致。

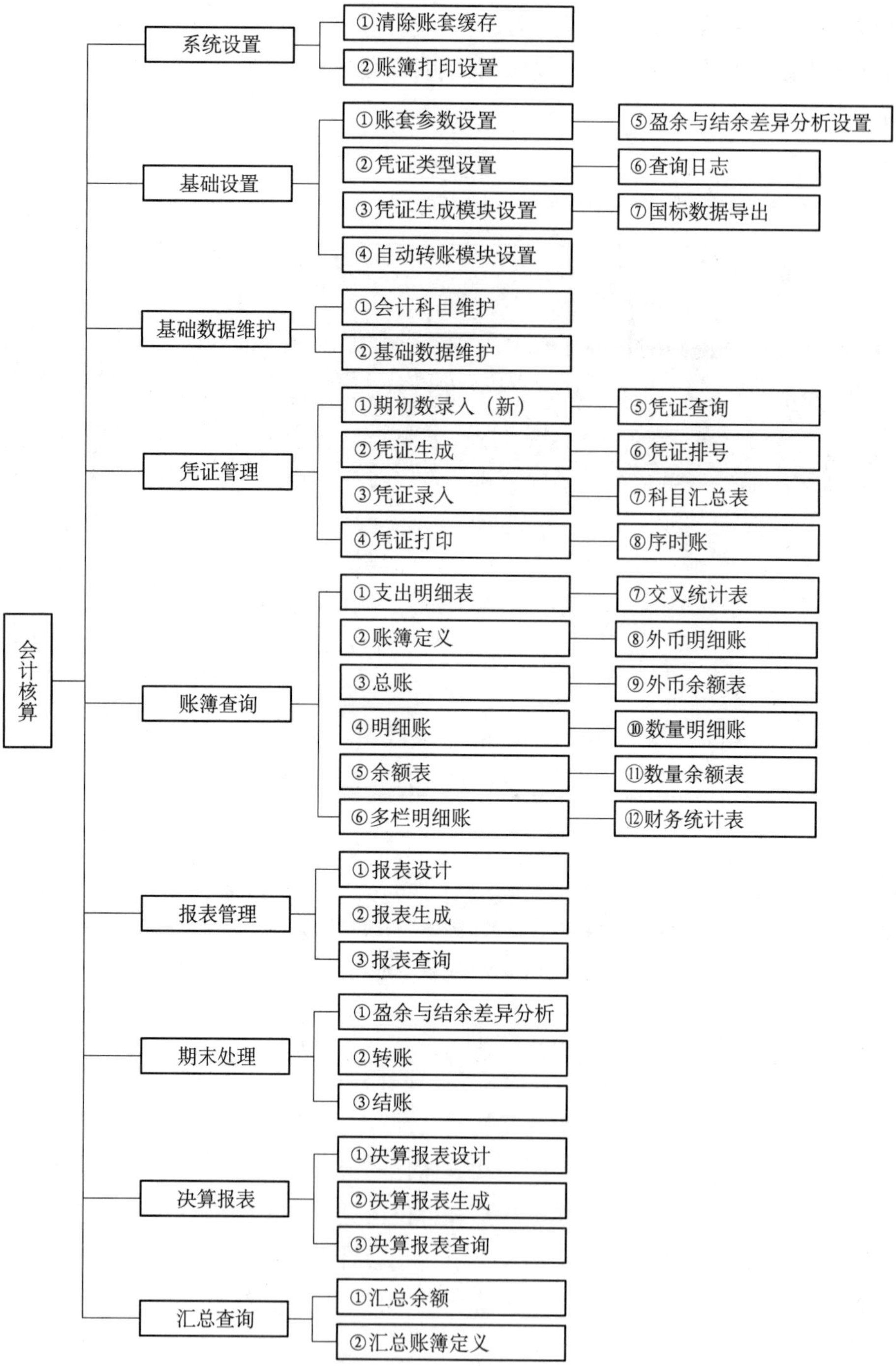

图1－4　某市某区预算管理一体化系统的“会计核算”模块

1.2.3　中小学校会计科目

会计科目是对会计要素对象的具体内容进行分类核算的类目，其设置应当符合国家统一的会计制度的规定。

会计科目分为预算会计科目和财务会计科目，预算会计科目又细分为预算收入类科目、预算支出类科目与预算结余类科目，财务会计科目细分为资产类科目、负债类科目、净资产类科目、收入类科目和费用类科目。具体科目设置见第2至第5章。

中小学校应当按照下列规定运用会计科目。

（1）学校应当按照《政府会计制度——行政事业单位会计科目和报表》和中小学校执行该制度的补充规定和衔接规定设置和使用会计科目。在不影响会计处理和编制报表的前提下，可以根据实际情况自行增设或减少某些会计科目。

（2）学校应当执行《政府会计制度——行政事业单位会计科目和报表》统一规定的会计科目编号，以便于填制会计凭证、登记账簿、查阅账目，实行会计信息化管理。

（3）学校在填制会计凭证、登记会计账簿时，应当填列会计科目的名称，或者同时填列会计科目的名称和编号，不得只填列会计科目编号、不填列会计科目名称。

（4）学校设置明细科目或进行明细核算，除遵循《政府会计制度——行政事业单位会计科目和报表》规定外，还应当满足权责发生制政府部门财务报告和政府综合财务报告编制的其他需要。

（5）使用自有会计核算软件进行会计核算的单位，应当按照政府会计准则制度等统一规定的会计科目编号、会计科目名称，在自有系统中维护单位会计账簿使用的会计科目，设置明细会计科目还应当满足政府部门财务报告编制的需要。单位可根据实际情况在政府会计准则制度等规定的底级科目下设一级，并报财政部门备案。

（6）预算管理一体化系统中会计科目的设置。各地财政部门根据政府会计准则制度规定，结合年度部门决算、政府财务报告编制要求，在一体化系统（“会计核算”模块——“基础数据维护”子模块——“会计科目维护”）中统一设置会计科目体系，并按照预算项目等设置辅助核算功能，用以全面反映预算项目的资金变动情况。各预算单位一般不得自行修改一体化核算系统已预制的一级、二级会计科目，但可结合管理需求自行增设明细会计科目或会计科目辅助核算项目。一般情况下，财务会计科目挂接了资金往来、对象类别、差异项等辅助核算项目，预算会计科目挂接了功能分类、经济分类、预算项目、资金性质、差异项等辅助核算项目。

预算管理一体化中会计科目设置举例见表1-6。

表1-6　　预算管理一体化系统中的会计科目举例

科目编码	科目名称	科目类型	科目属性	余额控制	允许账套扩展	余额方向	辅助核算
1001	库存现金	资产	现金	否	是	借	
100101	库存现金	资产	现金	否	是	借	
100199	受托代理资产	资产	现金	否	是	借	
1002	银行存款	资产	一般科目	否	是	借	

续表

科目编码	科目名称	科目类型	科目属性	余额控制	允许账套扩展	余额方向	辅助核算
100201	基本户	资产	一般科目	否	是	借	
100202	其他存款户	资产	一般科目	否	是	借	
100299	受托代理资产	资产	一般科目	否	否	借	
7201	事业支出	预算支出	一般科目	否	是	借	资金性质：末级，经济分类：末级，差异项：末级
720101	财政拨款支出	预算支出	一般科目	否	是	借	资金性质：末级，经济分类：末级，差异项：末级
72010101	基本支出	预算支出	一般科目	否	是	借	差异项：末级，资金性质：末级，经济分类：末级
7201010101	人员经费	预算支出	一般科目	否	否	借	资金性质：末级，经济分类：末级，差异项：末级，支出功能分类：末级
7201010102	日常公用经费	预算支出	一般科目	否	否	借	经济分类：末级，资金性质：末级，差异项：末级，支出功能分类：末级
72010102	项目支出	预算支出	一般科目	否	否	借	经济分类：末级，资金性质：末级，差异项：末级，支出功能分类：末级，预算项目：末级
720102	非财政专项资金支出	预算支出	一般科目	否	否	借	预算项目：末级，经济分类：末级，资金性质：末级，差异项：末级，支出功能分类：末级，经费来源：末级
720103	其他资金支出	预算支出	一般科目	否	否	借	资金性质：末级，经济分类：末级，资金性质：末级，差异项：末级，支出功能分类：末级，经费来源：末级
720104	待处理	预算支出	一般科目	否	是	借	资金性质：末级，差异项：末级，经济分类：末级

1.2.4 借贷记账法

中小学校会计采用借贷记账法。

1. 借贷记账法的含义。借贷记账法是以“借”和“贷”作为记账符号，把每个账户结构都划分为“借方”“贷方”“余额”三栏。对于每个账户而言，借方在左，贷方在右，以反映资金的增减变化情况。

（1）表示记账方向。“借”表示账户的借方记录，借项，简称为借；“贷”，表示账户的贷方记录，贷项，简称为贷。

（2）与不同类型的账户相结合，分别表示增加或减少。借和贷本身不等于增或减，只有与具体类型的账户相结合以后，才可以表示增加或减少。

借：表示资产、费用、预算支出的增加；表示负债、净资产、收入、预算收入、预算结余的减少。

贷：表示资产、费用、预算支出的减少；表示负债、净资产、收入、预算收入、预算结余的增加。

（3）表示余额的方向。通常，资产、负债、净资产和预算结余类账户期末都会有余额。其中，资产类账户的正常余额在借方，负债、净资产和预算结余账户的正常余额在贷方。

2. 借贷记账法下的账户结构。在借贷记账法下，所有账户都分为借、贷两方。一方用来登记数额的增加，一方用来登记数额的减少，但是，究竟哪一方登记增加，哪一方登记减少，由各账户的性质来决定。

财务会计的资产、负债、净资产、收入和费用五大类账户可归纳为两大类：第一大类为资产部类，具体包括资产类、费用类账户，该大类账户的借方登记增加额，贷方登记减少额，如果期末有余额，在借方。预算会计中的预算支出类的账户结构和资产部类结构基本相同。其账户结构具体见图 1－5。

借方　　　　资产部类账户	贷方
资产、费用、预算支出类账户的增加	资产、费用、预算支出类账户的减少
资产账户期末余额 注：费用、预算支出类账户期末结转后无余额	负债、净资产类账户期末余额

图 1－5　资产部类账户结构

第二大类为权益部类，具体包括负债类、净资产类和收入类，该大类账户的贷方登记增加额，借方登记减少额，如果期末有余额，在贷方。预算会计中的预算收入、预算结余类的账户结构和权益部类结构基本相同。其账户结构具体见图 1－6。

借方　　　　权益部类账户	贷方
负债、净资产、收入、预算收入、预算结余类账户的减少	负债、净资产、收入、预算收入、预算结余类账户的增加
	负债、净资产类账户期末余额 注：收入、预算收入、预算结余类账户期末结转后无余额

图 1－6　权益部类账户结构

第 2 章　中小学校收入和预算收入

2.1　收入和预算收入的基本理论

2.1.1　收入和预算收入的定义、确认

《政府会计准则——基本准则》第四十二条规定，收入是指报告期内导致政府会计主体净资产增加的、含有服务潜力或者经济利益的经济资源的流入。收入的确认应当同时满足以下条件：（1）与收入相关的含有服务潜力或者经济利益的经济资源很可能流入政府会计主体；（2）含有服务潜力或者经济利益的经济资源流入会导致政府会计主体资产增加或者负债减少；（3）流入金额能够可靠地计量。符合收入定义和收入确认条件的项目，应当列入收入费用表。

《政府会计准则——基本准则》第十九条规定，预算收入是指政府会计主体在预算年度内依法取得的并纳入预算管理的现金流入。预算收入一般在实际收到时予以确认，以实际收到的金额计量。

2.1.2　收入类和预算收入类会计科目

在政府会计核算体系中，财务会计的收入类会计科目有 11 个，预算会计的预算收入类会计科目只有 8 个。收入类和预算收入类会计科目之间的对应关系具体见表 2 - 1。

表 2 - 1　　会计科目

收入类会计科目（财务会计）		预算收入类会计科目（预算会计）		适用范围
科目编码	科目名称	科目编码	科目名称	
4001	财政拨款收入	6001	财政拨款预算收入	
4101	事业收入	6101	事业预算收入	事业单位
4201	上级补助收入	6201	上级补助预算收入	事业单位

续表

收入类会计科目（财务会计）		预算收入类会计科目（预算会计）		适用范围
科目编码	科目名称	科目编码	科目名称	
4301	附属单位上缴收入	6301	附属单位上缴预算收入	事业单位
4401	经营收入	6401	经营预算收入	事业单位（非义务教育）
		6501	债务预算收入	事业单位（非义务教育）
4601	非同级财政拨款收入	6601	非同级财政拨款预算收入	
4602	投资收益	6602	投资预算收益	事业单位（非义务教育）
4603	捐赠收入	6609	其他预算收入	
4604	利息收入			
4605	租金收入			
4609	其他收入			

1. 收入类会计科目的要点。确认基础一般是权责发生制，财政拨款收入、捐赠收入（银行存款）、利息收入可采用收付实现制；按收入类别、来源、对方单位等进行明细核算，不按项目进行明细核算，一般不需按预算管理规定列明细；期末转入“本期盈余”科目的贷方。

法规链接——收入按来源列明细（《政府会计准则制度解释第 1 号》）

单位在按照收入来源对有关收入科目进行明细核算的基础上，应当在财务报表附注中按照收入来源分类对有关收入进行披露。收入来源主要分为本部门内部单位、本部门以外同级政府单位、本部门以外非同级政府单位和其他单位。

2. 预算收入类会计科目的要点。确认基础一般采用收付实现制；按收入类别、项目、来源（一般公共预算拨款、政府性基金预算拨款）、《政府收支分类科目》中的支出功能分类科目的项级科目等进行明细核算，其中的专项资金收入按具体项目进行明细核算；年末转入四个预算结余类科目，分别是财政拨款结转——本年收支结转、非财政拨款结转——本年收支结转、经营结余和其他结余。

法规链接——《2023 年政府收支分类科目》的支出功能分类

2022 年 7 月财政部发布的《2023 年政府收支分类科目》列示了一般公共预算支出功能分类科目、政府性基金预算支出功能分类科目、国有资本经营预算支出功能分类科目和社会保险基金预算支出功能分类科目。一般公共预算支出功能分类科目包括 27 类，具体内容见表 2－2。

表 2-2　一般公共预算支出功能分类科目

科目代码（类）	科目名称	科目代码（类）	科目名称	科目代码（类）	科目名称
201	一般公共服务支出	211	节能环保支出	221	住房保障支出
202	外交支出	212	城乡社区支出	222	粮油物资储备支出
203	国防支出	213	农林水支出	224	灾害防治及应急管理支出
204	公共安全支出	214	交通运输支出	227	预备费
205	教育支出	215	资源勘探工业信息等支出	229	其他支出
206	科学技术支出	216	商业服务业等支出	230	转移性支出
207	文化旅游体育与传媒支出	217	金融支出	231	债务还本支出
208	社会保障和就业支出	219	援助其他地区支出	232	债务付息支出
210	卫生健康支出	220	自然资源海洋气象等支出	233	债务发行费用支出

在上述“类”下，还分为“款”和“项”级科目，中小学校最常用的是“205 教育支出”，具体见表 2-3。

表 2-3　205 教育支出的功能分类科目

科目代码			科目名称	说明
类	款	项		
205			教育支出	反映政府教育事务支出
	01		教育管理事务	反映教育管理方面的支出
	02		普通教育	反映各类普通教育支出
		01	学前教育	反映各部门举办的学前教育支出。政府各部门对社会组织等举办的幼儿园的资助，如捐赠、补贴等，也在本科目中反映
		02	小学教育	反映各部门举办的小学教育支出。政府各部门对社会组织等举办的小学的资助，如捐赠、补贴等，也在本科目中反映
		03	初中教育	反映各部门举办的初中教育支出。政府各部门对社会组织等举办的初中的资助，如捐赠、补贴等，也在本科目中反映
		04	高中教育	反映各部门举办的高中教育支出。政府各部门对社会组织等举办的普通高中的资助，如捐赠、补贴等，也在本科目中反映
		05	高等教育	反映各部门举办的普通本科（包括研究生）教育支出。政府各部门对社会组织等举办的普通本科（包括研究生）的资助，如捐赠、补贴等，也在本科目中反映
		99	其他普通教育支出	反映除上述项目以外其他用于普通教育方面的支出
	03		职业教育	反映各部门举办的各类职业教育支出
		01	初等职业教育	反映各部门举办的初等职业教育支出。政府各部门对社会组织等举办的初等职业学校的资助，如捐赠、补贴等，也在本科目中反映

续表

科目代码			科目名称	说明
类	款	项		
		02	中等职业教育	反映各部门（不含人力资源社会保障部门）举办的中等职业教育支出。政府各部门对社会组织等举办的中等职业学校的资助，如捐赠、补贴等，也在本科目中反映
		03	技校教育	反映人力资源社会保障部门举办的技校教育支出。政府各部门对社会组织等举办的技工学校的资助，如捐赠、补贴等，也在本科目中反映
		05	高等职业教育	反映各部门举办的本科、专科层次职业教育支出。政府各部门对社会组织等举办的本科、专科层次职业院校的资助，如捐赠、补贴等，也在本科目中反映
		99	其他职业教育支出	反映除上述项目以外其他用于职业教育方面的支出
	04		成人教育	反映各部门举办函授、夜大、自学考试等成人教育的支出
		01	成人初等教育	反映各部门举办各类成人初等教育的支出
		02	成人中等教育	反映各部门举办各类成人中等教育的支出
		03	成人高等教育	反映各部门举办函授、夜大、高等教育自学考试等方面的支出
		04	成人广播电视教育	反映各部门举办成人广播电视教育的支出
		99	其他成人教育支出	反映除上述项目以外其他用于成人教育方面的支出
	05		广播电视教育	反映广播电视教育支出
	06		留学教育	反映经国家批准，由教育部门统一归口管理的出国、来华留学生支出
	07		特殊教育	反映各部门举办的盲童学校、聋哑学校、智力落后儿童学校、其他生理缺陷儿童学校和工读学校的支出
		01	特殊教育学校	反映各部门举办盲童学校、聋哑学校、智力落后儿童学校、其他生理缺陷儿童学校的支出
		02	工读学校教育	反映各部门举办工读学校的支出
		99	其他特殊教育支出	反映除上述项目以外其他用于特殊教育方面的支出
	08		进修及培训	反映教师进修及干部培训等方面的支出
		01	教师进修	反映教师进修、师资培训支出
		99	其他进修及培训	反映除上述项目以外其他用于进修及培训方面的支出
	09		教育费附加安排的支出	反映教育费附加安排的支出
		01	农村中小学校舍建设	反映教育费附加安排用于农村中小学校舍新建、改建、修缮和维护的支出
		02	农村中小学教学设施	反映教育费附加安排用于改善农村中小学教学设施和办学条件的支出
		03	城市中小学校舍建设	反映教育费附加安排用于城市中小学校舍新建、改建、修缮和维护的支出

续表

科目代码			科目名称	说明
类	款	项		
		04	城市中小学教学设施	反映教育费附加安排用于改善城市中小学教学设施和办学条件的支出
		05	中等职业学校教学设施	反映教育费附加安排用于中等职业学校教学设施的支出
		99	其他教育费附加安排的支出	反映除上述项目以外的教育费附加支出
	99		其他教育支出	反映除上述项目以外其他用于教育方面的支出
		99	其他教育支出	反映除上述项目以外其他用于教育方面的支出

2.1.3 中小学收入和预算收入管理相关规定

1.《中小学校财务制度》(2022年)。

第十一条 非独立核算的勤工俭学、社会服务和经营等项目的财务活动，由学校财务部门统一管理。义务教育阶段学校按照国家有关规定不得从事经营活动。

第二十四条 收入是指中小学校为开展教育教学及其他活动依法取得的非偿还性资金。

第二十五条 中小学校收入包括：财政补助收入、事业收入、上级补助收入、附属单位上缴收入、经营收入、其他收入，其中：为在校学生提供课后服务收取的服务性收费收入，计入其他收入。

第二十六条 中小学校应当将各项收入全部纳入学校预算，统一核算，统一管理，未纳入预算的收入不得安排支出。中小学校严禁设立"小金库"，严禁账外设账，严禁公款私存。

第二十七条 中小学校组织收入应当合法合规，各项收费应当严格执行国家规定的收费范围、收费项目和收费标准，不得擅自扩大收费范围、增加收费项目、提高收费标准。

中小学校对按照规定上缴国库或者财政专户的资金，应当按照国库集中收缴的有关规定及时足额上缴，不得隐瞒、滞留、截留、占用、挪用、拖欠或坐支。

第二十八条 中小学校应当加强票据管理。行政事业性收费和代收费应当按照财务隶属关系使用财政部门监（印）制的财政票据。服务性收费应当使用税务发票。

第五十四条 中小学校转让无形资产取得的收入、取得无形资产发生的支出，应当按照国家有关规定处理。

2.《关于进一步加强和规范教育收费管理的意见》(2020年)。

（三）坚持实施九年义务教育制度。义务教育全面纳入财政保障范围，公办义务教育学校不收取学费、杂费。各地要严格执行义务教育法，巩固完善城乡义务教育经费保障机制，坚持实行九年义务教育制度，严禁随意扩大免费教育政策实施范围。对民办义务教育学校学生免除学杂费标准按照生均公用经费基准定额执行；对生均教育培养成本不足部分，应严格落实非营利性法定要求，合理确定收费标准。严禁收取与招生入学挂钩的捐资助学款。按照国家有关规定招收义务教育阶段学生进行文艺、体育等专业训练的学校或其他社会组织，收取的学杂费不应包括学生完成九年义务教育课程按规定免除的学杂费。

（六）完善学校服务性收费和代收费等政策。学校在完成正常的保育、教育教学任务外，为在校学生提供学习、生活所需的相关便利服务，以及组织开展研学旅行、课后服务、社会实践等活动，对应由学生或学生家长承担的部分，可根据自愿和非营利原则收取服务性费用。相关服务由学校之外的机构或个人提供的，学校可代收代付相关费用。学校服务性收费和代收费具体政策，由各省制定。国家已明令禁止的或明确规定由财政保障的项目不得纳入服务性收费和代收费，学校不得擅自设立服务性收费和代收费项目，不得在代收费中获取差价，不得强制或者暗示学生及家长购买指定的教辅软件或资料，不得通过提前开学等形式或变相违规补课加收相关费用。校内学生宿舍和社会力量举办的校外学生公寓，均不得强制提供相关生活服务或将服务性收费与住宿费捆绑收取。

（十三）加强教育收费收支管理。公办普通高中和中等职业学校学费、住宿费，公办高等学校学费、住宿费、委托培养费、函大电大夜大及短期培训费等收入，作为事业收入，按照“收支两条线”要求，纳入财政专户管理。公办幼儿园收费收入管理按现行规定执行。服务性收费收入由学校按规定列支；代收费收入由学校全部转交提供服务的单位，不得计入学校收入。学校要将教育收费收支全部纳入部门预算管理，加大资金统筹力度；教育收费安排的相关支出按规定纳入项目库规范管理。结合教育收费等其他收入情况，统筹安排财政拨款预算，更好发挥财政资金使用效益。各地不得将学校收费收入用于平衡预算，不得以任何形式挤占、截留、平调、挪用学校收费资金。民办学校收费收入应全部缴入经教育行政部门备案的学校银行账户，统一管理，主要用于教育教学活动、改善办学条件和保障教职工待遇并依据有关法律法规提取发展基金。学校收取行政事业性收费时要按照财务隶属关系使用财政部门印（监）制的财政票据，在收取服务性收费时应使用相应的税务发票，代收费时应使用资金往来结算票据。

3.《预算法》(2018年)。

第五十八条　各级预算的收入和支出实行收付实现制。特定事项按照国务院的规定实行权责发生制的有关情况，应当向本级人民代表大会常务委员会报告。

第六十一条　国家实行国库集中收缴和集中支付制度，对政府全部收入和支出实行国库集中收付管理。

第六十三条　各部门、各单位应当加强对预算收入和支出的管理，不得截留或者动用应当上缴的预算收入，不得擅自改变预算支出的用途。

4.《预算法实施条例》(2020年)。

第五十五条　各级政府财政部门和税务、海关等预算收入征收部门和单位必须依法组织预算收入，按照财政管理体制、征收管理制度和国库集中收缴制度的规定征收预算收入，除依法缴入财政专户的社会保险基金等预算收入外，应当及时将预算收入缴入国库。

第五十六条 除依法缴入财政专户的社会保险基金等预算收入外，一切有预算收入上缴义务的部门和单位，必须将应当上缴的预算收入，按照规定的预算级次、政府收支分类科目、缴库方式和期限缴入国库，任何部门、单位和个人不得截留、占用、挪用或者拖欠。

5.《行政事业性国有资产管理条例》(2021 年)。

第二十条 各部门及其所属单位应当将依法罚没的资产按照国家规定公开拍卖或者按照国家有关规定处理，所得款项全部上缴国库。

第二十五条 行政单位国有资产出租和处置等收入，应当按照政府非税收入和国库集中收缴制度的有关规定管理。除国家另有规定外，事业单位国有资产的处置收入应当按照政府非税收入和国库集中收缴制度的有关规定管理。事业单位国有资产使用形成的收入，由本级人民政府财政部门规定具体管理办法。

第二十六条 各部门及其所属单位应当及时收取各类资产收入，不得违反国家规定，多收、少收、不收、侵占、私分、截留、占用、挪用、隐匿、坐支。

第二十七条 各部门及其所属单位应当在决算中全面、真实、准确反映其国有资产收入、支出以及国有资产存量情况。

6.《事业单位财务规则》(2022 年)。

第十八条 事业单位应当将各项收入全部纳入单位预算，统一核算，统一管理，未纳入预算的收入不得安排支出。

第十九条 事业单位对按照规定上缴国库或者财政专户的资金，应当按照国库集中收缴的有关规定及时足额上缴，不得隐瞒、滞留、截留、占用、挪用、拖欠或坐支。

7.《国务院关于进一步深化预算管理制度改革的意见》(2021 年)。

强化部门和单位收入统筹管理。各部门和单位要依法依规将取得的各类收入纳入部门或单位预算，未纳入预算的收入不得安排支出。各部门应当加强所属单位事业收入、事业单位经营收入等非财政拨款收入管理，在部门和单位预算中如实反映非财政拨款收入情况。加强行政事业性国有资产收入管理，资产出租、处置等收入按规定上缴国库或纳入单位预算。

8.《行政事业单位内部控制规范（试行)》(2012 年)。

第二十五条 单位应当建立健全收入内部管理制度。单位应当合理设置岗位，明确相关岗位的职责权限，确保收款、会计核算等不相容岗位相互分离。

第二十六条 单位的各项收入应当由财会部门归口管理并进行会计核算，严禁设立账外账。业务部门应当在涉及收入的合同协议签订后及时将合同等有关材料提交财会部门作为账务处理依据，确保各项收入应收尽收，及时入账。财会部门应当定期检查收入金额是否与合同约定相符；对应收未收项目应当查明情况，明确责任主体，落实催收责任。

第二十七条　有政府非税收入收缴职能的单位，应当按照规定项目和标准征收政府非税收入，按照规定开具财政票据，做到收缴分离、票款一致，并及时、足额上缴国库或财政专户，不得以任何形式截留、挪用或者私分。

9.《义务教育法》(2018年)。

第二条　国家实行九年义务教育制度。义务教育是国家统一实施的所有适龄儿童、少年必须接受的教育，是国家必须予以保障的公益性事业。实施义务教育，不收学费、杂费。国家建立义务教育经费保障机制，保证义务教育制度实施。

第二十五条　学校不得违反国家规定收取费用，不得以向学生推销或者变相推销商品、服务等方式谋取利益。

2.2　收入和预算收入的核算和管理

2.2.1　财政拨款收入和财政拨款预算收入

1. 概念。财政拨款收入和财政拨款预算收入核算的内容相同，都核算学校从同级政府财政部门取得的各类财政拨款。

补充说明

同级政府财政部门预拨的下期预算款和没有纳入预算的暂付款项，以及采用实拨资金方式通过本单位转拨给下属单位的财政拨款，通过“其他应付款”科目核算，不通过“财政拨款收入”“财政拨款预算收入”科目核算。

本级财政部门以政府购买服务方式拨付的财政拨款、主管部门或上级单位以政府购买服务方式拨付的财政拨款，应通过“事业收入”“非同级财政拨款收入”科目核算。

学校实际从同级财政取得政府债券资金的，仍通过“财政拨款收入”“财政拨款预算收入”科目核算，但应按照预算管理要求需对政府债券资金单独反映，即应当根据地方政府债券类别按照“地方政府一般债券资金收入”“地方政府专项债券资金收入”等科目进行明细核算。

2. 拨款方式。根据预算资金管理制度的规定，财政拨款收入领拨方式为财政直接支付、财政授权支付和实拨资金三种。实拨资金是指未实行国库集中支付改革的财政资金的拨付，包括政府性基金、所得税退税等。

3. 确认基础相同。都采用收付实现制。

4. 明细科目不同。财政拨款收入可按照一般公共预算财政拨款、政府性基金预算财政拨款等拨款种类进行明细核算。财政拨款预算收入应当设置“基本支出”和“项目支出”两个明细科目，并按《政府收支分类科目》中“支出功能分类科目”的项级科目进行明细核算；同时，在“基本支出”明细科目下按照“人员经费”和“日常公用经费”进行明细核算，在“项目支出”明细科目下按照具体项目进行明细核算。有一般公共预算财政拨款、政府性基金预算财政拨款等两种或两种以上财政拨款的，还应按财政拨款的种类进行明细核算。

5. 期末结转科目不同。期末，“财政拨款收入”本期发生额转入“本期盈余”；年终结账时，“财政拨款预算收入”本年发生额转入“财政拨款结转”。两者年终结转后均无余额。

6. 账务处理。

【例2－1】 2×20年12月，某市级高级中学使用日常公用经费购买电脑一批，价税合计为600 000元，财政直接支付。

财务会计账务处理	预算会计账务处理
借：固定资产——通用设备（电脑） 600 000 贷：财政拨款收入——一般公共预算财政拨款 ——基本支出——日常公用经费 600 000	借：事业支出——同级财政拨款——基本支出 ——日常公用经费——办公设备购置 600 000 贷：财政拨款预算收入——一般公共预算财政拨款 ——基本支出——日常公用经费 600 000

【例2－2】 2×20年10月，某高中收到第四季度日常公用经费500 000元。

财务会计账务处理	预算会计账务处理
借：零余额账户用款额度 500 000 贷：财政拨款收入——一般公共预算财政拨款 500 000	借：资金结存——零余额账户用款额度 500 000 贷：财政拨款预算收入——一般公共预算财政拨款 ——高中教育——基本支出——日常公用经费 500 000

【例2－3】 2×20年12月，某高中收到专项教学设备款额度4 000 000元。

财务会计账务处理	预算会计账务处理
借：零余额账户用款额度 4 000 000 贷：财政拨款收入——一般公共预算财政拨款 4 000 000	借：资金结存——零余额账户用款额度 4 000 000 贷：财政拨款预算收入——一般公共预算财政拨款 ——高中教育——项目支出 4 000 000

注：如果上述经济业务的拨款方式是实拨资金，则财务会计中借方为“银行存款”，对应的预算会计中借方为“资金结存——货币资金”。

补充说明——“资金结存”账户

（1）预算结余类科目，核算单位纳入部门预算管理资金的流入、流出、调整和滚存等情况。

（2）主要设置下列明细科目：

①零余额账户用款额度：授权支付。年末结账后无余额。

②货币资金：单位以库存现金、银行存款、其他货币资金形态存在的资金。年末借方余额。

③财政应返还额度：核算实行国库集中支付的单位可以使用的以前年度财政直接支付资金额度和财政应返还的财政授权支付资金额度。可设置“财政直接支付”“财政授权支付”两个明细科目。年末借方余额。但在预算管理一体化改革下，不再设置“财政直接支付”“财政授权支付”明细科目。

（3）科目年末余额在借方，与其他预算结余类科目贷方余额之和相等。

（4）该账户不出现在决算报表中，只是记账用。

（5）一般情况下，资金结存——货币资金（预算会计）≤货币资金（财务会计）。极端情况下，资金结存——货币资金（预算会计）>货币资金（财务会计）。

补充说明——预算管理一体化对财政授权支付的影响

我国预算管理一体化改革重要创新机制之一是优化国库集中支付流程，实行预算指标直接控制资金支付。完善国库集中支付控制机制和集中校验机制，实行全流程电子支付。单位通过预算管理一体化系统申请支付资金，系统按照财政部门和主管部门设定的校验规则校验通过后，自动发送代理银行，通过单位零余额账户办理资金支付，再与人民银行清算。同时，财政部门通过系统集中校验机制，直接按照预算指标控制每笔资金支付，不再需要代理银行对资金支付进行额度控制，也就不再向代理银行下达零余额账户用款额度。单位也就不需要核算零余额账户用款额度，不再区分直接支付和授权支付。上述〖例 2－2〗业务不需要进行会计核算。《事业单位财务规则》（2022 年）《中小学校财务制度》（2022 年）在流动资产分类构成中也取消了“零余额账户用款额度”。由于各省预算管理一体化改革进度不一，不少单位仍然用“零余额账户用款额度”进行核算。

【例 2－4】 2×20 年 12 月末，某高中根据本年度财政直接支付预算指标数与当年财政直接支付实际支付数的差额，差额为 100 000 元。

财务会计账务处理	预算会计账务处理
借：财政应返还额度——财政直接支付 100 000 贷：财政拨款收入——一般公共预算 100 000	借：资金结存——财政应返还额度 100 000 贷：财政拨款预算收入——一般公共预算 100 000

按照《国务院关于进一步深化预算管理制度改革的意见》规定，2021 年及以后年

度，市县级财政国库集中支付结余不再按权责发生制列支，相关单位（包括学校）年末不再进行上述账务处理。该规定同样适用于财政授权支付情况。

补充说明——“1201 财政应返还额度”账户

资产类科目，核算实行国库集中支付的单位应收财政返还的资金额度，包括可以使用的以前年度财政直接支付资金额度和财政应返还的财政授权支付资金额度，设置“财政直接支付”“财政授权支付”两个明细科目。但在预算管理一体化改革下，该科目不再设置“财政直接支付”“财政授权支付”明细科目。

2.2.2 非同级财政拨款收入和非同级财政拨款预算收入

1. 核算范围相同。非同级财政拨款（预算）收入是指单位从非同级政府财政部门取得的经费拨款。非同级财政拨款（预算）收入包括两大类，一类是从同级财政以外的同级政府部门取得的横向转拨财政款，另一类是从上级或下级政府（包括政府财政和政府部门）取得的各类财政款。

特例

对于因开展专业业务活动及其辅助活动取得的非同级财政拨款收入，应当通过“事业收入——非同级财政拨款”科目核算；对于其他非同级财政拨款收入，应当通过“非同级财政拨款收入”科目核算。

2. 确认基础不同。非同级财政拨款收入采用权责发生制；非同级财政拨款预算收入采用收付实现制。

3. 明细科目不同。非同级财政拨款收入应当按照本级横向转拨财政款和非本级财政拨款进行明细核算，并按照收入来源（本部门以外同级政府单位、本部门以外非同级政府单位）进行明细核算。

非同级财政拨款预算收入应当按照非同级财政拨款预算收入的类别、来源、《政府收支分类科目》中“支出功能分类科目”的项级科目等进行明细核算。非同级财政拨款预算收入中如有专项资金收入，还应按照具体项目进行明细核算。

4. 期末结转科目不同。期末，“非同级财政拨款收入”本期发生额转入“本期盈余”；年终结账时，“非同级财政拨款预算收入”本年发生额根据资金性质（专项资金、非专项资金）转入“非财政拨款结转”“其他结余”。两者年终结转后均无余额。

5. 账务处理。

【例2-5】 2×20年4月，某市级高中接到市民政局发来的拨款通知书，该月应拨补助学生经费600 000元，5月收到上述资金。

时间	财务会计账务处理	预算会计账务处理
4 月	借：其他应收款 600 000 贷：非同级财政拨款收入 600 000	—
5 月	借：银行存款 600 000 贷：其他应收款 600 000	借：资金结存——货币资金 600 000 贷：非同级财政拨款预算收入 600 000

辨析

财政拨款（预算）收入：同级财政拨款，来自财政国库，采用财政直接支付、财政授权支付方式。

非同级财政拨款（预算）收入：非同级政府财政部门 + 财政拨款，不太规范，一般采用实拨资金方式。

上级补助（预算）收入：中小学校从主管部门和上级单位取得的非财政拨款收入，产生于学校和上级单位的隶属关系，也可能是上级对下级常规性补助。其核算和“非同级财政拨款（预算）收入”相似。

2.2.3 事业收入和事业预算收入

1. 核算内容相同。两者都是指中小学校开展教育教学及其辅助活动依法取得的收入。包括行政事业性收费（如纳入行政事业性收费的学费、住宿费、保育费、考试报名费）、科研收入、与教育教学活动直接相关的对外服务性收费（如未纳入行政事业性收费的非学历培训费等）。

学校对于因开展专业业务活动及其辅助活动取得的非同级财政拨款收入，应当通过“事业收入——非同级财政拨款”科目核算；事业预算收入的核算口径同事业收入。

2. 确认基础不同。除采用财政专户返还方式管理的事业收入外，事业收入的确认按照权责发生制；事业预算收入采用收付实现制。

3. 明细科目不同。事业收入应当按照事业收入的类别、来源等进行明细核算。

事业预算收入应当按照事业预算收入类别、项目、来源、《政府收支分类科目》中“支出功能分类科目”项级科目等进行明细核算。对于因开展专业业务活动及其辅助活动取得的非同级财政拨款收入，应单设“非同级财政拨款”明细科目进行明细核算；事业预算收入中如有专项资金收入，还应按照具体项目进行明细核算。

4. 期末结转科目不同。期末，“事业收入”本期发生额转入“本期盈余”；年终结账时，“事业预算收入”本年发生额根据资金性质（专项资金、非专项资金）转入“非财政拨款结转”“其他结余”。两者年终结转后均无余额。

5. 账务处理。

【例 2 -6】 2×20 年 9 月，某市级高级中学（小规模纳税人）收到学生缴纳的学费 1 400 000 元，存入银行；10 月将学费上缴财政专户；11 月收到财政专户返还款。

时间	财务会计账务处理	预算会计账务处理
9 月	借：银行存款 1 400 000 贷：应缴财政款——学费 1 400 000	—
10 月	借：应缴财政款——学费 1 400 000 贷：银行存款 1 400 000	—
11 月	借：银行存款 1 400 000 贷：事业收入——教育事业收入 1 400 000	借：资金结存——货币资金 1 400 000 贷：事业预算收入——教育事业预算收入 1 400 000

补充说明——“2103 应缴财政款”会计科目

“应缴财政款”，负债类科目，核算单位取得或应收的按照规定应当上缴财政的款项，包括应缴国库的款项和应缴财政专户的款项，期末贷方余额，反映单位应当上缴财政但尚未缴纳的款项。年终清缴后，一般应无余额。涉及“应缴财政款”的业务不需要进行预算会计核算。

【例 2 -7】 某市级高中承担省教育厅一项课题，经费总额 200 000 元，要求两年内完成，2 ×20 年 3 月 10 日，收到款项到账通知。当年年度完成 40%。

时间	财务会计账务处理	预算会计账务处理
3 月	借：银行存款 200 000 贷：预收账款 200 000	借：资金结存——货币资金 200 000 贷：事业预算收入 200 000
12 月	借：预收账款 80 000 贷：事业收入——非同级财政拨款 80 000	—

知识链接——合同完成进度的确认方法

单位以合同完成进度确认事业收入时，应当根据业务实质，选择累计实际发生的合同成本占合同预计总成本的比例、已经完成的合同工作量占合同预计总工作量的比例、已经完成的时间占合同期限的比例、实际测定的完工进度等方法，合理确定合同完成进度。单位在新旧制度转换时，对于已经开始执行尚未执行完毕的合同，无须按照新制度规定的会计核算基础对已经确认的收入进行调整。

补充说明

〖例 2 -7〗中，如果经费在完成并通过验收之后才可以获得，则在 2 ×20 年 12 月末，财务会计应编制如下分录：

借：应收账款　　　　　　　　　　　　　　　　　　　　80 000
　　贷：事业收入　　　　　　　　　　　　　　　　　　　　80 000

预算会计不记账。

应收账款：核算学校提供服务、销售产品等应收取的款项，以及单位因出租资产、出售物资等应收取的款项；应当按照债务单位（或个人）进行明细核算。

【例 2-8】 2×20 年 2 月 1 日，某中学和 A 公司签订一份培训合同 100 000 元，期限 3 个月，2 月收到预付款 40 000 元。4 月 30 日，培训完成，按照合同约定，收到余款。

时间	财务会计账务处理	预算会计账务处理
2 月 1 日	借：银行存款　40 000 　贷：预收账款——A 公司　40 000	借：资金结存——货币资金　40 000 　贷：事业预算收入　40 000
4 月 30 日	借：银行存款　60 000 　预收账款——A 公司　40 000 　贷：事业收入　97 087.38 　　应交税费——应交增值税　2 912.62	借：资金结存——货币资金　60 000 　贷：事业预算收入　60 000

补充说明

（1）预收账款：财务会计中的负债类会计科目，核算学校预先收取但尚未结算的款项；该科目应当按照债权人进行明细核算；期末贷方余额，反映学校预收但尚未结算的款项金额。

（2）差异项调整、差异项登记：上述经济业务中，2 月财务会计没有确认事业收入，但预算会计确认了 40 000 元事业预算收入；4 月财务会计确认了事业收入 97 087.38 元，而预算会计确认了 60 000 元事业预算收入。即 2 月、4 月财务会计和预算会计出现了差异项，需要在填制记账凭证时进行选择，以便年末编制“本年盈余与预算结余的差异情况说明表”。另外，“事业收入”不含增值税，而“事业预算收入”包含增值税。

2.2.4　经营收入和经营预算收入

1. 概念。经营收入是指非义务教育阶段学校在教育教学及其辅助活动之外开展非独立核算经营活动取得的收入。经营预算收入是指非义务教育阶段学校在教育教学及其辅助活动之外开展非独立核算经营活动取得的现金流入。

《中小学校财务制度》（2022 年）第十一条规定，非独立核算的勤工俭学、社会服务和经营等项目的财务活动，由学校财务部门统一管理。义务教育阶段学校按照国家有关规定不得从事经营活动。

辨析事业（预算）收入和经营（预算）收入

（1）注意划清经营收入和事业收入的界限。事业收入是中小学校开展教育教学及其辅助活动依法取得的收入，经营活动是教育教学及其辅助活动之外取得的收入。

（2）取得经营收入的经营活动必须是非独立核算的。所谓非独立核算，是指从本单位领取一定数额的物资、款项，从事经营业务活动，不独立计算盈亏，把日常发生的经济业务资料，报给单位集中进行会计核算。独立核算，是指单位对其从事经济活动过程及其结果，独立地、完整地进行会计核算。

2. 确认基础不同。经营收入的确认采用权责发生制，应在提供服务或发出存货，同时收讫价款或者取得索取价款的凭据时，按实际收到或应收的金额予以确认。

经营预算收入的确认采用收付实现制。

3. 明细科目不同。经营收入应按经营活动类别、项目和收入来源等进行明细核算。

经营预算收入应按经营活动类别、项目、《政府收支分类科目》中“支出功能分类科目”的项级科目进行明细核算。

4. 期末结转科目不同。期末“经营收入”本期发生额转入“本期盈余”；年终结账时，“经营预算收入”本年发生额转入“经营结余”。两者年终结转后均无余额。

“经营（预算）收入”核算原理基本同“事业（预算）收入”账务处理。经营收入、经营预算收入的账务处理见表2－4。

表2－4　经营收入、经营预算收入的账务处理

经济业务	财务会计账务处理	预算会计账务处理
确认收入	借：银行存款（提供产品或服务已收款） 　　应收账款（提供产品或服务未收款） 　　应收票据（提供产品或服务，收到商业汇票） 　　预收账款（先收款后提供产品或服务） 　　贷：经营收入	借：资金结存——货币资金 　　贷：经营预算收入
期末结转	借：经营收入 　　贷：本期盈余	借：经营预算收入 　　贷：经营结余

辨析经营（预算）收入和附属单位上缴（预算）收入

中小学校取得的经营（预算）收入指的是非独立核算的经营活动取得的收入。

附属单位上缴（预算）收入是中小学校附属的独立核算单位按照规定上缴学校的收入，产生于学校和下级单位的隶属关系，一般为法人单位。其核算基本同“上级补助（预算）收入”相似。中小学校因投资关系获得的被投资企业上缴利润，纳入“投资收益”科目核算。附属单位归还的事业单位垫付的各种费用不通过“附属单位上缴收入”科目核算。

2.2.5　投资收益和投资预算收益

1. 概念。投资收益是指事业单位股权投资和债券投资所实现的收益或发生的损失。

投资预算收益是指事业单位取得的按照规定纳入部门预算管理的属于投资收益性质的现金流入，包括股权投资收益、出售或收回债券投资所取得的收益和债券投资利息收入。

提示

事业单位在投资持有期间取得的利息、股利或利润，以及按照权益法核算长期股权投资时被投资单位实现的净损益，出售或到期收回长短期债券投资确认的投资收益或投资损失，按照规定报经批准出售长期股权投资时将处置时取得的投资收益纳入本单位预算管理的投资收益，均通过“投资收益”科目核算。

2. 确认基础和明细科目不同。财务会计中除了短期投资利息按收付实现制确认，其他投资收益按权责发生制确认；“投资预算收益”按照收付实现制确认。

投资收益应当按照投资的种类等进行明细核算。投资预算收益应当按照《政府收支分类科目》中“支出功能分类科目”的项级科目等进行明细核算。

3. 期末结转科目不同。期末“投资收益”本期发生额转入“本期盈余”；年终结账时，“投资预算收益”本年发生额转入“其他结余”。两者年终结转后均无余额。

4. 账务处理。

【例 2－9】 2×20 年 6 月末，某中学收到原购入的短期国债的第二季度利息 15 000 元；9 月末，短期国债到期收回本金 150 000 元和第三季度利息 15 000 元。

时间	财务会计账务处理	预算会计账务处理
6 月	借：银行存款　15 000 　贷：投资收益　15 000	借：资金结存——货币资金　15 000 　贷：投资预算收益　15 000
9 月	借：银行存款　165 000 　贷：短期投资　150 000 　　　投资收益　15 000	借：资金结存——货币资金　165 000 　贷：投资支出　150 000 　　　投资预算收益　15 000

补充

短期投资：财务会计中的资产类科目，核算非义务教育阶段学校按照规定取得的，持有时间不超过 1 年（含 1 年）的投资；应当按照投资的种类等进行明细核算；期末借方余额，反映学校持有短期投资的成本。

投资支出：预算会计中的预算支出类科目，核算非义务教育阶段学校以货币资金对外投资发生的现金流出；应按投资类型、投资对象、《政府收支分类科目》中“支出功能分类科目”的项级科目和“部门预算支出经济分类科目”的款级科目等进行明细核算；年末结转后，应无余额。

【例 2-10】 2×19 年 3 月末，某高中对原购入的三年期国债（分期付息到期一次还本）计提第一季度利息 50 000 元。

财务会计账务处理	预算会计账务处理
借：应收利息 50 000 贷：投资收益 50 000	—

提示

非义务教育阶段学校购入的到期一次还本付息的长期债券投资持有期间的利息，应当通过“长期债券投资——应计利息”科目核算。“长期债券投资”设置“成本”和“应计利息”两个明细科目。

应收利息：财务会计中的资产类科目，核算非义务教育阶段学校长期债券投资应当收取的利息；应当按照被投资单位等进行明细核算。

如果非义务教育阶段学校持有长期股权投资，应当收取的现金股利或应当分得的利润通过“应收股利”科目核算。

5. 中小学校对外投资相关规定。

(1)《中小学校财务制度》(2022 年)。

第五十五条 对外投资是指非义务教育阶段学校依法利用货币资金、实物、无形资产等方式向其他单位的投资。

非义务教育阶段学校应当严格控制对外投资。利用国有资产对外投资应当有利于事业发展和实现国有资产保值增值，符合国家有关规定，经可行性研究和集体决策，按照规定的权限和程序进行。不得使用财政拨款及其结余进行对外投资，不得从事股票、期货、基金、企业债券等投资。

非义务教育阶段学校应当明确对外投资形成的股权及其相关权益管理责任，按照国家有关规定将对外投资形成的股权纳入经营性国有资产集中统一监管体系。

义务教育阶段学校不得对外投资。

(2)《关于进一步加强和改进行政事业单位国有资产管理工作的通知》(2018 年)。

严格控制对外投资。要严格执行资产对外投资管理的规定，履行相应的报批程序。要规范对外投资管理，及时纳入财务账进行核算，不得将对外投资长期在往来款科目核算。

(3)《事业单位国有资产管理暂行办法》(2019 年)。

第二十一条 事业单位利用国有资产对外投资、出租、出借和担保等应当进行必要的可行性论证，并提出申请，经主管部门审核同意后，报同级财政部门审批。法律、行政法规和本办法第五十六条另有规定的，依照其规定。

事业单位应当对本单位用于对外投资、出租和出借的资产实行专项管理，并在单位财务会计报告中对相关信息进行充分披露。

第二十二条 财政部门和主管部门应当加强对事业单位利用国有资产对外投资、出租、出借和担保等行为的风险控制。

第二十三条 除本办法第五十六条及国家另有规定外，事业单位对外投资收益以及利用国有资产出租、出借和担保等取得的收入应当纳入单位预算，统一核算，统一管理。

（4）《行政事业性国有资产管理条例》（2020年）。

第十七条 事业单位利用国有资产对外投资应当有利于事业发展和实现国有资产保值增值，符合国家有关规定，经可行性研究和集体决策，按照规定权限和程序进行。事业单位应当明确对外投资形成的股权及其相关权益管理责任，按照规定将对外投资形成的股权纳入经营性国有资产集中统一监管体系。

第三十六条 除国家另有规定外，各部门及其所属单位将行政事业性国有资产进行转让、拍卖、置换、对外投资等，应当按照国家有关规定进行资产评估。行政事业性国有资产以市场化方式出售、出租的，依照有关规定可以通过相应公共资源交易平台进行。

（5）《中华人民共和国民办教育促进法实施条例》。

2021年4月，修订后的《中华人民共和国民办教育促进法实施条例》发布，自2021年9月1日起施行。

第七条 实施义务教育的公办学校不得举办或参与举办民办学校，也不得转为民办学校。其他公办学校不得举办或者参与举办营利性民办学校。但是，实施职业教育的公办学校可以吸引企业的资本、技术、管理等要素，举办或者参与举办实施职业教育的营利性民办学校。公办学校举办或者参与举办民办学校，不得利用国家财政性经费，不得影响公办学校教学活动，不得仅以品牌输出方式参与办学，并应当经其主管部门批准。公办学校举办或者参与举办非营利性民办学校，不得以管理费等方式取得或者变相取得办学收益。

（6）《事业单位财务规则》（2022年）。

第四十四条 对外投资是指事业单位依法利用货币资金、实物、无形资产等方式向其他单位的投资。

事业单位应当严格控制对外投资。利用国有资产对外投资应当有利于事业发展和实现国有资产保值增值，符合国家有关规定，经可行性研究和集体决策，按照规定的权限和程序进行。事业单位不得使用财政拨款及其结余进行对外投资，不得从事股票、期货、基金、企业债券等投资，国家另有规定的除外。

事业单位应当明确对外投资形成的股权及其相关权益管理责任，按照国家有关规定将对外投资形成的股权纳入经营性国有资产集中统一监管体系。

2.2.6 债务预算收入和短（长）期借款

1. 概念、确认基础。债务预算收入是指中小学校按照规定从银行和其他金融机构等借入的、纳入部门预算管理的、不以财政资金作为偿还来源的债务本金。债务预算收入按照收付实现制确认。

短期借款是指事业单位经批准向银行或其他金融机构等借入的期限在1年内（含1年）的各种借款；长期借款是指事业单位经批准向银行或其他金融机构等借入的期限超过1年（不含1年）的各种借款。

提示

预算会计中的债务预算收入，在财务会计中采用“长期借款”或“短期借款”科目核算。只有非义务教育的学校才有可能用到这几个会计科目。《中小学校财务制度》规定，严禁义务教育阶段学校举借债务，非义务教育阶段学校不得违反规定举借债务。

2. 明细科目设置和期末结转。按照收付实现制确认；应按照贷款单位、贷款种类、《政府收支分类科目》中“支出功能分类科目”的项级科目等进行明细核算。债务预算收入中如有专项资金收入，还应按照具体项目进行明细核算。

年终结账时，将本账户本年发生额根据资金性质（专项资金、非专项资金）转入“非财政拨款结转”“其他结余”。年末结转后，该账户无余额。

3. 账务处理。

【例2-11】 2×19年1月，某高中经批准和中国农业银行签订借款合同，用于经营活动。合同金额2 000 000元，借款期限12个月，每季度末付息，到期还本，年利率6%，还款资金由学校自筹。

时间	财务会计账务处理	预算会计账务处理
2×19年1月	借：银行存款　2 000 000 　贷：短期借款　2 000 000	借：资金结存——货币资金　2 000 000 　贷：债务预算收入　2 000 000
每月末计提利息	借：其他费用——利息费用　10 000 　贷：应付利息　10 000	—
每季度末付息	借：应付利息　30 000 　贷：银行存款　30 000	借：其他支出——利息支出　30 000 　贷：资金结存——货币资金　30 000
2×21年12月还本	借：短期借款　8 000 000 　贷：银行存款　8 000 000	借：债务还本支出　2 000 000 　贷：资金结存——货币资金　2 000 000

补充说明——短期借款、债务还本支出、应付利息

（1）短期借款：财务会计中的负债类会计科目，核算非义务教育阶段学校经批准向银行或其他金融机构等借入的期限在1年内（含1年）的各种借款；应按照债权人和借款种类进行明细核算；期末贷方余额，反映学校尚未偿还的短期借款本金。短期借款应支付的利息，财务会计中一般通过“其他费用”科目核算，如果发生的利息费用较多的，可单独设置“5701 利息费用”科目。“其他费用”在预算会计中对应的科目为

“其他支出”。

（2）债务还本支出：预算会计中的预算支出类会计科目，核算非义务教育学校偿还自身承担的纳入预算管理的从金融机构举借的债务本金的现金流出；应按贷款单位、贷款种类、《政府收支分类科目》中“支出功能分类科目”的项级科目和“部门预算支出经济分类科目”的款级科目等进行明细核算；年末结转至“其他结余”后，该科目无余额。

（3）应付利息：财务会计中的负债类会计科目，核算非义务教育阶段学校按照合同约定应支付的借款利息，包括短期借款、分期付息到期还本的长期借款等应支付的利息；该科目应按债权人等进行明细核算。

2.2.7 捐赠收入、利息收入、租金收入、其他收入和其他预算收入

1. 概念。捐赠收入是指中小学校接受其他单位或者个人捐赠取得的收入。

利息收入是指中小学校取得的银行存款利息收入。

租金收入是指中小学校经批准利用国有资产出租取得并按照规定纳入本单位预算管理的租金收入。

其他收入是指中小学校取得的除财政拨款收入、事业收入、上级补助收入、附属单位上缴收入、经营收入、非同级财政拨款收入、投资收益、捐赠收入、利息收入、租金收入以外的各项收入，包括现金盘盈收入、按照规定纳入单位预算管理的科技成果转化收入、无法偿付的应付及预收款项、置换换出资产评估增值等。为在校学生提供课后服务收取的服务性收费收入，计入其他收入。

其他预算收入是指中小学校除财政拨款预算收入、事业预算收入、上级补助预算收入、附属单位上缴预算收入、经营预算收入、债务预算收入、非同级财政拨款预算收入、投资预算收益之外的纳入部门预算管理的现金流入，包括捐赠预算收入、利息预算收入、租金预算收入、现金盘盈收入等。

提示

财务会计中的“捐赠收入”“利息收入”“租金收入”“其他收入”等会计科目，在预算会计中平行记账时采用“其他预算收入”科目。发生的捐赠预算收入、利息预算收入、租金预算收入金额较大或业务较多的，可单独设置“6603 捐赠预算收入”“6604 利息预算收入”“6605 租金预算收入”科目。

2. 确认基础。财务会计中除了利息收入按收付实现制确认，捐赠收入、租金收入、其他收入按照权责发生制确认；预算会计中的其他预算收入按照收付实现制确认。

3. 明细科目不同。捐赠收入应当按照捐赠资产的用途和捐赠单位等进行明细核算；租金收入应当按照出租国有资产类别和收入来源等进行明细核算；其他收入应当按照其

他收入的类别、来源等进行明细核算。

其他预算收入应当按照其他收入类别、《政府收支分类科目》中“支出功能分类科目”的项级科目等进行明细核算。其他预算收入中如有专项资金收入，还应按照具体项目进行明细核算。

4. 期末结转科目不同。期末，捐赠收入、租金收入、利息收入、其他收入本期发生额转入“本期盈余”；年终结账时，“其他预算收入”本年发生额根据资金性质（专项资金、非专项资金）转入“非财政拨款结转”“其他结余”。年终结转后上述账户均无余额。

5. 捐赠收入的管理和核算。

（1）中小学校接受捐赠相关规定。

①《中华人民共和国公益事业捐赠法》（1999 年）。

第十六条 受赠人接受捐赠后，应当向捐赠人出具合法、有效的收据，将受赠财产登记造册，妥善保管。

第十八条 受赠人与捐赠人订立了捐赠协议的，应当按照协议约定的用途使用捐赠财产，不得擅自改变捐赠财产的用途。如果确需改变用途的，应当征得捐赠人的同意。

②《公益事业捐赠票据使用管理暂行办法》（2010 年）。

第十六条 公益性单位应当严格按照本办法规定和财政部门的要求开具捐赠票据。

第十七条 公益性单位接受货币（包括外币）捐赠时，应按实际收到的金额填开捐赠票据。

第十八条 公益性单位接受非货币性捐赠时，应按其公允价值填开捐赠票据。

③《行政事业性国有资产管理条例》（2020 年）。

第十六条 各部门及其所属单位接受捐赠的资产，应当按照捐赠约定的用途使用。捐赠人意愿不明确或者没有约定用途的，应当统筹安排使用。

④《救灾捐赠管理办法》（2007 年）。

第十四条 救灾捐赠受赠人接受救灾捐赠款物时，应当确认银行票据，当面清点现金，验收物资。捐赠人所捐款物不能当场兑现的，救灾捐赠受赠人应当与捐赠人签订载明捐赠款物种类、质量、数量和兑现时间等内容的捐赠协议。捐赠人捐赠的食品、药品、生物化学制品应当符合国家食品药品监督管理和卫生行政等政府相关部门的有关规定。

第十五条 救灾捐赠受赠人接受救灾捐赠款物后，应当向捐赠人出具符合国家财务、税收管理规定的接收捐赠凭证。

（2）账务处理。

【例 2-12】 2×20 年 6 月，某高中收到 A 企业 200 000 元捐赠款，存入银行。

财务会计账务处理	预算会计账务处理
借：银行存款 200 000 　贷：捐赠收入 200 000	借：资金结存——货币资金 200 000 　贷：其他预算收入——捐赠预算收入 200 000

补充说明——《政府会计准则制度解释第3号》

①单位取得捐赠的货币资金按规定应上缴财政的，应按《政府会计制度》中“应缴财政款”科目相关规定进行财务会计处理。预算会计不作处理。

②单位接受捐赠人委托转赠的资产，应按《政府会计制度》中受托代理业务相关规定进行财务会计处理。预算会计不作处理。

③除上述两种情况外，单位接受捐赠取得的资产，应按《政府会计制度》中“捐赠收入”科目规定进行财务会计处理；接受捐赠取得货币资金的，还应同时按“其他预算收入”科目相关规定进行预算会计处理。

6. 租金收入的管理和核算。

（1）中小学校租金收入相关规定。

①《事业单位国有资产管理暂行办法》（2019年）。

第二十一条 事业单位利用国有资产对外投资、出租、出借和担保等应当进行必要的可行性论证，并提出申请，经主管部门审核同意后，报同级财政部门审批。法律、行政法规和本办法第五十六条另有规定的，依照其规定。事业单位应当对本单位用于对外投资、出租和出借的资产实行专项管理，并在单位财务会计报告中对相关信息进行充分披露。

第二十二条 财政部门和主管部门应当加强对事业单位利用国有资产对外投资、出租、出借和担保等行为的风险控制。

第二十三条 除本办法第五十六条及国家另有规定外，事业单位对外投资收益以及利用国有资产出租、出借和担保等取得的收入应当纳入单位预算，统一核算，统一管理。

②《关于进一步加强和改进行政事业单位国有资产管理工作的通知》。严格控制资产出租出借。要严格执行资产出租出借的规定，履行相应的报批程序。严禁违规出租出借办公用房。出租房屋等资产原则上实行公开竞价招租。严禁违规出借资金给下属单位或关联单位使用。

③《事业单位财务规则》（2022年）。

第四十六条 事业单位出租、出借资产应当严格履行相关审批程序。

④《行政事业性国有资产管理条例》（2020年）。

第三十六条 行政事业性国有资产以市场化方式出售、出租的，依照有关规定可以通过相应公共资源交易平台进行。

⑤《中小学校财务制度》（2022年）。

第五十七条 在满足学校正常教育教学活动的前提下，中小学校可以出租、出借资产。中小学校出租、出借资产应当进行必要的可行性论证，严格履行相关审批程序。

（2）账务处理。

【例2-13】 2×20年1月，某高中经批准将一栋办公楼对外出租，租期1年，年租金 120 000 元，1 月收到所有租金存入银行。假设不考虑其他税费。

时间	财务会计账务处理	预算会计账务处理
1 月收款	借：银行存款 120 000 贷：预收账款 120 000	借：资金结存——货币资金 120 000 贷：其他预算收入——租金预算收入 120 000
1～12 月确认	借：预收账款 10 000 贷：租金收入 10 000	—

提示

如果租金按规定应上缴财政，则通过“应缴财政款”科目核算。

7. 利息收入、其他收入的管理与核算。

（1）利息收入。

【例 2－14】 2×20 年 9 月，某高中收到银行利息通知单，第三季度利息收入 100 000 元。

财务会计账务处理	预算会计账务处理
借：银行存款 100 000 贷：利息收入 100 000	借：资金结存——货币资金 100 000 贷：其他预算收入——利息预算收入 100 000

（2）其他收入。

【例 2－15】 2×20 年 10 月，某中学盘点当日库存现金时发现现金长款 500 元，经批准后确认为收入。

经济业务	财务会计账务处理	预算会计账务处理
发现长款	借：库存现金 500 贷：待处理财产损溢 500	借：资金结存——货币资金 500 贷：其他预算收入 500
批准处理	借：待处理财产损溢 500 贷：其他收入——现金盘盈 500	—

【例 2－16】 2×20 年 12 月，某中学发现一笔应付账款 60 000 元因对方已经破产无法偿付。

财务会计账务处理	预算会计账务处理
借：应付账款 60 000 贷：其他收入——无法偿付或债权人豁免偿还的应付及预收款项 60 000	—

第3章　中小学校费用和预算支出

3.1　费用和预算支出的基本理论

3.1.1　费用和预算支出的定义、确认

费用。《政府会计准则——基本准则》规定，费用是指报告期内导致政府会计主体净资产减少的、含有服务潜力或者经济利益的经济资源的流出。费用的确认应当同时满足以下条件：（1）与费用相关的含有服务潜力或者经济利益的经济资源很可能流出政府会计主体；（2）含有服务潜力或者经济利益的经济资源流出会导致政府会计主体资产减少或者负债增加；（3）流出金额能够可靠地计量。符合费用定义和费用确认条件的项目，应当列入收入费用表。

预算支出。《政府会计准则——基本准则》规定，预算支出是指政府会计主体在预算年度内依法发生并纳入预算管理的现金流出。预算支出一般在实际支付时予以确认，以实际支付的金额计量。

3.1.2　费用类和预算支出类会计科目

在政府会计核算体系中，财务会计的费用类会计科目有8个，预算会计的预算支出类会计科目也有8个，其中“行政支出”科目仅适用于行政单位，和中小学校相关的只有7个。费用类和预算会计类会计科目之间的对应关系具体见表3－1。

表3－1　　费用类和预算支出类会计科目

费用类会计科目			预算支出类会计科目		
科目编码	科目名称	适用范围	科目编码	科目名称	适用范围
5001	业务活动费用		7201	事业支出	事业单位
5101	单位管理费用	事业单位			

续表

费用类会计科目			预算支出类会计科目		
科目编码	科目名称	适用范围	科目编码	科目名称	适用范围
5201	经营费用	事业单位（学校限非义务教育）	7301	经营支出	事业单位（学校限非义务教育）
5401	上缴上级费用	事业单位	7401	上缴上级支出	事业单位
5501	对附属单位补助费用	事业单位（学校限非义务教育）	7501	对附属单位补助支出	事业单位（学校限非义务教育）
5801	所得税费用	事业单位（学校限非义务教育）		非财政拨款结余	
	短期投资、长期股权投资、长期债券投资	事业单位（学校限非义务教育）	7601	投资支出	事业单位（学校限非义务教育）
	短期借款、长期借款	事业单位	7701	债务还本支出	事业单位（学校限非义务教育）
5301	资产处置费用		7901	其他支出	
5901	其他费用				

注："适用范围"没有标注的会计科目，行政事业单位均可使用。

费用类会计科目的要点：确认基础是权责发生制；按费用类别、支付对象、成本项目等进行明细核算；期末转入"本期盈余"科目的借方（"所得税费用"科目年末结转）。

预算支出类会计科目的要点：确认基础一般采用收付实现制；按支出类别、项目、《政府收支分类科目》中的"支出功能分类科目"的项级科目和"部门预算支出经济分类科目"的款级科目等进行明细核算，其中的专项资金支出按具体项目进行明细核算；年末转入四个预算结余类科目，分别是财政拨款结转——本年收支结转、非财政拨款结转——本年收支结转、经营结余和其他结余。

《政府收支分类科目》的部门预算支出经济分类

《预算法》(2018年）第二十七条规定，一般公共预算支出按照其经济性质分类，包括工资福利支出、商品和服务支出、资本性支出和其他支出。

2022年7月，财政部发布的《2023年政府收支分类科目》列示了部门预算支出经济分类科目，具体见表3-2。

表 3－2　2022 年部门预算支出经济分类科目

科目编码 类	科目编码 款	科目名称
301		工资福利支出
	01	基本工资
	02	津贴补贴
	03	奖金
	06	伙食补助费
	07	绩效工资
	08	机关事业单位基本养老保险缴费
	09	职业年金缴费
	10	职工基本医疗保险缴费
	11	公务员医疗补助缴费
	12	其他社会保障缴费
	13	住房公积金
	14	医疗费
	99	其他工资福利支出
302		商品和服务支出
	01	办公费
	02	印刷费
	03	咨询费
	04	手续费
	05	水费
	06	电费
	07	邮电费
	08	取暖费
	09	物业管理费
	11	差旅费
	12	因公出国（境）费用
	13	维修（护）费
	14	租赁费
	15	会议费
	16	培训费
	17	公务接待费
	18	专用材料费
	24	被装购置费
	25	专用燃料费
	26	劳务费
	27	委托业务费
	28	工会经费
	29	福利费
	31	公务用车运行维护费
	39	其他交通费用
	40	税金及附加费用
	99	其他商品和服务支出
303		对个人和家庭的补助
	01	离休费
	02	退休费
	03	退职（役）费
	04	抚恤金
	05	生活补助
	06	救济费
	07	医疗费补助
	08	助学金
	09	奖励金
	10	个人农业生产补贴
	11	代缴社会保险费
	99	其他对个人和家庭的补助
307		债务利息及费用支出
	01	国内债务付息
	02	国外债务付息
	03	国内债务发行费用
	04	国外债务发行费用
309		资本性支出（基本建设）
	01	房屋建筑物购置
	02	办公设备购置
	03	专用设备购置
	05	基础设施建设
	06	大型修缮
	07	信息网络及软件购置更新
	08	物资储备
	13	公务用车购置
	19	其他交通工具购置
	21	文物和陈列品购置
	22	无形资产购置
	99	其他基本建设支出
310		资本性支出
	01	房屋建筑物购置
	02	办公设备购置
	03	专用设备购置
	05	基础设施建设
	06	大型修缮
	07	信息网络及软件购置更新
	08	物资储备
	09	土地补偿
	10	安置补助
310		资本性支出
	11	地上附着物和青苗补偿
	12	拆迁补偿
	13	公务用车购置
	19	其他交通工具购置
	21	文物和陈列品购置
	22	无形资产购置
	99	其他资本性支出
311		对企业补助（基本建设）
	01	资本金注入
	99	其他对企业补助
312		对企业补助
	01	资本金注入
	03	政府投资基金股权投资
	04	费用补贴
	05	利息补贴
	99	其他对企业补助
313		对社会保障基金补助
	02	对社会保险基金补助
	03	补充全国社会保障基金
	04	对机关事业单位职业年金的补助
399		其他支出
	07	国家赔偿费用支出
	08	对民间非营利组织和群众性自治组织补贴
	09	经常性赠与
	10	资本性赠与
	99	其他支出

3.1.3 中小学预算支出管理相关规定

1.《预算法》(2018 年)。

第五十七条 各级政府、各部门、各单位的支出必须按照预算执行，不得虚假列支。各级政府、各部门、各单位应当对预算支出情况开展绩效评价。

第五十八条 各级预算的收入和支出实行收付实现制。

第六十一条 国家实行国库集中收缴和集中支付制度，对政府全部收入和支出实行国库集中收付管理。

第六十三条 各部门、各单位应当加强对预算收入和支出的管理，不得截留或者动用应当上缴的预算收入，不得擅自改变预算支出的用途。

2.《预算法实施条例》(2020 年)。

第四十一条 项目支出实行项目库管理，并建立健全项目入库评审机制和项目滚动管理机制。

第六十条 各级政府、各部门、各单位应当加强对预算支出的管理，严格执行预算，遵守财政制度，强化预算约束，不得擅自扩大支出范围、提高开支标准；严格按照预算规定的支出用途使用资金，合理安排支出进度。

3.《中小学校财务制度》(2022 年)。

第二十九条 支出是指中小学校为开展教育教学及其他活动发生的各项资金耗费和损失。

第三十一条 中小学校应当将各项支出全部纳入学校预算，实行项目库管理，建立健全支出管理制度，未纳入预算项目库的项目一律不得安排预算。

第三十二条 中小学校支出应当坚持厉行节约，严格执行国家有关财务规章制度规定的开支范围及开支标准；国家有关财务规章制度没有统一规定的，由学校结合本校情况规定，报主管部门和财政部门备案。学校规定违反法律制度和国家政策的，主管部门和财政部门应当责令改正。

中小学校应当加强支出管理，基本支出、项目支出不得混用，公用经费、人员经费不得混用。项目支出应当按照规定专款专用，不得挤占和挪用。

第三十三条 非义务教育阶段学校开展非独立核算经营活动，应当以不影响正常教育教学活动为前提。在开展非独立核算经营活动中，应当加强经济核算，正确归集实际发生的各项费用；不能直接归集的，应当按照规定的比例合理分摊。

经营支出应当与经营收入配比。

第三十四条 中小学校从财政部门和主管部门取得的有指定项目和用途的专项资金，应当专款专用、单独核算，并按照规定报送专项资金使用情况报告，接受财政部门或者主管部门的检查、验收。

第三十五条 中小学校应当加强经济核算，可以根据开展业务活动及其他活动的实际需要，实行成本核算。成本核算的具体办法按照国务院财政部门相关规定执行。

第三十六条　中小学校各项支出应当按照实际发生数列支，不得虚列虚报，不得以计划数和预算数代替。

第三十七条　中小学校应当严格执行国库集中支付制度和政府采购制度等有关规定。

第三十八条　中小学校应当依法加强各类票据管理，确保票据来源合法、内容真实、使用正确，不得使用虚假票据。

4.《行政事业单位内部控制规范（试行）》（2012 年）。

第二十九条　单位应当建立健全支出内部管理制度，确定单位经济活动的各项支出标准，明确支出报销流程，按照规定办理支出事项。单位应当合理设置岗位，明确相关岗位的职责权限，确保支出申请和内部审批、付款审批和付款执行、业务经办和会计核算等不相容岗位相互分离。

第三十条　单位应当按照支出业务的类型，明确内部审批、审核、支付、核算和归档等支出各关键岗位的职责权限。实行国库集中支付的，应当严格按照财政国库管理制度有关规定执行。（1）加强支出审批控制。明确支出的内部审批权限、程序、责任和相关控制措施。审批人应当在授权范围内审批，不得越权审批。（2）加强支出审核控制。全面审核各类单据。重点审核单据来源是否合法，内容是否真实、完整，使用是否准确，是否符合预算，审批手续是否齐全。支出凭证应当附反映支出明细内容的原始单据，并由经办人员签字或盖章，超出规定标准的支出事项应由经办人员说明原因并附审批依据，确保与经济业务事项相符。（3）加强支付控制。明确报销业务流程，按照规定办理资金支付手续。签发的支付凭证应当进行登记。使用公务卡结算的，应当按照公务卡使用和管理有关规定办理业务。（4）加强支出的核算和归档控制。由财会部门根据支出凭证及时准确登记账簿；与支出业务相关的合同等材料应当提交财会部门作为账务处理的依据。

第三十一条　根据国家规定可以举借债务的单位应当建立健全债务内部管理制度，明确债务管理岗位的职责权限，不得由一人办理债务业务的全过程。大额债务的举借和偿还属于重大经济事项，应当进行充分论证，并由单位领导班子集体研究决定。

5.《事业单位财务规则》（2022 年）。

第十五条　事业单位应当全面加强预算绩效管理，提高资金使用效益。

第二十二条　事业单位应当将各项支出全部纳入单位预算，实行项目库管理，建立健全支出管理制度。

第二十三条　事业单位的支出应当厉行节约，严格执行国家有关财务规章制度规定的开支范围及开支标准；国家有关财务规章制度没有统一规定的，由事业单位规定，报主管部门和财政部门备案。事业单位的规定违反法律制度和国家政策的，主管部门和财政部门应当责令改正。

第二十四条　事业单位从财政部门和主管部门取得的有指定项目和用途的专项资金，应当专款专用、单独核算，并按照规定报送专项资金使用情况的报告，接受财政部门或者主管部门的检查、验收。

第二十五条 事业单位应当加强经济核算，可以根据开展业务活动及其他活动的实际需要，实行成本核算。成本核算的具体办法按照国务院财政部门相关规定执行。

第二十六条 事业单位应当严格执行国库集中支付制度和政府采购制度等有关规定。

第二十七条 事业单位应当依法加强各类票据管理，确保票据来源合法、内容真实、使用正确，不得使用虚假票据。

6.《义务教育法》(2018年)。

第四十九条 义务教育经费严格按照预算规定用于义务教育；任何组织和个人不得侵占、挪用义务教育经费，不得向学校非法收取或者摊派费用。

3.2 费用和预算支出的核算

3.2.1 业务活动费用、单位管理费用和事业支出

1. 核算内容。“业务活动费用”科目核算中小学校为实现其职能目标，开展教育教学及其辅助活动所发生的各项费用。具体包括如下内容：开展业务活动人员计提的薪酬；开展业务活动发生的外部人员劳务费；开展业务活动领用库存物品；开展业务活动所使用的固定资产、无形资产计提的折旧、摊销；开展业务活动发生的城市维护建设税、教育费附加、地方教育费附加、车船税、房产税、城镇土地使用税等；开展业务活动发生其他各项费用；按照规定从收入中提取专用基金并计入费用；发生的当年购货退回。

“单位管理费用”科目核算中小学校本级行政及后勤管理部门开展管理活动发生的各项费用，包括单位行政及后勤管理部门发生的人员经费、公用经费、资产折旧（摊销）等费用，以及由单位统一负担的离退休人员经费、工会经费、诉讼费、中介费等。费用具体包括内容基本同“业务活动费用”相同，但不包括“计提的专用基金”。

辨析业务活动费用和单位管理费用（《政府会计准则制度解释第1号》）

事业单位应同时使用“业务活动费用”和“单位管理费用”科目。

事业单位业务部门开展专业业务活动及其辅助活动发生的各项费用记入“业务活动费用”科目，其本级行政及后勤管理部门发生的各项费用以及由单位统一负担的费用记入“单位管理费用”科目。

事业单位应当按照《政府会计制度》的规定，结合本单位实际，确定本单位业务活动费用和单位管理费用划分的具体会计政策。

“事业支出”科目核算中小学校开展教育教学及其辅助活动实际发生的各项现金流

出，包括基本支出和项目支出。

2. 明细科目的设置。

(1) 业务活动费用、单位管理费用的明细科目设置。按支付对象进行明细核算。《政府会计准则制度解释第1号》规定，单位在按照费用支付对象对有关费用科目进行明细核算的基础上，应当在财务报表附注中按照费用支付对象分类对有关费用进行披露。费用支付对象主要分为本部门内部单位、本部门以外同级政府单位、本部门以外非同级政府单位和其他单位。

按成本项目设置明细科目。《政府会计制度》规定，“业务活动费用”“单位管理费用”和“经营费用”三个会计科目，还要按成本项目设置明细科目。三个会计科目可共同设置如下明细科目：工资福利费用、商品和服务费用、对个人和家庭的补助费用、固定资产折旧费、无形资产摊销费；此外，“业务活动费用”还应设置对企业补助费用、公共基础设施折旧（摊销）费、保障性住房折旧费、计提专用基金等明细科目。

(2) 事业支出的明细科目设置。根据《政府收支分类科目》《政府会计制度》规定和《关于中小学校执行〈政府会计制度——行政事业单位会计科目和报表〉的补充规定》中“中小学校事业支出明细表”的内容，中小学校的“事业支出”科目的明细科目设置原如下：

一级明细可按经费来源设置：同级财政拨款、事业收入、非同级财政拨款、其他资金。

二级明细可按基本支出、项目支出设置，“项目支出”明细科目下按具体项目进行明细核算。

补充说明——支出的分类和含义

《预算法实施条例》(2020年) 第五条指出，各部门预算支出包括基本支出和项目支出。基本支出是指各部门、各单位为保障其机构正常运转、完成日常工作任务所发生的支出，包括人员经费和公用经费；项目支出是指各部门、各单位为完成其特定的工作任务和事业发展目标所发生的支出。

《预算管理一体化规范（试行)》：预算支出全部以项目形式纳入预算项目库，所有预算项目分为人员类项目、运转类项目和特定目标类项目三个项目类别。其中，人员类项目支出和运转类项目中的公用经费项目支出对应传统的基本支出，其他运转类项目支出和特定目标类项目支出对应传统的项目支出。

三级明细按“部门预算支出经济分类科目”的类级科目（工资福利支出、商品和服务支出、对个人和家庭补助支出、资本性支出）进行明细核算。

四级明细按“部门预算支出经济分类科目”的款级科目进行核算。

对于预付款项，可通过在“事业支出”科目下设置“待处理”明细科目进行明细核算，待确认具体支出项目后再转入“事业支出”科目下相关明细科目。年末结账前，应将“事业支出”科目“待处理”明细科目余额全部转入“事业支出”科目下相关明细科目。

中小学校的“事业支出”科目的明细科目核算内容见表3－3。

表3－3　　中小学校事业支出明细科目核算内容

科目编码		科目名称	核算内容
类	款		
301		一、工资福利支出	反映学校开支的在职教职工和编制外长期聘用人员的各类劳动报酬，以及为上述人员缴纳的各项社会保险费等
	01	基本工资	反映按规定发放的基本工资，包括教职工的岗位工资、薪级工资；各类学校毕业生试用期（见习期）工资等
	02	津贴补贴	反映按规定发放的津贴、补贴，包括工作性津贴、生活性补贴、地区附加津贴、岗位津贴，以及按规定发放的特殊岗位津贴补贴、提租补贴、购房补贴、采暖补贴、物业服务补贴等
	03	奖金	反映按规定发放的奖金，包括年终一次性奖金等
	06	伙食补助费	反映按规定发放的伙食补助费，因公负伤等住院治疗、住疗养院期间的伙食补助费等
	07	绩效工资	反映教职工的绩效工资
	08	基本养老保险缴费	反映学校为教职工缴纳的基本养老保险费。由学校代扣的工作人员基本养老保险缴费，不在此科目反映
	09	职业年金缴费	反映学校为教职工实际缴纳的职业年金（含职业年金补记支出）。由学校代扣的工作人员职业年金缴费，不在此科目反映
	10	基本医疗保险缴费	反映学校为教职工缴纳的基本医疗保险费
	12	其他社会保障缴费	反映学校为教职工缴纳的失业、工伤、生育等社会保险费，残疾人就业保障金。生育保险和职工基本医疗保险合并实施的地区，相关缴费不在此科目反映
	13	住房公积金	反映学校按规定为教职工缴纳的住房公积金反映学校按规定为教职工支出的其他医疗费用
	14	医疗费	反映上述科目未包括的工资福利支出，如各种加班工资、病假两个月以上期间的人员工资，职工探亲旅费，困难职工生活补助，编制外长期聘用人员（不包括劳务派遣人员）劳务报酬及社保缴费等
	99	其他工资福利支出	
		其中：(1) 外聘教职工工资	反映学校为编制外长期聘用人员发放的基本工资
		(2) 外聘教职工社会保障缴费	反映学校为编制外长期聘用人员缴纳的养老、基本医疗、失业、工伤、生育等社会保险费
302		二、商品和服务支出	反映学校购买商品和服务的支出，不包括购置固定资产等资本性支出
	01	办公费	反映学校购买日常办公用品、书报杂志等支出
	02	印刷费	反映学校的印刷费支出，教学成果出版支出

续表

科目编码		科目名称	核算内容
类	款		
	03	咨询费	反映学校咨询方面的支出
	04	手续费	反映学校的各类手续费支出
	05	水费	反映学校的水费、污水处理费等支出
	06	电费	反映学校的电费支出
	07	邮电费	反映学校开支的信函、包裹、货物等物品的邮寄费及电话费、电报费、传真费、网络通信费等
	08	取暖费	反映学校取暖用燃料费、热力费、炉具购置费、锅炉临时工的工资、节煤奖以及由学校支付的未实行职工住房采暖补贴改革的在职职工和离退休人员宿舍取暖费
	09	物业管理费	反映学校的教学、办公用房和辅助设施、学生宿舍以及未实行职工住宅物业服务改革的在职职工和离退休人员宿舍等的物业管理费，包括综合治理、绿化、卫生等方面的支出
		其中：(1) 学校安保费	反映学校开支的物业安保支出
		(2) 校园保洁费	反映学校开支的物业保洁支出
		(3) 校园绿化费	反映学校开支的校园绿化支出
		(4) 其他物业管理费	反映未包括在上述科目的物业管理费
	11	差旅费	反映学校教职工国（境）内出差发生的城市间交通费、住宿费。伙食补助费和市内交通费
		其中：(1) 市内差旅费	反映学校教职工因公务发生的市内交通费
		(2) 国内差旅费	反映学校教职工国（境）内出差发生的城市间交通费、住宿费、伙食补助费
	12	因公出国（境）费用	反映学校教职工公务出国（境）的国际旅费、国外城市间交通费、住宿费、伙食费、培训费、公杂费等支出
		其中：(1) 教师出国（境）培训费	反映学校教师因出国（境）参加培训、学术交流发生的国际旅费、国外城市间交通费、住宿费、伙食费、培训费、会议费、公杂费等支出
		(2) 其他教职工出国（境）培训费	反映学校职工因出国（境）参加培训发生的国际旅费、国外城市间交通费、住宿费、伙食费、培训费、公杂费等支出
		(3) 教职工出国（境）考察费	反映学校教职工因出国（境）考察发生的国际旅费、国外城市间交通费、住宿费、伙食费、公杂费等支出
	13	维修（护）费	反映学校日常开支的固定资产（不包括车船等交通工具）修理和维护费用，网络信息系统运行与维护费用，以及按规定提取的修购基金
		其中：(1) 仪器设备维修（护）费	反映学校日常开支的仪器设备（不包括车船等交通工具）修理和维护费用
		(2) 信息系统维修（护）费	反映学校日常开支的网络信息系统运行与维护费用

续表

科目编码		科目名称	核算内容
类	款		
		（3）房屋建筑物维修（护）费	反映学校日常开支的房屋建筑物修理和维护费用
		（4）其他维修（护）费	反映未包括在上述科目的维修费和维护费
	14	租赁费	反映学校租赁办公用房、宿舍、专用通信网以及其他设备等方面的费用
	15	会议费	反映学校在会议期间按规定开支的住宿费、伙食费、会议场地租金、交通费、文件印刷费、医药费等
	16	培训费	反映除因公出国（境）培训费以外的，在培训期间发生的师资培训费用
		其中：（1）教师培训费	反映除因公出国（境）培训费以外的，在培训期间发生的师资培训费用、差旅费
		（2）其他培训费	反映未包括在上述科目的培训费
	17	公务接待费	反映学校按规定开支的各类公务接待（含外宾接待）费用
	18	专用材料费	反映学校购买日常专用材料的支出。具体包括实验室用品、体育用品、文艺用品、药品及医疗耗材等教育教学材料方面的支出
		其中：（1）实验耗材费	反映学校购买用于实验教学的材料和用品支出
		（2）体育耗材费	反映学校购买用于体育教学的材料和用品支出
		（3）其他材料费	反映未包括在上述科目的专用材料费
	26	劳务费	反映支付给外单位和个人的劳务费用，如临时聘用人员、钟点工工资，稿费、翻译费，评审费等
	27	委托业务费	反映因委托外学校办理业务而支付的委托业务费
	28	工会经费	反映学校按规定提取或安排的工会经费
	29	福利费	反映学校按规定提取的职工福利费
	31	公务用车运行维护费	反映学校按规定保留的公务用车（校车）燃料费、维修费、过桥过路费、保险费、安全奖励费用等支出
		其中：（1）校车运行维护费	反映学校开展校车运营发生的燃料费、维修费、过桥过路费、保险费、安全奖励费用等支出
		（2）公务用车运行维护费	反映未包括在上述科目的公务用车运行维护费
	39	其他交通费	反映学校除公务用车运行维护费以外的其他交通费用。如公务交通补贴，租车费用、出租车费用，飞机、船舶等的燃料费、维修费、保险费等
	99	其他商品和服务支出	反映上述科目未包括的日常公用支出。如学生活动费、学生出国（境）活动费、教师工会和党团活动费、学校财产和责任保险费用、税费和附加费、财务及审计费、诉讼费等

续表

科目编码		科目名称	核算内容
类	款		
		其中：(1) 学生活动费	反映用于支持学生参加国内竞赛、文体交流等活动的费用
		(2) 学生出国（境）活动费	反映用于支持出国（境）开展竞赛、文体交流等活动的费用
		(3) 教师工会和党团活动	反映用于教师开展工会和党团活动等的费用
		(4) 学校财产和责任保险费用	反映学校用于购买财产保险、责任保险等费用
		(5) 税费和附加费	反映学校发生的税费和附加费
		(6) 财务及审计费	反映学校发生的财务及审计费
		(7) 诉讼费	反映学校发生的诉讼费
		(8) 其他商品和服务支出	反映未包括在上述科目的其他商品和服务支出
303		三、对个人和家庭补助支出	反映政府用于对个人和家庭的补助支出
	01	离休费	反映学校承担的离休人员的离休费、护理费以及提租补贴、购房补贴、采暖补贴、物业服务补贴等补贴
	02	退休费	反映学校承担的退休人员的退休费以及提租补贴、购房补贴、采暖补贴、物业服务补贴等补贴
	03	退职费	反映学校承担的退职人员的生活补贴、一次性支付给职工的退职补助
	04	抚恤金	反映按规定开支的烈士遗属、牺牲病故人员遗属的一次性和定期抚恤金，伤残人员的抚恤金，离退休人员等其他人员的各项抚恤金，以及按规定开支的单位职工和离退休人员丧葬费
	05	生活补助	反映按规定开支的优抚对象定期定量生活补助费，退役军人生活补助费，单位职工遗属生活补助，长期赡养人员补助费等
	07	医疗费补助	反映学校负担的离退休人员的医疗费，学生医疗费，优抚对象医疗补助等
		其中：(1) 学生医疗费	反映学校负担的学生医疗费
		(2) 教职工医疗费	反映学校负担的教职工医疗费
	08	助学金	反映学校学生助学金、奖学金、学生贷款、出国留学（实习）人员生活费，青少年业余体校学员伙食补助费和生活费补贴，按照协议由我方负担或享受我方奖学金的来华留学生、进修生的生活费等
		其中：(1) 助学金	反映学校用于学生助学金的支出
		(2) 奖学金	反映学校用于学生奖学金的支出
		(3) 书本费	反映学校用于购置学生免费书本费的支出
		(4) 伙食补贴	反映用于学生食补助费和生活费补贴支出
		(5) 学生校外践习津贴	反映学校用于资助学生校外践习的津贴支出
	09	奖励金	反映独生子女父母奖励等

续表

科目编码		科目名称	核算内容
类	款		
	99	其他对个人和家庭补助支出	反映未包括在上述科目的对个人和家庭的补助支出等
310		四、资本性支出	反映各单位安排的资本性支出，切块由发展改革部门安排的基本建设支出不在此科目反映，在“309 资本性支出（基本建设）”反映。
	01	房屋建筑物购建	反映用于购买、自行建造教学科研用房、学生宿舍、食堂等建筑物（含附属设施，如电梯、通信线路、水气管道等）的支出
	02	办公设备购置	反映用于购置并按财务会计制度规定纳入固定资产核算范围的办公家具和办公设备的支出，以及按规定提取的修购基金
	03	专用设备购置	反映用于购置具有专门用途，并按财务会计制度规定纳入固定资产核算范围的各类专用设备的支出。如仪器仪表、电教设备、文体设备、医疗设备、印刷设备、公安专用设备等，以及按规定提取的修购基金
	06	大型修缮	反映按财务会计制度规定允许资本化的各类设备、建筑物等大型修缮的支出
		其中：（1）仪器设备大型修缮	反映按财务会计制度规定允许资本化的各类仪器设备的大型修缮的支出
		（2）房屋建筑物大型修缮	反映按财务会计制度规定允许资本化的各类房屋建筑物的大型修缮的支出
	07	信息网络及软件购置更新	反映用于信息网络和软件方面的支出。如服务器购置、软件购置、开发、应用支出等，如果购置的相关硬件、软件等不符合财务会计制度规定的固定资产确认标准的，不在此科目反映
	21	文物和陈列品购置	反映文物和陈列品购置支出
	22	无形资产购置	反映著作权、商标权、专利权、土地使用权等无形资产购置支出。软件购置、开发、应用支出不在此科目反映
	99	其他资本性支出	反映上述科目中未包括的资本性支出（不含对企业补助）
		其中：（1）图书购置	反映购置纸质图书的支出。购置电子图书的支出，不在此科目反映
		（2）家具、用具和装具购置	反映购置的家具、用具和装具
		（3）动植物购置	反映购置的动植物

3. 期末结转科目不同。期末，“业务活动费用”“单位管理费用”本期发生额转入“本期盈余”；年终结账时，“事业支出”本年发生额根据资金性质转入“财政拨款结转”“非财政拨款结转”“其他结余”。年终结转后上述账户均无余额。

4. 账务处理。

【例 3-1】 2×20 年 9 月，某初级中学计提当月专业教师薪酬 600 000 元，其中基本工资 400 000 元，津贴补贴 50 000 元，绩效工资 150 000 元；采用授权支付方式支付给职工薪酬500 000元，代扣住房公积金40 000元，基本养老保险40 000元，个人所得税20 000元；缴纳个人所得税；学校计提基本养老保险费80 000元、住房公积金40 000元；上缴计提的养老保险费和住房公积金。

经济业务	财务会计账务处理	预算会计账务处理
计提薪酬	借：业务活动费用——工资福利费用　600 000 　贷：应付职工薪酬——基本工资（含离退休费）　400 000 　　——国家统一规定的津贴补贴　50 000 　　——规范津贴补贴（绩效工资）　150 000	—
实际支付	借：应付职工薪酬——基本工资　400 000 　——国家统一规定的津贴补贴　50 000 　——规范津贴补贴（绩效工资）　150 000 　贷：零余额账户用款额度　500 000 　　应付职工薪酬——住房公积金（个人）　40 000 　　——社会保险费（个人）　40 000 　　其他应交税费——应交个人所得税　20 000	借：事业支出——同级财政拨款支出——基本支出——工资福利支出　500 000 　贷：资金结存——零余额账户用款额度　500 000
缴纳个人所得税	借：其他应交税费——应交个人所得税　20 000 　贷：零余额账户用款额度　20 000	借：事业支出——同级财政拨款支出——基本支出——工资福利支出　20 000 　贷：资金结存——零余额账户用款额度　20 000
计提社保、公积金	借：业务活动费用——工资福利费用　120 000 　贷：应付职工薪酬——住房公积金（单位）　40 000 　　——社会保险费（单位）　80 000	—
缴纳社保、公积金	借：应付职工薪酬——住房公积金　80 000 　——社会保险费　120 000 　贷：零余额账户用款额度　200 000	借：事业支出——同级财政拨款支出——基本支出——工资福利支出　200 000 　贷：资金结存——零余额账户用款额度　200 000

补充说明——“2201 应付职工薪酬”会计科目

（1）核算内容：学校按照有关规定应付给教职工（含长期聘用人员）及为职工支付的各种薪酬，包括基本工资、国家统一规定的津贴补贴、规范津贴补贴（绩效工资）、改革性补贴、社会保险费（如职工基本养老保险费、职业年金、基本医疗保险费等）、住房公积金等。

（2）明细科目设置："基本工资"（含离退休费）"国家统一规定的津贴补贴""规范津贴补贴（绩效工资）""改革性补贴""社会保险费""住房公积金""其他个人收入"等。其中，"社会保险费""住房公积金"明细科目核算内容包括学校从教职工工资中代扣代缴的社会保险费、住房公积金，以及学校为职工计算缴纳的社会保险费、住房公积金。

（3）期末贷方余额，反映学校应付未付的职工薪酬。

【例3－2】 2×20年2月，某高中使用日常公用经费（本年度预算指标）当年支付给供电公司电费2万元，财政授权支付。

财务会计账务处理	预算会计账务处理
借：业务活动费用——商品和服务费用——电费 20 000 贷：零余额账户用款额度 20 000	借：事业支出——同级财政拨款——基本支出——商品和服务支出——电费 20 000 贷：资金结存——零余额账户用款额度 20 000

补充说明——预算管理一体化对财政授权支付的影响

前已说明，我国预算管理一体化改革完成后，单位不需要核算零余额账户用款额度和财政应返还额度，不再区分直接支付和授权支付，《事业单位财务规则》（2022年）和《中小学校财务制度》（2022年）在流动资产分类构成中也取消了"零余额账户用款额度"。〖例3－2〗会计核算应修改为：

财务会计账务处理	预算会计账务处理
借：业务活动费用——商品和服务费用——电费 20 000 贷：财政拨款收入 20 000	借：事业支出——同级财政拨款—基本支出——商品和服务支出——电费 20 000 贷：财政拨款预算收入 20 000

中央预算单位应当根据收到的国库集中支付凭证及相关原始凭证，按照凭证上的国库集中支付入账金额，在财务会计下借记"库存物品""固定资产""业务活动费用""单位管理费用""应付职工薪酬"等科目，贷记"财政拨款收入"科目（使用本年度预算指标）或"财政应返还额度"科目（使用以前年度预算指标）；同时，在预算会计下借记"行政支出""事业支出"等科目，贷记"财政拨款预算收入"科目（使用本年度预算指标）或"资金结存——财政应返还额度"科目（使用以前年度预算指标）。

【例3－3】 2×20年2月，某高中使用以前年度预算指标的日常公用经费支付试卷印刷费5 000元，财政授权支付。（预算管理一体化）

财务会计账务处理	预算会计账务处理
借：业务活动费用——商品和服务费用——印刷费 5 000 贷：资金结存——财政应返还额度 5 000	借：事业支出——同级财政拨款——基本支出 ——商品和服务支出——印刷费 5 000 贷：资金结存——财政应返还额度 5 000

注：“单位管理费用”的核算原理基本和“业务活动费用”相同。

【例3-4】 2×20年12月，某高中使用日常公用经费支付2×21年的杂志报纸等费用18 000元，财政授权支付；2×21年每月平均摊销。(预算管理一体化改革未完成)

时间	财务会计账务处理	预算会计账务处理
2×20年12月	借：待摊费用——杂志报纸费 18 000 贷：零余额账户用款额度 18 000	借：事业支出——同级财政拨款——基本支出 ——商品和服务支出——办公费 18 000 贷：资金结存——零余额账户用款额度 18 000
2×21年1~12月摊销	借：业务活动费用——商品和服务费用 ——办公费 1 500 贷：待摊费用——杂志报纸费 1 500	—

补充说明——待摊费用

待摊费用核算单位已经支付，但应由本期和以后各期分别负担的分摊期在1年以内(含1年)的各项费用，如预付租金、报刊订阅费等。摊销期限在1年以上的租入固定资产改良支出和其他费用，应通过“长期待摊费用”科目核算。

【例3-5】 2×20年5月，某高中支付学生助学金80 000元，项目资金列支，财政直接支付。

财务会计账务处理	预算会计账务处理
借：业务活动费用——对个人和家庭的补助费用 ——助学金 80 000 贷：财政拨款收入 80 000	借：事业支出——同级财政拨款——项目支出 ——国家助学金——助学金 80 000 贷：财政拨款预算收入——项目支出——国家助学金 80 000

3.2.2 经营费用和经营支出

“经营费用”科目核算非义务教育阶段学校在教育教学及其辅助活动之外开展非独立核算经营活动发生的各项费用；其确认基础是权责发生制；按经营活动类别、项目、支付对象等进行明细核算，还可按照“工资福利费用”“商品和服务费用”“对个人和家庭的补助费用”“固定资产折旧费”“无形资产摊销费”等成本项目设置明细科目。

期末结转至“本期盈余”科目的借方，结转后无余额。

“经营支出”科目核算非义务教育阶段学校在教育教学及其辅助活动之外开展非独立核算经营活动实际发生的各项现金流出；其确认基础是收付实现制；按照经营活动类别、项目、《政府收支分类科目》中“支出功能分类科目”的项级科目和“部门预算支出经济分类科目”的款级科目等进行明细核算。对于预付款项，可通过在本科目下设置“待处理”明细科目进行明细核算，待确认具体支出项目后再转入本科目下相关明细科目。年末结账前，应将本科目“待处理”明细科目余额全部转入本科目下相关明细科目。年末结转至“经营结余”科目的借方，结转后无余额。

“经营费用”“经营支出”的核算原理基本和“业务活动费用”“事业支出”相同，在此不再赘述。

补充

《中小学校财务制度》（2022 年）第二十三条规定，非义务教育阶段学校开展非独立核算经营活动，应当以不影响正常教育教学活动为前提。在开展非独立核算经营活动中，应当加强经济核算，正确归集实际发生的各项费用；不能直接归集的，应当按照规定的比例合理分摊。经营支出应当与经营收入配比。

3.2.3 上缴上级费用和上缴上级支出

“上缴上级费用”，财务会计中的费用类会计科目，核算中小学校按照财政部门和主管部门的规定上缴上级单位款项发生的费用；确认基础是权责发生制；按照收缴款项单位、缴款项目等进行明细核算；期末结转至“本期盈余”科目的借方，结转后无余额。

“上缴上级支出”，预算会计中的预算支出类会计科目，核算中小学校按照财政部门和主管部门的规定上缴上级单位款项发生的现金流出；确认基础是收付实现制；应按照收缴款项单位、缴款项目、《政府收支分类科目》中“支出功能分类科目”的项级科目和“部门预算支出经济分类科目”的款级科目等进行明细核算；年末结转至“其他结余”科目的借方，结转后无余额。

【例 3－6】 2020 年 2 月份某附中应上缴上级单位某高校款项 40 000 元；3 月份支付款项。

时间	财务会计账务处理	预算会计账务处理
2 月	借：上缴上级费用　40 000 　贷：其他应付款　40 000	—
3 月	借：其他应付款　40 000 　贷：银行存款　40 000	借：上缴上级支出　40 000 　贷：资金结存——货币资金　40 000

3.2.4　对附属单位补助费用和对附属单位补助支出

“对附属单位补助费用”，财务会计中的费用类会计科目，核算中小学校用财政拨款收入之外的收入对附属单位补助发生的费用；确认基础是权责发生制；应按照接受补助单位、补助项目等进行明细核算；期末结转至“本期盈余”科目的借方，结转后无余额。

“对附属单位补助支出”，预算会计中的预算支出类会计科目，核算中小学校用财政拨款预算收入之外的收入对附属单位补助发生的现金流出；确认基础是收付实现制；应按照接受补助单位、补助项目、《政府收支分类科目》中“支出功能分类科目”的项级科目和“部门预算支出经济分类科目”的款级科目等进行明细核算；年末结转至“其他结余”科目的借方，结转后无余额。

【例 3－7】 2020 年 2 月某学校应向其附属中学补助 300 000 元；3 月支付该款项。

时间	财务会计账务处理	预算会计账务处理
2 月	借：对附属单位补助费用　300 000 　贷：其他应付款　300 000	—
3 月	借：其他应付款　300 000 　贷：银行存款　300 000	借：对附属单位补助支出　300 000 　贷：资金结存——货币资金　300 000

补充——《政府会计准则制度解释第 3 号》

单位作为主管部门或上级单位向其附属单位分配受赠的货币资金，应按照《政府会计制度》中“对附属单位补助费用（支出）”科目相关规定处理。

3.2.5　所得税费用

“所得税费用”，财务会计中的费用类会计科目，核算有企业所得税缴纳义务的中小学校（非义务教育）按规定缴纳企业所得税所形成的费用；确认基础是权责发生制；年末结转至“本期盈余”科目的借方，结转后无余额。

【例 3－8】 2×20 年 12 月，某职业技术学校经营活动应交企业所得税 18 000 元；次年 1 月支付税款。

时间	财务会计账务处理	预算会计账务处理
12 月	借：所得税费用　18 000 　贷：其他应交税费——单位应交所得税 　18 000	—

续表

时间	财务会计账务处理	预算会计账务处理
次年1月	借：其他应交税费——单位应交所得税 18 000 贷：银行存款 18 000	借：非财政拨款结余——累计结余 18 000 贷：资金结存——货币资金 18 000

3.2.6 资产处置费用、其他费用和其他支出

1. 核算内容。中小学校资产处置的形式按照规定包括无偿调拨、出售、出让、转让、置换、对外捐赠、报废、毁损以及货币性资产损失核销等。

“资产处置费用”，财务会计中的费用类会计科目，核算学校经批准处置资产时发生的费用，包括转销的被处置资产价值，以及在处置过程中发生的相关费用或者处置收入小于相关费用形成的净支出；其确认基础是权责发生制；应按照处置资产的类别、资产处置的形式等进行明细核算；年末结转至“本期盈余”科目的借方，结转后无余额。

“其他支出”，预算会计中的预算支出类科目，核算中小学校除事业支出、经营支出、上缴上级支出、对附属单位补助支出、投资支出、债务还本支出以外的各项现金流出，包括利息支出、对外捐赠现金支出、现金盘亏损失、接受捐赠（调入）和对外捐赠（调出）非现金资产发生的税费支出、资产置换过程中发生的相关税费支出、罚没支出等；其确认基础是收付实现制；应当按其他支出的类别，“财政拨款支出”“非财政专项资金支出”和“其他资金支出”，《政府收支分类科目》中“支出功能分类科目”的项级科目和“部门预算支出经济分类科目”的款级科目等进行明细核算。如有专项资金支出，还应按具体项目进行明细核算。

2. 资产处置的账务处理。

（1）出售、转让资产。

【例3－9】 2×20年9月，某初级中学经批准出售一批专业仪器，出售价款20万元。仪器原价50万元，已计提折旧20万元。支付拆卸费1万元，按照出售应当交有关税费1.2万元，净额上缴财政。

经济业务	财务会计账务处理	预算会计账务处理
将资产账面价值核销	借：资产处置费用 300 000 固定资产累计折旧 200 000 贷：固定资产——专用设备 500 000	—
出售获得价款	借：银行存款 200 000 贷：应缴财政款 200 000	—
支付拆卸费	借：应缴财政款 10 000 贷：银行存款 10 000	—

续表

经济业务	财务会计账务处理	预算会计账务处理
计算应交税金	借：应缴财政款　12 000 　贷：应交增值税　12 000	—
将净收入上缴国库	借：应缴财政款　178 000 　贷：银行存款　178 000	—

（2）对外捐赠资产。

【例 3－10】 2×20 年 9 月，某高级中学经批准对外捐赠一批设备，原价 10 万元，已提折旧 6 万元，通过零余额账户支付运费 2 000 元。

财务会计账务处理	预算会计账务处理
借：资产处置费用　40 000 　固定资产累计折旧　60 000 　贷：固定资产　100 000 借：资产处置费用　2 000 　贷：零余额账户用款额度　2 000	借：其他支出　2 000 　贷：资金结存——零余额账户用款额度　2 000

补充说明——对外捐赠的会计核算

①单位对外捐赠货币资金，财务会计通过“其他费用”科目核算，预算会计通过“其他支出”科目核算。

②单位对外捐赠固定资产、无形资产、存货等，财务会计通过“资产处置费用”科目核算，如果需要平行记账的，预算会计通过“其他支出”科目核算。

③单位作为主管部门或上级单位向其附属单位分配受赠的货币资金，应当按“对附属单位补助费用（支出）”科目相关规定处理；单位按规定向其附属单位以外的其他单位分配受赠的货币资金，应当按照“其他费用（支出）”科目相关规定处理。

④单位向政府会计主体分配受赠的非现金资产，按照“无偿调拨净资产”科目相关规定处理；单位向非政府会计主体分配受赠的非现金资产，按“资产处置费用”科目相关规定处理。

⑤单位使用、处置受赠资产，应当按照《政府会计制度》相关规定进行会计处理。处置受赠资产取得的净收入（取得价款扣减支付的相关税费后的金额），按规定上缴财政的，应当通过“应缴财政款”科目核算；按规定纳入本单位预算管理的，应当通过“其他（预算）收入”科目核算。

（3）无偿调出资产。

【例 3－11】 2×20 年 9 月，某高级中学经批准对外无偿调出一批实验设备，原价 10 万元，已提折旧 6 万元，通过零余额账户支付运费 2 000 元。

财务会计账务处理	预算会计账务处理
借：无偿调拨净资产 40 000 固定资产累计折旧 60 000 贷：固定资产 100 000 借：资产处置费用 2 000 贷：零余额账户用款额度 2 000	借：其他支出 2 000 贷：资金结存——零余额账户用款额度 2 000

补充说明——无偿调出的会计核算

①上述核算同样适用于无偿调出无形资产、库存物品、保障性住房、文化文物资产、政府储备物资、公共基础设施等。

②《政府会计准则制度解释第3号》规定，单位向政府会计主体分配受赠的非现金资产，按“无偿调拨净资产”科目相关规定处理。

③调出过程中发生的费用记入“资产处置费用”科目。

（4）报废、毁损。

【例3－12】 2×20年12月，某高级中学经批准报废一批仪器设备，原价20万元，已计提折旧16万元。残料收入15 000元，保险公司应赔14 400元，财政授权支付清理费用6 000元，净额上缴财政。

经济业务	财务会计账务处理	预算会计账务处理
核销资产账面价值	借：待处理财产损溢——待处理资产价值 40 000 固定资产累计折旧 160 000 贷：固定资产——专用设备 200 000	—
获得收入	借：银行存款 15 000 其他应收款——某保险公司 14 400 贷：待处理财产损溢——处理净收 29 400	—
支付清理费	借：待处理财产损溢——处理净收 6 000 贷：零余额账户用款额度 6 000	—
将净收入上缴国库	借：待处理财产损溢——处理净收 23 400 贷：应缴财政款 23 400	—
经批准转费用	借：资产处置费用 40 000 贷：待处理财产损溢——待处理资产价值 40 000	—

补充说明——“待处理财产损溢”科目

该科目核算学校在资产清查过程中查明的各种资产盘盈、盘亏和报废、毁损的价值。资产指库存现金、存货、固定资产、无形资产、公共基础设施、政府储备物资、文物文化资产、保障性住房等。

应按照待处理的资产项目进行明细核算；对于在资产处理过程中取得收入或发生相

关费用的项目，还应设置“待处理财产价值”“处理净收入”明细科目，进行明细核算。

该科目期末如为借方余额，反映尚未处理完毕的各种资产的净损失；期末如为贷方余额，反映尚未处理完毕的各种资产净溢余。年末，经批准处理后，本科目一般应无余额。

单位资产清查中查明的资产盘盈、盘亏、报废和毁损，一般应当先记入该科目，按照规定报经批准后及时进行账务处理。

3. 其他费用的账务处理。“其他费用”，财务会计中的费用类会计科目，核算学校发生的除业务活动费用、单位管理费用、经营费用、资产处置费用、上缴上级费用、附属单位补助费用、所得税费用以外的各项费用，包括利息费用、坏账损失、罚没支出、现金资产捐赠支出以及相关税费、运输费等；按费用的类别等进行明细核算；单位发生的利息费用较多的，可以单独设置“5701 利息费用”科目。如果“其他费用”对应的业务需要平行记账，预算会计中使用“其他支出”科目。

【例 3 - 13】 2×20 年 9 月，某高级中学经批准对外捐赠 60 000 元给偏远地区学校，用银行存款支付；支付消防罚款 5 000 元。

财务会计账务处理	预算会计账务处理
借：其他费用——现金捐赠　60 000 　贷：银行存款　60 000	借：其他支出　60 000 　贷：资金结存——货币资金　60 000
借：其他费用——罚没支出　5 000 　贷：银行存款　5 000	借：其他支出　5 000 　贷：资金结存——货币资金　5 000

第 4 章　中小学校净资产和预算结余

4.1　净资产的核算和管理

净资产是指政府会计主体资产扣除负债后的净额。净资产金额取决于资产和负债的计量。净资产项目应当列入资产负债表。

净资产类会计科目主要有 7 个，具体见表 4－1。

表 4－1　　净资产类会计科目表

科目编码	科目名称	说明
3001	累计盈余	借方或贷方余额
3101	专用基金	有余额，仅限事业单位使用
3201	权益法调整	有余额（长期股权投资采用权益法时用该科目），仅限事业单位使用
3301	本期盈余	年末转入“本年盈余分配”，无余额
3302	本年盈余分配	年末转入“累计盈余”，无余额
3401	无偿调拨净资产	年末转入“累计盈余”，无余额
3501	以前年度盈余调整	转入“累计盈余”，无余额

4.1.1　本期盈余的核算和管理

“本期盈余”采用的是国际公共部门准则的说法，该科目核算学校本期各项收入、费用相抵后的余额，类似企业“本年利润”。期末如为贷方余额，反映单位自年初至当期期末累计实现的盈余；如为借方余额，反映单位自年初至当期期末累计发生的亏损。年末结账后，该科目应无余额。“本期盈余”账户的结构见图 4－1。

借方　　　　本期盈余	贷方
（－）	（＋）
①业务活动费用 ②单位管理费用 ③经营费用 ④资产处置费用 ⑤其他费用 ⑥对附属单位补助费用 ⑦上缴上级费用 ⑧所得税费用	①财政拨款收入 ②事业收入 ③经营收入 ④上级补助收入 ⑤其他收入 ⑥附属单位上缴收入 ⑦非同级财政拨款收入 ⑧投资收益、利息收入 ⑨捐赠收入 ⑩租金收入
期末余额：累计发生的亏损	期末余额：累计实现的盈余

图 4－1　“本期盈余”账户结构

【例 4－1】 2×21 年 12 月 30 日，某高中“本期盈余”贷方余额 50 000 元，2×21 年 12 月财政拨款收入 600 000 元，事业收入 400 000 元，业务活动费用 400 000 元，单位管理费用 35 万元。结转当月所有收入、费用。

经济业务	财务会计账务处理	预算会计账务处理
收入结转	借：事业收入　400 000 　　财政拨款收入　600 000 　　贷：本期盈余　1 000 000	—
费用结转	借：本期盈余　750 000 　　贷：业务活动费用　400 000 　　　　单位管理费用　350 000	—
年终结转“本期盈余”	借：本期盈余　300 000 　　贷：本年盈余分配　300 000	—

4.1.2　本年盈余分配和专用基金

“本年盈余分配”科目核算学校本年度盈余分配的情况和结果。年末该科目无余额。

“专用基金”科目核算中小学校按照规定提取或设置的具有专门用途的净资产，按专用基金的类别进行明细核算。期末贷方余额，反映学校累计提取或设置的尚未使用的专用基金。

专用基金来源主要有三个：从结余中提取、从收入中提取、按有关规定设置。专用基金≠专用结余，专用结余是预算会计中的预算结余类科目，只核算从非财政拨款结余中提取的具有专门用途的资金的变动和滚存情况，按专用结余的类别进行明细核算。

法规链接——《中小学校财务制度》(2022 年)

第四十三条 专用基金是指中小学校按照规定提取或者设置的有专门用途的资金。专用基金管理应当遵循先提后用、专款专用的原则，支出不得超出基金规模。

第四十四条 专用基金包括职工福利基金、奖助学基金和其他专用基金。

（1）职工福利基金，即按照非财政拨款结余的一定比例提取以及按照其他规定提取转入，用于职工集体福利设施、集体福利待遇等的资金。

（2）奖助学基金，即接受社会捐赠和按照规定从事业收入中提取转入，用于奖励、资助学生的资金。

（3）其他专用基金，即按照其他有关规定，根据事业发展需要提取或者设置的专用资金。

第四十五条 中小学校应当将专用基金纳入预算管理，结合实际需要按照规定提取，保持合理规模，提高使用效益。除奖助学基金外，专用基金余额较多的，应当降低提取比例或者暂停提取；确需调整用途的，由主管部门会同本级财政部门确定。

第四十六条 各项基金的提取比例和管理办法，国家有统一规定的，按照统一规定执行；没有统一规定的，由主管部门会同本级财政部门确定。

【例 4－2】 接〖例 4－1〗，2×21 年 12 月 31 日，某高中计提职工福利基金 100 000 元，并结转“本年盈余分配”余额；2×22 年 12 月使用专用基金 50 000 元，月末转入相关科目。

经济业务	财务会计账务处理	预算会计账务处理
提取职工福利基金	借：本年盈余分配 100 000 贷：专用基金——职工福利基金 100 000	借：非财政拨款结余分配 100 000 贷：专用结余 100 000
转入累计盈余	借：本年盈余分配 200 000 贷：累计盈余 200 000	—
使用职工福利基金	借：业务活动费用——使用专用基金 50 000 贷：银行存款等 50 000	借：事业支出——使用专用结余 50 000 贷：资金结存——货币资金 50 000
月末转入	借：专用基金——职工福利基金 50 000 贷：业务活动费用 50 000	借：专用结余——职工福利基金 50 000 贷：事业支出——使用专用结余 50 000

【例 4－3】 2×21 年 10 月，某中学从返还的学费收入中提取奖助学基金 40 000 元，11 月使用基金 20 000 元。

经济业务	财务会计账务处理	预算会计账务处理
提取奖助学基金	借：业务活动费用——提取专用基金 40 000 贷：专用基金——奖助学基金 40 000	—

续表

经济业务	财务会计账务处理	预算会计账务处理
使用奖助学基金	借：专用基金——奖助学基金　20 000 　贷：银行存款　20 000	借：事业支出　20 000 　贷：资金结存——货币资金　20 000

4.1.3　以前年度盈余调整

“以前年度盈余调整”用来核算学校本年度发生的调整以前年度盈余的事项，包括本年度发生的重要前期差错更正涉及调整以前年度盈余的事项。该科目结转后应无余额。

【例 4-4】　某高中盘盈一批专用实验仪器，重置成本为 50 000 元。

经济业务	财务会计账务处理	预算会计账务处理
发现盘盈	借：固定资产——专用设备　50 000 　贷：待处理财产损溢　50 000	—
批准处理	借：待处理财产损溢　50 000 　贷：以前年度盈余调整——固定资产盘盈　50 000 借：以前年度盈余调整——固定资产盘盈　50 000 　贷：累计盈余　50 000	—

补充说明——盘盈固定资产的入账

盘盈的固定资产，其成本按照有关凭据注明的金额确定；没有相关凭据、但按规定经过资产评估的，其成本按照评估价值确定；没有相关凭据、也未经过评估的，其成本按照重置成本确定。如无法采用上述三种方法都无法确定的，按照名义金额（人民币 1 元）入账。

【例 4-5】　2×21 年 3 月，某中学发现，上年接受捐赠的一台价值 60 万元的设备，记入了固定资产和专用基金账户。

经济业务	财务会计账务处理	预算会计账务处理
发现前期差错	借：专用基金　600 000 　贷：以前年度盈余调整——捐赠收入　600 000 借：以前年度盈余调整——捐赠收入　600 000 　贷：累计盈余　600 000	

补充说明：《政府会计准则第 7 号——会计调整》之“会计差错”

第二条　会计调整，是指政府会计主体因按照法律、行政法规和政府会计准则制度的要求，或者在特定情况下对其原采用的会计政策、会计估计，以及发现的会计差错、发生的报告日后事项等所作的调整。

本准则所称会计差错，是指政府会计主体在会计核算时，在确认、计量、记录、报告等方面出现的错误，通常包括计算或记录错误、应用会计政策错误、疏忽或曲解事实产生的错误、财务舞弊等。

第十四条 政府会计主体在本报告期（以下简称本期）发现的会计差错，应当按照以下原则处理：

（1）本期发现的与本期相关的会计差错，应当调整本期报表（包括财务报表和预算会计报表，下同）相关项目。

（2）本期发现的与前期相关的重大会计差错，如影响收入、费用或者预算收支的，应当将其对收入、费用或者预算收支的影响或者累积影响调整发现当期期初的相关净资产项目或者预算结转结余，并调整其他相关项目的期初数；如不影响收入、费用或者预算收支的，应当调整发现当期相关项目的期初数。经上述调整后，视同该差错在差错发生的期间已经得到更正。

（3）本期发现的与前期相关的非重大会计差错，应当将其影响数调整相关项目的本期数。

4.1.4 无偿调拨净资产

"无偿调拨净资产"核算中小学校无偿调入或调出非现金资产所引起的净资产变动金额。年末结账后，该科目无余额。

对调出方而言，无偿调出的存货、长期股权投资、固定资产、无形资产等资产，属于资产处置，记入"无偿调拨净资产"借方，具体核算见第3章3.2.6小节中的"资产处置费用"。

对调入方而言，无偿调入的存货、长期股权投资、固定资产、无形资产等资产，一般记入"无偿调拨净资产"贷方，具体核算有两种情况：

（1）一般情况：无偿调入的存货、长期股权投资、固定资产、无形资产等资产，其成本按照调出方账面价值加上相关税费、运输费等确定。

【例4-6】 2×21年10月，某市级高级中学无偿调入一批台式计算机，支付运费1 000元，通过零余额账户用款额度支付。调出方登记的计算机原值26 000元，累计折旧10 000元。

经济业务	财务会计账务处理	预算会计账务处理
无偿调入	借：固定资产——通用设备——台式计算机 17 000 贷：零余额账户用款额度 1 000 无偿调拨净资产 16 000	借：其他支出 1 000 贷：资金结存——零余额账户用款额度 1 000

【例 4－7】 2×21 年 10 月，某市高中接受市教育局统建代建基建项目教学楼，造价 300 万元。

时间	财务会计账务处理	预算会计账务处理
2021 年 10 月	借：固定资产——房屋及建筑物　3 000 000 　贷：无偿调拨净资产　3 000 000	—

（2）特殊情况：无偿调入资产在调出方的账面价值为零（即已经按制度规定提足折旧）或者账面余额为名义金额的，调入方应将调入过程中其承担的相关税费计入当期费用，不计入调入资产的初始入账成本。

【例 4－8】 2×21 年 6 月，某市级高中无偿调入一批教学用仪器，原价 60 000 元，已提折旧 60 000 元，发生运费 1 000 元，通过零余额账户用款额度支付。

经济业务	财务会计账务处理	预算会计账务处理
无偿调入	借：固定资产　60 000 　贷：固定资产累计折旧　60 000	—
支付相关税费	借：其他费用　1 000 　贷：零余额账户用款额度　1 000	借：其他支出　1 000 　贷：资金结存——零余额账户用款额度 　1 000

【例 4－9】 2×21 年 6 月，某中学无偿调入一批实验用设备，设备在调出方的账面余额为名义金额，发生运费 1 000 元，通过零余额账户用款额度支付。

经济业务	财务会计账务处理	预算会计账务处理
无偿调入	借：固定资产　1 　贷：无偿调拨净资产　1	—
支付相关税费	借：其他费用　1 000 　贷：零余额账户用款额度　1 000	借：其他支出　1 000 　贷：资金结存——零余额账户用款额度 　1 000

4.1.5　累计盈余

“累计盈余”核算学校历年实现的盈余扣除盈余分配后滚存的金额，以及因无偿调入调出资产产生的净资产变动额。按照规定上缴、缴回、单位间调剂结转结余资金产生的净资产变动额，以及对以前年度盈余的调整金额，也通过本科目核算。期末余额反映单位未分配盈余（或未弥补亏损）的累计数以及截至上年末无偿调拨净资产变动的累计数，年末余额反映单位未分配盈余（或未弥补亏损）以及无偿调拨净资产变动的累计数。其账户结构见图 4－2。

借方	累计盈余 贷方
结转“本年盈余分配” 结转“无偿调拨净资产” 结转“以前年度盈余调整” 上缴或缴回结转结余	结转“本年盈余分配” 结转“无偿调拨净资产” 结转“以前年度盈余调整” 用专用基金购固定资产 调入“财政拨款结转”
期末余额：未弥补亏损	期末余额：未分配盈余

图 4－2 “累计盈余”账户结构

【例 4－10】 2×21 年 12 月 31 日，某中学结转“无偿调拨净资产”账户。

经济业务	财务会计账务处理	预算会计账务处理
结转“无偿调拨净资产”贷方余额 50 000 元	借：无偿调拨净资产 50 000 贷：累计盈余 50 000	—

4.2 预算结余的核算和管理

预算结余是指政府会计主体预算年度内预算收入扣除预算支出后的资金余额，以及历年滚存的资金余额。

预算结余包括结余资金和结转资金。结余资金是指年度预算执行终了，预算收入实际完成数扣除预算支出和结转资金后剩余的资金。结转资金是指预算安排项目的支出年终尚未执行完毕或者因故未执行，且下年需要按原用途继续使用的资金。

符合预算收入、预算支出和预算结余定义及其确认条件的项目应当列入政府决算报表。

预算结余类会计科目主要有 9 个，具体如表 4－2 所示。

表 4－2 预算结余类科目

科目编码	科目名称	说明
1	资金结存	借方余额
2	财政拨款结转	明细科目（累计结转）有余额
3	财政拨款结余	明细科目（累计结余）有余额
4	非财政拨款结转	明细科目（累计结转）有余额
5	非财政拨款结余	明细科目（累计结余）有余额
6	专用结余	可以有余额，仅限事业单位使用
7	经营结余	年末转入“非财政拨款结余分配”，一般无余额，仅限事业单位使用
8	其他结余	事业单位年末转入“非财政拨款结余分配”，无余额
9	非财政拨款结余分配	年末转入“非财政拨款结余”，无余额，仅限事业单位使用

法规链接——《中小学校财务制度》(2022 年)

第三十九条　结转和结余是指中小学校年度收入与支出相抵后的余额。

结转资金是指当年预算已执行但未完成，或者因故未执行，下一年度需要按照原用途继续使用的资金。结余资金是指当年预算工作目标已完成，或者因故终止，当年剩余的资金。

经营收支结转和结余应当单独反映。

第四十条　财政拨款结转和结余的管理，应当按照国家有关规定执行。

第四十一条　非财政拨款结转按照规定结转下一年度继续使用。非财政拨款结余可以按照国家有关规定提取职工福利基金，剩余部分用于弥补以后年度学校收支差额；国家另有规定的，从其规定。

第四十二条　中小学校应当加强非财政拨款结余的管理，盘活存量，统筹安排、合理使用，支出不得超出非财政拨款结余规模。

4.2.1 “财政拨款结转”科目的核算和管理

“财政拨款结转”核算中小学校取得的同级财政拨款结转资金的调整、结转和滚存情况；年末贷方余额，反映学校滚存的财政拨款结转资金数额。

二级明细科目一般设置七个：年初余额调整、归集调入、归集调出、归集上缴、单位内部调剂、本年收支结转和累计结转，年末除“累计结转”年终有余额，其余明细科目年终结账后无余额；三级明细按《政府收支分类科目》中“支出功能分类科目”的相关科目进行明细核算；四级明细科目包括基本支出结转和项目支出结转，并在“基本支出结转”明细科目下按照“人员经费”“日常公用经费”进行明细核算，在“项目支出结转”明细科目下按照具体项目进行明细核算。有一般公共预算财政拨款、政府性基金预算财政拨款等两种或两种以上财政拨款的，还应当在本科目下按照财政拨款的种类进行明细核算。

“财政拨款结转——本年收支结转”账户的结构如图 4－3 所示。

借方　　财政拨款结转——本年收支结转	贷方
(－) 事业支出——同级财政拨款支出 其他支出——同级财政拨款支出	(＋) 财政拨款预算收入
余额转“财政拨款结转——累计结转”	年末无余额

图 4－3　“财政拨款结转——本年收支结转”账户结构

【例 4－11】　2×21 年 12 月 31 日，某高中“财政拨款预算收入”贷方余额 9 000 000 元，“事业支出——同级财政拨款”借方余额 8 700 000 元，“其他支出——同级财政拨款”借方余额200 000元。

经济业务	财务会计账务处理	预算会计账务处理
本年收入结转	—	借：财政拨款预算收入 9 000 000 贷：财政拨款结转——本年收支结转 9 000 000
本年支出结转	—	借：财政拨款结转——本年收支结转 8 900 000 贷：事业支出——同级财政拨款 8 700 000 其他支出——同级财政拨款 200 000

【例4-12】 2×21年1月，某学校发现去年发生的一项维修费用因对方报价错误，今年退回零余额账户用款额度10 000元。

经济业务	财务会计账务处理	预算会计账务处理
年初余额调整	借：零余额账户用款额度 10 000 贷：以前年度盈余调整 10 000	借：资金结存——零余额账户用款额度 10 000 贷：财政拨款结转——年初余额调整 10 000

【例4-13】 2×21年12月31日，结转“财政拨款结转”明细科目。

经济业务	财务会计账务处理	预算会计账务处理
结转“财政拨款结转——本年收支结转”	—	借：财政拨款结转——本年收支结转 100 000 贷：财政拨款结转——累计结转 100 000
结转“财政拨款结转——年初余额调整”	—	借：财政拨款结转——年初余额调整 10 000 贷：财政拨款结转——累计结转 10 000
结转其他明细科目	—	借或贷：财政拨款结转——归集调入 ——归集调出 ——归集上缴 ——单位内部调剂 贷或借：财政拨款结转——累计结转
转入结余（假设全部符合结余性质）	—	借：财政拨款结转——累计结转 110 000 贷：财政拨款结余——结转转入 110 000

4.2.2 财政拨款结余

“财政拨款结余”核算学校取得的同级财政拨款项目支出结余资金的调整、结转和滚存情况。年末贷方余额，反映滚存的财政拨款结余资金数额。

“财政拨款结余”二级明细科目有五个：年初余额调整、归集上缴、单位内部调剂、结转转入和累计结余。其中“累计结余”年终有余额，其余明细科目年终无余额。

【例4-14】 2×21年12月31日，某学校将去年结余的一个A项目结余的30 000元，经批准调剂到本年的另一个项目B。

经济业务	财务会计账务处理	预算会计账务处理
内部调剂	—	借：财政拨款结余——单位内部调剂——A　30 000 　贷：财政拨款结转——单位内部调剂——B　30 000
转“累计结余”	—	借：财政拨款结余——累计结余　30 000 　贷：财政拨款结余——单位内部调剂——A　30 000
转“累计结转”	—	借：财政拨款结转——单位内部调剂——B　30 000 　贷：财政拨款结转——累计结转——B　30 000

4.2.3　非财政拨款结转

“非财政拨款结转”核算学校除财政拨款收支、经营收支以外各非同级财政拨款专项资金的调整、结转和滚存情况。

“非财政拨款结余”明细科目有五个：年初余额调整、缴回资金、项目间接费用或管理费、本年收支结转和累计结转。其中“累计结转”年终可以有余额，其余明细科目年终无余额。累计结转符合规定，则转“非财政拨款结余——结转转入”。

“非财政拨款结转——本年收支结转 ”账户的结构如图 4 – 4 所示。

借方　　非财政拨款结转——本年收支结转　　贷方

借方	贷方
（－） 事业支出——非财政专项资金支出 其他支出——非财政专项资金支出	（＋） 事业预算收入——非财政专项资金 上级补助预算收入——非财政专项资金 附属单位上缴预算收入——非财政专项资金 非同级财政拨款预算收入——非财政专项资金 其他预算收入——非财政专项资金 债务预算收入——非财政专项资金
余额转“财政拨款结转——累计结转”	年末无余额

图 4 – 4　“非财政拨款结转——本年收支结转”账户结构

【例 4 – 15】　年末结转本年非财政专项资金收入、非财政拨款结转。

经济业务	财务会计账务处理	预算会计账务处理
年末结转本年非财政专项资金收入	—	借：事业预算收入——专项资金收入　800 000 　　其他预算收入——专项资金收入　200 000 　贷：非财政拨款结转——本年收支结转　1 000 000
结转“本年收支结转”	—	借：非财政拨款结转——本年收支结转　900 000 　贷：事业支出——非财政专项支出　750 000 　　　其他支出——非财政专项支出　150 000 借：非财政拨款结转——本年收支结转　100 000 　贷：非财政拨款结转——累计结转　100 000
结转本年已完成项目的资金结余 5 万元	—	借：非财政拨款结转——累计结转　50 000 　贷：非财政拨款结余——结转转入　50 000

4.2.4 其他结余

“其他结余”科目核算学校本年度除财政拨款收支、非同级财政专项资金收支和经营收支以外各项收支相抵后的余额。年末结账后，该科目应无余额。

“其他结余”的账户结构如图4－5所示。

借方　　　　其他结余	贷方
（－） 各预算支出类账户转入 事业支出——其他资金支出 其他支出——其他资金支出 对附属单位补助支出 上缴上级支出 债务还本支出 投资支出	（＋） 各预算收入类账户转入 事业预算收入——非专项资金收入 上级补助预算收入——非专项资金收入 其他预算收入——非专项资金收入 附属单位上缴预算收入——非专项资金收入 非同级财政拨款预算收入——非专项资金收入 债务预算收入——非专项资金收入 投资预算收益
	结转后无余额

图4－5 “其他结余”账户结构

【例4－16】 2×21年12月31日，某中学结账前，事业预算收入、其他预算收入本年发生额中非专项资金收入贷方数额分别为40万元、4万元，事业支出、其他支出本年发生额中非财政非专项资金支出借方数额分别为38万元、3万元。结转上述收入和支出。

经济业务	财务会计账务处理	预算会计账务处理
结转本年非财政非专项资金支出、收入	—	借：其他结余　410 000 　贷：事业支出——非财政非专项支出　380 000 　　　其他支出——非财政非专项支出　30 000 借：事业预算收入——非财政非专项资金　400 000 　　其他预算收入——非财政非专项资金　40 000 　贷：其他结余　440 000

4.2.5 经营结余

“经营结余”科目核算非义务教育阶段学校本年度经营活动收支相抵后余额弥补以前年度经营亏损后的余额。可以按照经营活动类别进行明细核算。年末结账后，该科目一般无余额；如为借方余额，反映学校累计发生的经营亏损。其账户结构如图4－6所示。

借方	经营结余 贷方
（－） 经营支出	（＋） 经营预算收入
	年末结转后无余额

图 4－6　“经营结余”账户结构

【例 4－17】　2×21 年 12 月 31 日，某高级中学结账前，经营预算收入贷方余额 800 000 元，经营支出借方余额 700 000 元。结转上述收入和支出。

经济业务	财务会计账务处理	预算会计账务处理
结转经营类收支		借：经营预算收入　800 000 　　贷：经营结余　800 000 借：经营结余　700 000 　　贷：经营支出　700 000

4.2.6　非财政拨款结余分配

“非财政拨款结余分配”科目核算学校本年度非财政拨款结余分配的情况和结果。年末结账后，该科目应无余额。该账户的结构如图 4－7 所示。

借方	非财政拨款结余分配 贷方
（－） 提取专用基金	（＋） “其他结余”转入 “经营结余”转入
转入“非财政拨款结余——累计结余”	年终无余额

图 4－7　“非财政拨款结余分配”账户结构

【例 4－18】　接〖例 4－16〗、〖例 4－17〗，2×21 年 12 月 31 日，结转“其他结余”“经营结余”的余额，并计提专用结余。

经济业务	财务会计账务处理	预算会计账务处理
结转“其他结余”“经营结余”	—	借：其他结余　30 000 　　经营结余　100 000 　　贷：非财政拨款结余分配　130 000
提取专用基金	借：本年盈余分配 　　贷：专用基金	借：非财政拨款结余分配　100 000 　　贷：专用结余　100 000

4.2.7　非财政拨款结余

“非财政拨款结余”科目核算学校历年滚存的非限定用途的非同级财政拨款结余资

金，主要为非财政拨款结余扣除结余分配后滚存的金额。

"非财政拨款结余"有四个明细科目：年初余额调整、项目间接费用或管理费、结转转入和累计结余；其中"累计结余"年终可以有余额，其余明细科目年终无余额。该科目还应按《政府收支分类科目》中"支出功能分类科目"的相关科目进行明细核算。

【例 4－19】 接〖例 4－18〗，2×21 年 12 月 31 日，结转"非财政拨款结余分配"的余额。

经济业务	财务会计账务处理	预算会计账务处理
年终结转	—	借：非财政拨款结余分配 30 000 贷：非财政拨款结余——累计结余 30 000

第5章　中小学校资产和负债

5.1　资产核算概述

5.1.1　资产的定义和分类

1. 资产的定义。《政府会计准则——基本准则》第二十七条规定，资产是指政府会计主体过去的经济业务或者事项形成的，由政府会计主体控制的，预期能够产生服务潜力或者带来经济利益流入的经济资源。

服务潜力是指政府会计主体利用资产提供公共产品和服务以履行政府职能的潜在能力。

经济利益流入表现为现金及现金等价物的流入，或者现金及现金等价物流出的减少。

《中小学校财务制度》（2022年）第四十七条指出，资产是指中小学校依法直接支配的各类经济资源，包括流动资产、固定资产、在建工程、无形资产、对外投资、文物文化资产等。

2. 资产的分类。中小学校的资产按照流动性，分为流动资产和非流动资产。

流动资产是指预计在1年内（含1年）耗用或者可以变现的资产，包括货币资金、短期投资、应收及预付款项、存货等。

非流动资产是指流动资产以外的资产，包括固定资产、在建工程、无形资产、长期投资、公共基础设施、政府储备资产、文物文化资产、保障性住房和自然资源资产等。

5.1.2　资产的确认和计量

1. 资产的确认。符合资产定义的经济资源，在同时满足以下条件时，确认为资产：

（1）与该经济资源相关的服务潜力很可能实现或者经济利益很可能流入政府会计主体；

（2）该经济资源的成本或者价值能够可靠地计量。

2. 资产的计量。资产的计量属性主要包括历史成本、重置成本、现值、公允价值和名义金额。

在历史成本计量下，资产按照取得时支付的现金金额或者支付对价的公允价值计量。

在重置成本计量下，资产按照现在购买相同或者相似资产所需支付的现金金额计量。

在现值计量下，资产按照预计从其持续使用和最终处置中所产生的未来净现金流入量的折现金额计量。

在公允价值计量下，资产按照市场参与者在计量日发生的有序交易中，出售资产所能收到的价格计量。

无法采用上述计量属性的，采用名义金额（即人民币 1 元）计量。

按“名义金额”计量的资产

《财政部关于进一步做好政府会计准则制度新旧衔接和加强行政事业单位资产核算的通知》规定，根据政府会计准则制度，可以按照名义金额计量的资产只包括接受捐赠的库存物品、固定资产、无形资产，以及无法确定成本的盘盈库存物品、固定资产和无形资产。

单位在新旧制度转换时，对于原账中在相应资产科目核算的以名义金额计量的库存物品、固定资产和无形资产，应当仍然按名义金额转入新账的相应资产科目；对于原未入账的上述资产，仅当没有相关凭据且未经资产评估、同类或类似资产的市场价格也无法可靠取得时，才能按照名义金额入账。

学校在对资产进行计量时，一般应当采用历史成本。采用重置成本、现值、公允价值计量的，应当保证所确定的资产金额能够持续、可靠计量。

5.1.3 资产类会计科目

资产类会计科目一共有 35 个，具体见表 5－1。

表 5－1　　资产类会计科目表

科目编码	科目名称	科目编码	科目名称
1001	库存现金	1501	长期股权投资（事业单位，非义务教育学校）
1002	银行存款	1502	长期债券投资（事业单位，非义务教育学校）
1011	零余额账户用款额度	1601	固定资产
1021	其他货币资金	1602	固定资产累计折旧
1101	短期投资（事业单位，非义务教育学校）	1611	工程物资
1201	财政应返还额度	1613	在建工程
1211	应收票据（仅适用于事业单位）	1701	无形资产
1212	应收账款	1702	无形资产累计摊销
1214	预付账款	1703	研发支出
1215	应收股利（非义务教育学校）	1801	公共基础设施
1216	应收利息（非义务教育学校）	1802	公共基础设施累计折旧（摊销）
1218	其他应收款	1811	政府储备物资
1219	坏账准备（仅适用于事业单位）	1821	文物文化资产
1301	在途物品	1831	保障性住房
1302	库存物品	1832	保障性住房累计折旧
1303	加工物品	1891	受托代理资产
1401	待摊费用	1901	长期待摊费用
		1902	待处理财产损溢

5.1.4 与资产核算相关的规范

与资产核算相关的规范具体见表 5－2。

表 5－2 与资产核算相关的规范

规范名称	实施日期	条款
《政府会计准则——基本准则》	2017 年 1 月 1 日	第二十七条至第三十二条
《政府会计准则第 1 号——存货》 《政府会计准则第 2 号——投资》 《政府会计准则第 3 号——固定资产》 《政府会计准则第 4 号——无形资产》	2017 年 1 月 1 日	全文
《政府会计准则第 5 号——公共基础设施》 《政府会计准则第 6 号——政府储备物资》	2018 年 1 月 1 日	全文
《〈政府会计准则第 3 号——固定资产〉应用指南》		全文
《政府会计准则制度解释第 1 号》	2019 年 1 月 1 日	第二、第三、第四、第五、第七、第八条
《政府会计准则制度解释第 2 号》	2020 年 1 月 1 日	第一、第二、第四、第六、第八条
《政府会计准则制度解释第 3 号》	2020 年 10 月 20 日	第一条至第三条
《政府会计准则制度解释第 4 号》	2021 年 1 月 1 日 2022 年 1 月 1 日	第二条至第五条

5.2 中小学校固定资产的核算

5.2.1 固定资产的定义和分类

1. 固定资产的定义。《政府会计准则第 3 号——固定资产》规定，固定资产，是指政府会计主体为满足自身开展业务活动或其他活动需要而控制的，使用年限超过 1 年（不含 1 年）、单位价值在规定标准以上，并在使用过程中基本保持原有物质形态的资产，一般包括房屋及构筑物、专用设备、通用设备等。

单位价值虽未达到规定标准，但是使用年限超过 1 年（不含 1 年）的大批同类物资，如图书、家具、用具、装具等，应当确认为固定资产。

《中小学校财务制度》（2022 年）第五十二条规定，固定资产是指使用期限超过一年，单位价值在 1 000 元以上，并在使用过程中基本保持原有物质形态的资产。单位价值虽未达到规定标准，但是耐用时间在一年以上的大批同类物资，作为固定资产管理。

中小学校固定资产明细目录由教育部制定，报财政部备案。

学校的固定资产，应当具备《中华人民共和国民法典》所规定的物权证明。具体地，对于不动产（如房屋），学校应当依法办理不动产登记并持有不动产权属证书；对于动产（如专用设备、通用设备、家具、用具等）而言，应当持有购货发票、买卖合同、支付结算单据等法律证据。

2. 固定资产的分类。固定资产一般分为六类：房屋及构筑物；专用设备；通用设备；文物和陈列品；图书、档案；家具、用具、装具及动植物。2023 年 2 月，国家标准化管理委员会正式发布《固定资产等资产基础分类与代码》国家标准（GB/T 14885—2022）。该标准将固定资产等资产分为房屋和构筑物、设备、文物和陈列品、图书和档案、家具和用具、特种动植物、物资等 7 个门类，并在此基础上划分了 75 个大类以及近 3 000 项细分类目。数字资源 5－1：《固定资产等资产基础分类与代码》国家标准（GB/T 14885—2022）的变化及影响。

数字资源 5－1

《固定资产等资产基础分类与代码》国家标准（GB/T 14885—2022）的变化及影响

5.2.2 固定资产的确认

1. 固定资产的确认标准。固定资产同时满足下列条件的，应当予以确认：（1）与该固定资产相关的服务潜力很可能实现或者经济利益很可能流入政府会计主体；（2）该固定资产的成本或者价值能够可靠地计量。

2. 固定资产确认时间。通常情况下，购入、换入、接受捐赠、无偿调入不需安装的固定资产，在固定资产验收合格时确认；购入、换入、接受捐赠、无偿调入需要安装的固定资产，在固定资产安装完成交付使用时确认；自行建造、改建、扩建的固定资产，在建造完成交付使用时确认。

3. 特殊情况。

（1）应用软件。构成相关硬件不可缺少的组成部分，则确认为固定资产；不构成相关硬件不可缺少的组成部分，则确认为无形资产。

（2）购建房屋及构筑物。不能分清购建成本中的房屋及构筑物部分与土地使用权部分的：全部确认为固定资产；能够分清购建成本中的房屋及构筑物部分与土地使用权部分：将房屋及构筑物部分确认为固定资产，将土地使用权部分确认为无形资产。

5.2.3 固定资产科目的设置

“固定资产”为资产类账户，用来核算学校固定资产原值的增减及结存情况。借方登记固定资产原值的增加，包括外购、自行建造、接受捐赠、置换、无偿调入、盘盈和融资租赁等；贷方登记固定资产原值的减少，包括出售、报废、盘亏、毁损、无偿调出、对外捐赠、置换等；期末余额在借方，表示现有固定资产的原值。该账户可按固定资产的类别和项目设置明细账。

“固定资产”账户的结构可表示见图 5 - 1。

借方　　　　固定资产	贷方
（+） ①外购 ②接受捐赠 ③自行建造 ④融资租入 ⑤盘盈 ⑥置换 ⑦无偿调入等	（-） ①出售 ②报废 ③盘亏 ④毁损 ⑤无偿调出 ⑥对外捐赠 ⑦置换等
期末余额：现有原始价值	

图 5 - 1　固定资产账户结构

5. 2. 4　固定资产取得的会计核算

学校可以通过外购、自行建造、接受捐赠、置换、无偿调入、盘盈和融资租赁等方式取得固定资产。固定资产在取得时应当按照成本进行初始计量。

1. 外购的固定资产。学校外购的固定资产的成本：购买价款、相关税费以及固定资产交付使用前所发生的可归属于该项资产的运输费、装卸费、安装费和专业人员服务费等。

以一笔款项购入多项没有单独标价的固定资产，应当按照各项固定资产同类或类似资产市场价格的比例对总成本进行分配，分别确定各项固定资产的成本。

小规模纳税人的中小学校外购固定资产的账务处理见表 5 - 3。

表 5 - 3　　外购固定资产的账务处理

支付方式	财务会计账务处理	预算会计账务处理
财政直接支付	借：固定资产（不需要安装） 　　在建工程（需要安装） 　　贷：财政拨款收入 　　　　其他应付款（扣留期在 1 年以内（含 1 年）的质保金） 　　　　长期应付款（扣留期超过 1 年的质保金）	借：事业支出 　　贷：财政拨款预算收入
财政授权支付	借：固定资产、在建工程 　　贷：零余额账户用款额度	借：事业支出 　　贷：资金结存——零余额账户用款额度

续表

支付方式	财务会计账务处理	预算会计账务处理
国库集中支付以外的其他资金	借：固定资产、在建工程 贷：银行存款	借：事业支出、经营支出 贷：资金结存——货币资金
未付款	借：固定资产、在建工程 贷：应付账款	—
开出商业汇票	借：固定资产、在建工程 贷：应付票据	—

补充说明——“应付账款”“应付票据”科目

“应付账款”科目核算单位因购买物资、接受服务、开展工程建设等而应付的偿还期限在1年以内（含1年）的款项；该科目应当按照债权人进行明细核算；对于建设项目，还应设置“应付器材款”“应付工程款”等明细科目，并按照具体项目进行明细核算；期末贷方余额，反映单位尚未支付的应付账款金额。

“应付票据”科目核算学校因购买材料、物资等而开出、承兑的商业汇票，包括银行承兑汇票和商业承兑汇票；应当按照债权人进行明细核算；期末贷方余额，反映事业单位开出、承兑的尚未到期的应付票据金额。

2. 接受捐赠取得的固定资产。四种入账价值：（1）有凭据：成本 = 凭据注明的金额 + 相关税费、运输费；（2）没有凭据但按规定经过资产评估：成本 = 评估价值 + 相关税费、运输费；（3）没有凭据也未经资产评估的：成本 = 同类或类似资产的市场价格 + 相关税费、运输费；（4）前三种情况都不符合的：按照名义金额入账，相关税费、运输费计入其他费用。

如受赠的系旧固定资产，在确定其初始入账成本时应考虑该项资产的新旧程度。

补充说明——《政府会计准则解释第3号》之“凭据”

凭据，包括发票、报关单、有关协议等。有确凿证据表明凭据上注明的金额高于受赠资产同类或类似资产的市场价格30%或达不到其70%的，则应当以同类或类似资产的市场价格确定成本。

“同类或类似资产的市场价格”，一般指取得资产当日捐赠方自产物资的出厂价、所销售物资的销售价、非自产或销售物资在知名大型电商平台同类或类似商品价格等。如果存在政府指导价或政府定价的，应符合其规定。

【例5-1】 2×20年4月，某市级高中接受某企业捐赠的不需安装的仪器设备一批，设备已收到，用自有资金支付运费1 000元。第一种情况：发票上含税价格为25 000元；第二种情况：该设备用名义金额入账。

入账价值	财务会计账务处理	预算会计账务处理
凭据+运费	借：固定资产 26 000 贷：银行存款 1 000 捐赠收入 25 000	借：其他支出 1 000 贷：资金结存——货币资金 1 000
名义金额	借：固定资产 1 贷：捐赠收入 1 借：其他费用——运输费 1 000 贷：银行存款 1 000	借：其他支出 1 000 贷：资金结存——货币资金 1 000

3. 其他方式取得的固定资产。学校以融资租赁取得的固定资产，其成本按照租赁协议或者合同确定的租赁价款、相关税费以及固定资产交付使用前所发生的可归属于该项资产的运输费、途中保险费、安装调试费等确定；学校通过置换取得的固定资产，其成本按照换出资产的评估价值加上支付的补价或减去收到的补价，加上换入固定资产发生的其他相关支出确定。

无偿调入固定资产的核算见第4章中的“无偿调拨净资产”；盘盈固定资产的核算见第4章中的“以前年度盈余调整”；自行建造取得的固定资产通过“在建工程”科目核算，其成本包括该项资产至交付使用前所发生的全部必要支出，大多数中小学校不存在基建核算；以借入、经营租赁租入方式取得的固定资产，不通过“固定资产”科目核算，应设置备查簿进行登记。

5.2.5 固定资产折旧

1. 折旧的概念和范围。折旧是在固定资产的预计使用年限内，按照确定的方法对应计的折旧额进行系统分摊。

学校应对固定资产计提折旧，但以下固定资产除外：文物和陈列品；动植物；图书、档案；单独计价入账的土地；以名义金额计量的固定资产。学校应当对暂估入账的固定资产计提折旧，实际成本确定后不需调整原已计提的折旧额。

2. 折旧方法。固定资产应计的折旧额为其成本，计提固定资产折旧时不考虑预计净残值。学校一般应当采用年限平均法或者工作量法计提固定资产折旧。在确定固定资产的折旧方法时，应当考虑与固定资产相关的服务潜力或经济利益的预期实现方式。固定资产折旧方法一经确定，不得随意变更。

3. 折旧年限。学校应当根据相关规定以及固定资产的性质和使用情况，合理确定固定资产的使用年限。学校确定固定资产使用年限，应当考虑下列因素：预计实现服务潜力或提供经济利益的期限；预计有形损耗和无形损耗；法律或者类似规定对资产使用的限制。通常情况下，中小学校应当按照表5-4确定各类应计提折旧的固定资产的折旧年限。

表 5－4　中小学校固定资产折旧年限表

固定资产类别	折旧年限（年）	备注
一、房屋及建筑物		
1. 房屋		
钢结构	50	
钢筋混凝土结构	50	
砖混结构	30	
砖木结构	30	
2. 简易房	8	
3. 房屋附属设施	8	围墙、停车设施等
4. 构筑物	8	池、罐、槽、塔等
二、通用设备		
1. 计算机设备	6	计算机、网络设备、安全设备、终端设备、存储设备等
2. 办公设备	6	电话机、传真机、复印机、投影仪、多功能一体机 录音设备、电子白板、LED 显示屏、触控一体机等
3. 车辆	8	校车、乘用车、载货汽车、专用车辆等
4. 图书档案设备	5	
5. 机械设备	10	电梯、制冷空调、锅炉等
6. 电气设备	5	电机、变压器、电源设备、生活用电器等
7. 通信设备	5	
8. 广播、电视、电影设备	5	
9. 仪器仪表	5	
10. 电子和通信测量设备	5	
11. 计量标准器具及量具、衡器	5	
三、专用设备		
1. 专用仪器仪表	5	教学专用仪器等
2. 文艺设备	5	乐器、舞台设备、影剧院设备等
3. 体育设备	5	田赛设备、径赛设备、球类设备、体育运动辅助设备等
4. 娱乐设备	5	
5. 公安专用设备	3	
6. 其他专用设备	10	
四、家具、用具及装具		
1. 家具	15	
其中：学生用家具（教学用）	5	
2. 用具和装具	5	

固定资产因改建、扩建或修缮等原因而延长其使用年限的，应当按照重新确定的固定资产的成本以及重新确定的折旧年限计算折旧额。学校盘盈、无偿调入、接受捐赠以及置换的固定资产，应当考虑该项资产的新旧程度，按照其尚可使用的年限计提折旧。

固定资产的使用年限一经确定，不得随意变更。

4. 折旧计提时点。固定资产应当按月计提折旧，当月增加的固定资产，当月开始计提折旧；当月减少的固定资产，当月不再计提折旧。

固定资产提足折旧后，无论能否继续使用，均不再计提折旧；提前报废的固定资产，也不再补提折旧。已提足折旧的固定资产，可以继续使用的，应当继续使用，规范实物管理。

5. 账务处理。固定资产应按月计提折旧，并根据用途计入当期费用或者相关资产成本。

【例5-2】 2×20年4月，某中学教学用固定资产应提折旧100 000元，行政后勤用固定资产应提折旧30 000元。

财务会计账务处理	预算会计账务处理
借：业务活动费用——固定资产折旧费　100 000 单位管理费用——固定资产折旧费　30 000 贷：固定资产累计折旧——房屋及构筑物　55 000 ——通用设备　20 000 ——专用设备　36 000 ——家具、用具、装具　19 000	—

5.2.6 固定资产的后续支出

1. 固定资产后续支出资本化和费用化的划分。《政府会计准则第3号——固定资产》第七条规定，固定资产在使用过程中发生的后续支出，符合资产确认条件的，应当予以资本化计入固定资产成本；不符合资产确认条件的，应当在发生时计入当期费用或者其他相关资产成本。

《政府会计准则制度解释第4号》规定，通常情况下，为增加使用效能或延长使用年限而发生的改建、扩建、大型维修改造等后续支出，应当计入相关资产成本；为维护正常使用而发生的日常维修、养护等后续支出，应当计入当期费用。列入部门预算支出经济分类科目中资本性支出的后续支出，应当予以资本化。

单位应当根据上述原则，结合有关行业主管部门对维修养护、改建扩建等的规定以及本单位实际，确定本单位固定资产后续支出资本化和费用化划分的具体会计政策。

单位对于租入等不由本单位入账核算但实际使用的固定资产，发生的符合资产确认条件的后续支出，应当按照《政府会计制度》中“长期待摊费用”科目相关规定进行会计处理。

2. 固定资产后续支出的账务处理。

【例5-3】 2020年2月15日，某高中支付院墙维修费8 000元，项目资金列支，财政直接支付。

财务会计账务处理	预算会计账务处理
借：业务活动费用——商品和服务费用 ——房屋建筑物维修（护）费　8 000 贷：财政拨款收入　8 000	借：事业支出——同级财政拨款——项目支出 ——商品和服务支出——房屋建筑物维修（护）费 8 000 贷：财政拨款预算收入　8 000

5.3 中小学校无形资产的核算

5.3.1 无形资产的定义和确认

1. 无形资产的定义。无形资产是指学校控制的没有实物形态的可辨认非货币性资产，如专利权、商标权、著作权、土地使用权、非专利技术等。

资产满足下列条件之一的，符合无形资产定义中的可辨认性标准：能够从政府会计主体中分离或者划分出来，并能单独或者与相关合同、资产或负债一起，用于出售、转移、授予许可、租赁或者交换；源自合同性权利或其他法定权利，无论这些权利是否可以从政府会计主体或其他权利和义务中转移或者分离。

2. 无形资产的确认标准。无形资产同时满足下列条件的，应当予以确认：与该无形资产相关的服务潜力很可能实现或者经济利益很可能流入政府会计主体；该无形资产的成本或者价值能够可靠地计量。学校在判断无形资产的服务潜力或经济利益是否很可能实现或流入时，应当对无形资产在预计使用年限内可能存在的各种社会、经济、科技因素作出合理估计，并且应当有确凿的证据支持。

购入的不构成相关硬件不可缺少组成部分的软件，应当确认为无形资产。

自创商誉及内部产生的品牌、报刊名等，不应确认为无形资产。

5.3.2 无形资产的初始计量

无形资产在取得时应当按照成本进行初始计量。

1. 外购的无形资产。学校外购的无形资产，其成本包括购买价款、相关税费以及可归属于该项资产达到预定用途前所发生的其他支出。

学校委托软件公司开发的软件，视同外购无形资产确定其成本。

“无形资产”会计科目核算学校无形资产的原值，应按无形资产的类别、项目等进行明细核算，期末借方余额，反映单位无形资产的成本。非大批量购入、单价小于1 000元的无形资产，可以于购买的当期将其成本直接计入当期费用。

【例5-4】 某中学购入财务软件，买价及税费3万元，财政授权支付。

财务会计账务处理	预算会计账务处理
借：无形资产——财务软件　30 000 　贷：零余额账户用款额度　30 000	借：事业支出——资本性支出——信息网络及软件购置更新　30 000 　贷：资金结存——零余额账户用款额度　30 000

2. 其他方式取得的无形资产。自行开发的无形资产，具体内容见数字资源5-2。

学校通过置换取得、接受捐赠和无偿调入、盘盈的无形资产，其入账价值和会计核算可参考固定资产的做法，在此不再一一赘述。

数字资源5-2

自行开发的无形资产

5.3.3　无形资产的后续计量

1. 无形资产的摊销。摊销是指在无形资产使用年限内，按照确定的方法对应摊销金额进行系统分摊。

学校应采用年限平均法或者工作量法对无形资产进行摊销，应摊销金额为其成本，不考虑预计残值。

学校应当对使用年限有限的无形资产进行摊销，但已摊销完毕仍继续使用的无形资产和以名义金额计量的无形资产除外。

（1）摊销年限。学校应于取得或形成无形资产时合理确定其使用年限。无形资产的使用年限为有限的，应当估计该使用年限。

使用年限有限的无形资产，学校应按以下原则确定无形资产的摊销年限：法律规定了有效年限的，按照法律规定的有效年限作为摊销年限；法律没有规定有效年限的，按照相关合同或单位申请书中的受益年限作为摊销年限；法律没有规定有效年限、相关合同或单位申请书也没有规定受益年限的，应根据无形资产为政府会计主体带来服务潜力或经济利益的实际情况，预计其使用年限；非大批量购入、单价小于1 000元的无形资产，可以于购买的当期将其成本一次性全部转销。

（2）会计科目。“无形资产累计摊销”核算学校对使用年限有限的无形资产计提的累计摊销。该科目应当按所对应无形资产的明细分类进行明细核算，期末贷方余额，反映学校计提的无形资产摊销累计数。

（3）会计处理。学校应按月对使用年限有限的无形资产进行摊销，并根据用途计入当期费用或者相关资产成本。

【例5－5】 2月末，某高中摊销教学用无形资产10 000元，行政后勤无形资产5 000元。

财务会计账务处理	预算会计账务处理
借：业务活动费用——无形资产摊销费　10 000 　　单位管理费用——无形资产摊销费　5 000 　　贷：无形资产累计摊销　15 000	—

法规链接——《政府会计准则制度解释第2号》之专利权

单位应当按照《政府会计准则第4号——无形资产》规定，将依法取得的专利权确认为无形资产，并进行后续摊销。在以后年度，单位按照相关规定发生的专利权维护费，应当在发生时计入当期费用，原确定的无形资产摊销年限不据此调整。

2. 无形资产的后续支出。与无形资产有关的后续支出，符合《政府会计准则第4号——无形资产》确认条件的，应计入无形资产成本；不符合确认条件的，应在发生时计入当期费用或者相关资产成本。

3. 无形资产的处置。出售、对外捐赠无形资产，通过“资产处置费用”科目核算；无偿调出无形资产，一般通过“无偿调拨净资产”科目核算；报废的无形资产，一般通过“待处理财产损溢”科目核算。具体核算参见第3章3.2.6小节中的“资产处置费用”的核算。

中小学校转让无形资产，应当按照有关规定进行资产评估，取得的收入按照国家有关规定处理。学校应当定期对无形资产进行清查盘点，每年至少盘点一次。

5.4 中小学校其他资产的核算

“财政应返还额度”的核算见第2章〖例2－3〗；“预付账款”的核算见第2章〖例2－6〗；“应收账款”“应收票据”的核算见〖例2－6〗补充说明；“应收利息”“应收股利”“短期投资”“长期股权投资”“长期债券投资”的核算见第2章〖例2－8〗、〖例2－9〗。

5.4.1 存货

1. 存货的概念和确认。《政府会计准则第1号——存货》第二条规定，存货是指政府会计主体在开展业务活动及其他活动中为耗用或出售而储存的资产，如材料、产品、包装物和低值易耗品等，以及未达到固定资产标准的用具、装具、动植物等。中小学校的存货主要包括打印纸、粉笔、羽毛球、墨水、签字笔等。

存货同时满足下列条件的，应当予以确认：与该存货相关的服务潜力很可能实现或者经济利益很可能流入政府会计主体；该存货的成本或者价值能够可靠地计量。

存货使用的会计科目主要有在途物品、库存物品、加工物品。

2. 存货的初始计量。存货在取得时应当按照成本进行初始计量。不同方式取得存货的入账价值见表 5－5。

表 5－5　　不同方式取得存货的入账价值

取得方式	入账价值	主要会计科目
外购	成本＝购买价款＋相关税费＋运输费＋装卸费、保险费＋使得存货达到目前场所和状态所发生的归属于存货成本的其他支出	在途物品 库存物品
自行加工	成本＝直接材料费用＋直接人工费用＋分配的与存货加工有关的间接费用	加工物品 ——自制物品
委托加工	成本＝委托加工前存货成本＋委托加工的成本（如委托加工费以及按规定应计入委托加工存货成本的相关税费等）＋使存货达到目前场所和状态所发生的归属于存货成本的其他支出	加工物品 ——委托加工物品
置换	成本＝换出资产的评估价值＋支付的补价（－收到的补价）＋发生的其他相关支出	库存物品
接受捐赠	（1）有凭据：成本＝凭据注明的金额＋相关税费、运输费；（2）没有凭据但按规定经过资产评估：成本＝评估价值＋相关税费、运输费；（3）没有凭据也未经资产评估的：成本＝同类或类似资产的市场价格＋相关税费、运输费；（4）前三种情况都不符合的：按名义金额入账，相关税费、运输费计入其他费用。	库存物品
无偿调入	成本＝调出方账面价值＋相关税费、运输费	无偿调拨净资产
盘盈	成本按照有关凭据注明的金额确定；没有相关凭据、但按照规定经过资产评估的，成本按照评估价值确定；没有相关凭据、也未经过评估的，成本按照重置成本确定。如无法采用上述方法确定的，按照名义金额入账	待处理财产损溢 单位管理费用

【例 5－6】　2020 年 4 月，某高中采用财政授权支付购入了一批粉笔，价税合计 6 000 元，经仓库保管员验收登记后入库。

经济业务	财务会计账务处理	预算会计账务处理
购入已入库	借：库存物品——粉笔　6 000 　　贷：零余额账户用款额度　6 000	借：事业支出——同级财政拨款——基本支出 　　——商品和服务支出——专用材料费 　　　　　　6 000 　　贷：资金结存——零余额账户用款额度　6 000

补充说明——库存物品和在途物品

“库存物品”科目用来核算学校在开展业务活动及其他活动中为耗用或出售而储存

的各种材料、产品、包装物、低值易耗品，以及达不到固定资产标准的用具、装具、动植物等的成本。本科目应当按照库存物品的种类、规格、保管地点等进行明细核算。单位储存的低值易耗品、包装物较多的，可以在本科目（低值易耗品、包装物）下按照“在库”“在用”和“摊销”等进行明细核算。本科目期末借方余额，反映单位库存物品的实际成本。

不通过“库存商品”科目核算的主要包括：（1）随买随用的零星办公用品：购进时直接列“业务活动费用”“单位管理费用”或者“经营费用”科目；（2）单位控制的政府储备物资：政府储备物资；（3）受托存储保管的物资和受托转赠的物资：受托代理资产；（4）单位为在建工程购买和使用的材料：工程物资。

如果外购的材料等物资已付或已开出商业汇票但尚未验收入库，则通过“在途物品”科目进行核算。

【例5-7】 2020年12月18日，某高中在财产清查中，盘盈一批教学材料，重置成本为1 000元；31日报经批准后处理。

经济业务	财务会计账务处理	预算会计账务处理
发现盘盈	借：库存物品　1 000 　贷：待处理财产损溢　1 000	—
批准处理	借：待处理财产损溢　1 000 　贷：单位管理费用　1 000	—

注意： 盘盈盘亏存货均通过“待处理财产损溢”科目核算；盘盈存货报经批准后冲减“单位管理费用”；存货盘亏造成的损失报经批准后计入资产处置费用。

3. 存货的后续计量。

（1）发出存货。学校应当根据实际情况采用先进先出法、加权平均法或者个别计价法确定发出存货的实际成本。计价方法一经确定，不得随意变更。对于性质和用途相似的存货，应当采用相同的成本计价方法确定发出存货的成本。对于不能替代使用的存货、为特定项目专门购入或加工的存货，通常采用个别计价法确定发出存货的成本。

对于已发出的存货，应当将其成本结转为当期费用或者计入相关资产成本。包装物和低值易耗品发出的会计处理。学校应当采用一次转销法或者五五摊销法对低值易耗品、包装物进行摊销，将其成本计入当期费用或者相关资产成本。

【例5-8】 接〖例5-6〗，2020年4月，某高中领用价值1 000元的粉笔。

财务会计账务处理	预算会计账务处理
借：业务活动费用——商品和服务费用——专用材料费　1 000 　贷：库存物品——粉笔　1 000	

（2）存货处置。出售、对外捐赠存货，通过“资产处置费用”科目核算；无偿调出存货，一般通过“无偿调拨净资产”科目核算；报废、毁损的存货，一般通过“待

处理财产损溢”科目核算，并将毁损存货处置收入扣除相关处置税费后的差额记入“应缴财政款”科目（差额为净收益时）或“资产处置费用”科目（差额为净损失时）。具体核算参见第 3 章 3. 2. 6 小节中的“资产处置费用”科目的核算。

5. 4. 2　预付账款

该科目核算学校按照购货、服务合同或协议规定预付给供应单位（或个人）的款项，以及按照合同规定向承包工程的施工企业预付的备料款和工程款；该科目应按供应单位（或个人）及具体项目进行明细核算；对于基本建设项目发生的预付账款，还应当在本科目所属基建项目明细科目下设置“预付备料款”“预付工程款”“其他预付款”等明细科目，进行明细核算。期末借方余额，反映单位实际预付但尚未结算的款项。

【例 5 –9】 2020 年 10 月 10 日，某高中预付给某公司消防改造工程款 50 000 元，项目资金列支，财政直接支付；12 月 2 日结算工程进度款 80 000 元，财政直接支付，抵扣预付款 50 000 元。

经济业务	财务会计账务处理	预算会计账务处理
预付	借：预付账款——预付工程款　50 000 　贷：财政拨款收入　50 000	借：事业支出——同级财政拨款支出——项目支出——校园消防安全资金——房屋建筑物大型修缮　50 000 　贷：财政拨款预算收入　50 000
工程结算	借：在建工程——建筑工程　80 000 　贷：财政拨款收入　30 000 　　预付账款——预付工程款　50 000	借：事业支出——同级财政拨款支出——项目支出——校园消防安全资金——房屋建筑物大型修缮　30 000 　贷：财政拨款预算收入　30 000

补充说明——预付账款和在途物品

相同点：预先支付了款项。

区别：在途物品只是预先支付了材料等物资的款项，而预付账款预付的不仅包括材料等物资，还包括备料款和工程款；“预付账款”科目核算学校按照购货、服务合同或协议规定预付给供应单位（或个人）的款项，以及按照合同规定向承包工程的施工企业预付的备料款和工程款。

5. 4. 3　其他应收款

1. 概念。该会计科目核算单位除财政应返还额度、应收票据、应收账款、预付账款、应收股利、应收利息以外的其他各项应收及暂付款项。

2. 内容。职工预借的差旅费、已经偿还银行尚未报销的本单位公务卡欠款、拨付给内部有关部门的备用金、应向职工收取的各种垫付款项、支付的可以收回的订金或押金、应收的上级补助和附属单位上缴款项等。

3. 明细。按照其他应收款的类别以及债务单位（或个人）进行明细核算。单位在按照债务人对应收款项进行明细核算的基础上，应在财务报表附注中按照债务人分类对应收款项进行披露。债务人类别主要分为本部门内部单位（指纳入单位所属部门财务报告合并范围的单位，下同）、本部门以外同级政府单位、本部门以外非同级政府单位和其他单位。

4. 账务处理。其他应收款的账务处理见表5－6。

表5－6　其他应收款的账务处理

经济业务	财务会计账务处理	预算会计账务处理
对其他单位或个人暂时出借的款项	①借出： 借：其他应收款——暂付××款 　　贷：银行存款等 ②收回： 借：银行存款 　　贷：其他应收款	借出和收回均不记预算会计
支付押金等需要收回的资金	同上	支付和收回均不记预算会计
为其他单位或个人垫支需要收回的款项	同上	垫付和收回均不记预算会计

年末结账前，单位应当对暂收暂付款项进行全面清理。

【例5－10】 2020年12月3日，某中学教师王二因教学事务出差，预借差旅费3 000元；6日报销差旅费3 200元，财政授权支付补足。

经济业务	财务会计账务处理	预算会计账务处理
预借	借：其他应收款——王二　3 000 　　贷：零余额账户用款额度　3 000	
报销	借：业务活动费用——商品和服务费用 　　——国内差旅费　3 200 　　贷：其他应收款——王二　3 000 　　　　零余额账户用款额度　200	借：事业支出——同级财政拨款——基本支出 　　——商品和服务支出——国内差旅费 　　3 200 　　贷：资金结存——零余额账户用款额度 　　3 200
假设年末未报销		借：事业支出——同级财政拨款——基本支出 　　——商品和服务支出——国内差旅费 　　3 000 　　贷：资金结存——零余额账户用款额度 　　3 000
次年1月报销	借：业务活动费用——商品和服务费用 　　——国内差旅费　3 200 　　贷：其他应收款　3 000 　　　　零余额账户用款额度　200	借：财政拨款结转（余）——年初余额调整 　　200 　　贷：资金结存——零余额账户用款额度 　　200

5.4.4 坏账准备

1. 核算内容：该科目核算学校对收回后不需上缴财政的应收账款和其他应收款提取的坏账准备。

2. 计提范围：学校收回后不需上缴财政的应收账款；其他应收款。如果有确凿证据表明预付账款不再符合预付款项性质，或者因供应单位破产、撤销等原因可能无法收到所购货物、服务的，应当先将其转入其他应收款，再按照规定进行处理。

3. 明细核算：分应收账款和其他应收款进行。

4. 减值迹象：事业单位应当于每年年末，对收回后不需上缴财政的应收账款、其他应收款进行全面检查，如发生不能收回的迹象，应当计提坏账准备。

5. 计提方法：应收款项余额百分比法、账龄分析法、个别认定法等。计提方法和企业相同。坏账准备计提方法一经确定，不得随意变更。如需变更，应当按照规定报经批准，并在财务报表附注中予以说明。

6. 账务处理。

【例 5-11】 2×20 年 12 月 31 日，某中学采用个别认定法计提坏账准备，估计某企业所欠的培训费 2 万元（收回后不需上缴财政）难以收回，计提坏账准备；2×21 年 2 月，确认 80% 的培训费难以收回；2×22 年 3 月，收回已确认的坏账 16 000 元。

时间	财务会计账务处理	预算会计账务处理
2×20 年 12 月	借：其他费用——坏账损失　20 000 　贷：坏账准备——应收账款——某企业　20 000	—
2×21 年 2 月	借：坏账准备——应收账款——某企业　16 000 　贷：应收账款——某企业　16 000	—
2×22 年 3 月	借：应收账款——某企业　16 000 　贷：坏账准备　16 000 借：银行存款　16 000 　贷：应收账款——某企业　16 000	借：资金结存——货币资金　16 000 　贷：非财政拨款结余——累计结余　16 000

注：如果是“其他应收款”计提的坏账准备，收回已确认的坏账时预算会计核算用“其他预算收入”科目。

5.5 负债的核算和管理

5.5.1 负债的概念和分类

1. 负债的概念。《政府会计准则——基本准则》和《政府会计准则第 8 号——负债》规定，负债是指政府会计主体过去的经济业务或者事项形成的，预期会导致经济资源流出政府会计主体的现时义务。现时义务是指政府会计主体在现行条件下已承担的义务。未来发生的经济业务或者事项形成的义务不属于现时义务，不应当确认为负债。

《事业单位财务规则》（2022 年）第四十八条指出，负债是指事业单位所承担的能以货币计量，需要以资产或者劳务偿还的债务。

2. 负债的分类。

（1）负债按流动性分类。流动负债是指预计在 1 年内（含 1 年）偿还的负债，非流动负债是指流动负债以外的负债。具体内容见表 5－7。

表 5－7　流动负债和非流动负债科目

分类	科目编号	科目名称	核算内容	适用范围
流动负债	2001	短期借款	经批准向银行或其他金融机构等借入的期限在 1 年内（含 1 年）的各种借款	事业单位，学校限非义务教育学校
	2101	应交增值税	学校按照税法规定计算应交纳的增值税	
	2102	其他应交税费	学校按照税法等规定计算应交纳的除增值税以外的各种税费	
	2103	应缴财政款	学校取得或应收的按照规定应当上缴财政的款项	
	2201	应付职工薪酬	学校按照有关规定应付给职工（含长期聘用人员）及为职工支付的各种薪酬	
	2301	应付票据	学校因购买材料、物资等而开出、承兑的商业汇票	事业单位
	2302	应付账款	学校因购买物资、接受服务、开展工程建设等而应付的偿还期限在 1 年以内（含 1 年）的款项	
	2304	应付利息	学校按照合同约定应支付的借款利息	事业单位，学校限非义务教育学校
	2305	预收账款	学校预先收取但尚未结算的款项	事业单位
	2307	其他应付款	学校除应交增值税、其他应交税费、应缴财政款、应付职工薪酬、应付票据、应付账款、应付政府补贴款、应付利息、预收账款以外，其他各项偿还期限在 1 年（含 1 年）的应付及暂收款项	
	2401	预提费用	学校预先提取已经发生但尚未支付的费用	
非流动负债	2501	长期借款	学校经批准向银行或其他金融机构等借入的期限超过 1 年（不含 1 年）的各种借款本息	事业单位，学校限非义务教育学校
	2502	长期应付款	学校发生的偿还期限超过 1 年（不含 1 年）的应付款项	
	2601	预计负债	学校对因或有事项所产生的现时义务而确认的负债	
	2901	受托代理负债	学校接受委托取得受托代理资产时形成的负债	

学校在按照债务人对应付款项（如应付账款、应付票据、预收账款、其他应付款、长期应付款等）进行明细核算的基础上，应当在财务报表附注中按照债权人分类对应付

款项进行披露。债权人类别主要分为本部门内部单位（指纳入单位所属部门财务报告合并范围的单位，下同）、本部门以外同级政府单位、本部门以外非同级政府单位和其他单位。

（2）负债根据偿还时间与金额确定与否分类见表 5 – 8。

表 5 – 8　　负债按偿还时间与金额确定与否的分类

分类	项目	内容	特点
偿还时间与金额基本确定的负债	融资活动形成的举借债务及应付利息	短期借款	因资金短缺而主动举借的债务，受债务合同或协议的约束，面临的偿债压力较大
		长期借款	
		应付利息	
	运营活动形成的应付及预收款项	应交增值税、其他应交税费	在运营过程中因购买了商品、接受服务或履行公共职能等应付而未付的款项，需要在未来运用自身的资产或服务来偿还，偿还期限和偿还方式具有更大的弹性，面临的偿债压力相对较小
		应付职工薪酬	
		应付票据、应付账款	
		长期应付款	
		预收账款、预提费用	
	运营活动形成的暂收性负债	应缴财政款	暂时收到、随后应上缴或者退还、转拨给其他方的款项，由暂收的款项来偿还，面临的偿债压力很小，基本不存在债务风险
		其他应付款	
或有事项形成的预计负债		预计负债	

该分类有助于按照负债的类别揭示不同程度的偿债压力和债务风险，更为科学地开展债务风险分析和管理。

中小学校应当对不同性质的负债分类管理，及时清理并按照规定办理结算，保证各项负债在规定期限内归还。

中小学校应当建立健全财务风险预警和控制机制，规范和加强借入款项管理，如实反映依法举借债务情况，严格执行审批程序。

严禁义务教育阶段学校举借债务，非义务教育阶段学校不得违反规定举借债务。中小学校不得提供担保，不得替地方政府及其部门举债融资。

5.5.2　负债的确认和计量

1. 负债的确认。符合负债的定义，在同时满足以下条件时，确认为负债：履行该义务很可能导致含有服务潜力或者经济利益的经济资源流出政府会计主体；该义务的金额能够可靠地计量。

2. 负债的计量。负债的计量属性主要包括历史成本、现值和公允价值。

在历史成本计量下，负债按照因承担现时义务而实际收到的款项或者资产的金额，或者承担现时义务的合同金额，或者按照为偿还负债预期需要支付的现金计量。

在现值计量下，负债按照预计期限内需要偿还的未来净现金流出量的折现金额计量。公允价值通常使用评估价值和市场价格。

学校在对负债进行计量时，一般应当采用历史成本。采用现值、公允价值计量的，应当保证所确定的负债金额能够持续、可靠计量。

符合负债定义和负债确认条件的项目，应当列入资产负债表。

5.5.3 负债的核算

1. 应交增值税。该科目期末贷方余额，反映单位应交未交的增值税；期末如为借方余额，反映单位尚未抵扣或多交的增值税。

属于增值税小规模纳税人的单位只需在该科目下设置“转让金融商品应交增值税”“代扣代交增值税”明细科目。中小学校一般为小规模纳税人。

适应营改增改革要求，中小学校涉及增值税的经济业务按《增值税会计处理规定》处理。

【例 5－12】 某市高级中学为增值税小规模纳税人，2×20 年 6 月 5 日，取得骨干教师培训费发票，价税合计 1 500 元，财政授权支付；6 月 10 日销售一批自制产品，售价 5 000 元，增值税征收率为 3%，款项收到；本月按规定缴纳了增值税。

经济业务	财务会计账务处理	预算会计账务处理
购入应税服务	借：业务活动费用——商品和服务费用 ——教师培训费 1 500 贷：零余额账户用款额度 1 500	借：事业支出——财政拨款支出——基本支出 ——商品和服务支出——教师培训费 1 500 贷：资金结存——零余额账户用款额度 1 500
销售产品	借：银行存款 5 150 贷：经营收入 5 000 应交增值税 150	借：资金结存——货币资金 5 150 贷：经营预算收入 5 150
缴纳增值税	借：应交增值税 150 贷：银行存款 150	借：经营支出——商品和服务支出——商品和服务支出 ——税费和附加费 150 贷：资金结存——货币资金 150

“应缴财政款”科目的核算见第 2 章〖例 2－6〗；“预收账款”科目的核算见第 2 章〖例 2－7〗、〖例 2－8〗；“短期借款”“应付利息”科目的核算见第 2 章〖例 2－11〗；“应付职工薪酬”科目的核算见第 3 章〖例 3－1〗；“应付账款”“应付票据”科目的核算见本章外购固定资产部分。

2. 其他应交税费。该科目核算学校按照税法等规定计算应交纳的除增值税以外的各种税费，包括城市维护建设税、教育费附加、地方教育费附加、车船税、房产税、城镇土地使用税和企业所得税等。应按照应交纳的税费种类进行明细核算。期末贷方余额，反映学校应交未交的除增值税以外的税费金额；期末如为借方余额，反映学校多交纳的除增值税以外的税费金额。

学校代扣代缴的个人所得税，也通过该科目核算。

学校应交纳的印花税不需要预提应交税费，直接通过“业务活动费用”“单位管理费用”“经营费用”等科目核算，不通过该科目核算。

【例 5 - 13】 2×20 年 3 月 10 日，某市高级中学场地出租开展经营活动，应交房产税 1 200 元；3 月 27 日用银行存款支付税款。

时间	财务会计账务处理	预算会计账务处理
计算税款	借：经营费用 1 200 贷：其他应交税费——应交房产税 1 200	—
缴纳税款	借：其他应交税费——应交房产税 1 200 贷：银行存款 1 200	借：事业支出 1 200 贷：资金结存——货币资金 1 200

提醒

学校开展教学活动及其辅助活动发生的税费计入业务活动费用，开展行政后勤活动发生税费计入单位管理费用，经营活动发生的税费计入经营费用，发生的单位所得税计入所得税费用，代扣个人所得税计入应付职工薪酬——基本工资。

3. 其他应付款。

（1）核算内容：收取的押金、存入保证金、购买商品和服务等的质保金、已经报销但尚未偿还银行的本单位公务卡欠款等；同级政府财政部门预拨的下期预算款和没有纳入预算的暂付款项，以及采用实拨资金方式通过本单位转拨给下属单位的财政拨款，也通过本科目核算。

（2）明细科目：应按其他应付款的类别以及债权人等进行明细核算。期末贷方余额，反映单位尚未支付的其他应付款金额。

【例 5 - 14】 2×20 年 5 月，学校收到市考务中心转款“2020 年 3 月教师资格证考试考务费”46 000 元。6 月，学校将考务费发放给监考人员。

时间	财务会计账务处理	预算会计账务处理
5 月	借：零余额账户用款额度 46 000 贷：其他应付款——考试考务费 46 000	—
6 月	借：其他应付款——考试考务费 46 000 贷：零余额账户用款额度 46 000	—

4. 长期借款。该科目应当设置“本金”和“应计利息”明细科目，并按照贷款单位和贷款种类进行明细核算。对于建设项目借款，还应按照具体项目进行明细核算。期

末贷方余额，反映学校尚未偿还的长期借款本息金额。

（1）长期借款利息使用的账户。对于一次还本付息的长期借款，其计提的利息属于非流动负债，应通过“长期借款——应计利息”科目核算；对于分期付息的长期借款，计提的利息通过“应付利息”科目核算。

（2）长期借款利息的分配去向。为建造固定资产等借入的专门借款的利息，属于建设期间发生的，记入“在建工程”科目；属于工程项目完工交付使用后发生的利息，记入“其他费用”科目；其他长期借款的利息，记入“其他费用”科目。

长期借款的会计核算基本和短期借款相同，具体见第2章〖例2－11〗。

5. 预计负债。“预计负债”科目核算学校对因或有事项所产生的现时义务而确认的负债。该科目按预计负债的项目进行明细核算。期末贷方余额，反映学校已确认但尚未支付的预计负债金额。

学校应当将与或有事项相关且满足《政府会计准则第8号——负债》第三条规定条件的现时义务确认为预计负债。

或有事项，是指由过去的经济业务或者事项形成的，其结果须由某些未来事项的发生或不发生才能决定的不确定事项。未来事项是否发生不在政府会计主体控制范围内。

学校常见的或有事项主要有未决诉讼或未决仲裁。

【例5－15】 2020年10月，某学校被学生起诉；12月末，学校根据律师的判断，败诉的可能性为70%，学校确认因该诉讼应确认的预计负债的最佳估计金额为20万元；2021年2月，判决结果公布，需赔偿22万元，已通过银行支付。

经济业务	财务会计账务处理	预算会计账务处理
确认预计负债	借：其他费用 200 000 　贷：预计负债 200 000	—
实际支付	借：以前年度盈余调整 20 000 　贷：预计负债 20 000 借：预计负债 220 000 　贷：银行存款 220 000	借：其他支出 220 000 　贷：资金结存——货币资金 220 000

6. 受托代理负债。受托代理负债是指学校接受委托取得受托代理资产时形成的负债，应按相对应的受托代理资产的金额予以确认和计量。期末余额在贷方，反映学校尚未交付或发出受托代理资产形成的受托代理负债金额。

中小学校的受托代理负债主要包括体检费、党费和学生团费、学会经费等。

学校收取的押金、存入保证金等负有偿还义务的暂收款项，应当通过“其他应付款”科目核算。

【例5－16】 2020年9月10日，某高中代收体检费60 000元；9月15日将体检费转账给某体检中心。

经济业务	财务会计账务处理	预算会计账务处理
代收体检费	借：银行存款——受托代理资产——体检费 1 000 贷：受托代理负债 1 000	—
批准处理	借：受托代理负债 1 000 贷：银行存款——受托代理资产——体检费 1 000	—

补充——“受托代理资产”科目

“受托代理负债”科目经常和“受托代理资产”科目同时使用。

“受托代理资产”科目核算学校接受委托方委托管理的各项资产，包括受托指定转赠的物资、受托存储保管的物资等的成本。应按资产的种类和委托人进行明细核算；属于转赠资产的，还应当按照受赠人进行明细核算。期末余额在借方，反映学校受托代理实物资产的成本。学校收到的受托代理资产为现金和银行存款的，不通过该科目核算，应当通过“库存现金”“银行存款”科目进行核算。

第 6 章　中小学校预算会计报表和决算报告

6.1　中小学校预算会计报表

6.1.1　预算会计报表概述

1. 预算会计报表内容。根据《政府会计制度》和中小学校执行该制度的补充规定，中小学校的预算会计报表至少包括预算收入支出表、预算结转结余变动表和财政拨款预算收入支出表，还有附表“中小学校事业支出明细表”。预算会计报表是编制部门决算报表的基础，其报表格式如表 6 –1 所示。

表 6 –1　　中小学校的预算会计报表

编号	报表名称	编制基础	编制期
会政预 01 表	预算收入支出表	收付实现制	年度
会政预 02 表	预算结转结余变动表	收付实现制	年度
会政预 03 表	财政拨款预算收入支出表	收付实现制	年度

2. 预算会计报表编制的要求。根据《政府会计制度》的规定，中小学校的预算会计报表应满足以下要求。

（1）预算会计报表的编制主要以收付实现制为基础，以单位预算会计核算生成的数据为准。

（2）应当至少按照年度编制预算会计报表。

（3）应当根据制度规定编制真实、完整的预算会计报表，不得违反制度规定随意改变预算会计报表的编制基础、编制依据、编制原则和方法，不得随意改变制度规定的预算会计报表有关数据的会计口径。

（4）预算会计报表应当根据登记完整、核对无误的账簿记录和其他有关资料编制，做到数字真实、计算准确、内容完整、编报及时。

（5）预算会计报表应当由单位负责人和主管会计工作的负责人、会计机构负责人（会计主管人员）签名并盖章。

6.1.2　预算收入支出表

1. 预算收入支出表的结构。预算收入支出表反映学校在某一会计年度内各项预算收入、预算支出和预算收支差额的情况。其反映的内容是学校的年度预算收支情况，编制的理论依据是“预算收入 - 预算支出 = 当年预算收支差额”会计等式。预算收入支出表采用单步式，格式如表 6 - 2 所示。

表 6 - 2　　**预算收入支出表**

会政预 01 表

编制单位　　年　　单位：元

项目	本年数	上年数
一、本年预算收入		
（一）财政拨款预算收入		
其中：政府性基金收入		
（二）事业预算收入		
（三）上级补助预算收入		
（四）附属单位上缴预算收入		
（五）经营预算收入		
（六）债务预算收入		
（七）非同级财政拨款预算收入		
（八）投资预算收益		
（九）其他预算收入		
其中：利息预算收入		
捐赠预算收入		
租金预算收入		
食堂净预算收入		
二、本年预算支出		
（一）行政支出		
（二）事业支出		
（三）经营支出		
（四）上缴上级支出		
（五）对附属单位补助支出		
（六）投资支出		
（七）债务还本支出		
（八）其他支出		
其中：利息支出		
捐赠支出		
三、本年预算收支差额		

2. 预算收入支出表的编制方法。预算收入支出表“本年数”栏反映各项目的本年实际发生数，一般根据预算收入类和预算支出类账户的本年发生额分析填列。具体编制方法和收入费用表基本相同，也是四类：

（1）直接根据预算收入类和预算支出类账户的本年发生额填列，包括表中九个预算收入和八个预算支出账户对应的项目。

（2）根据预算收入类和预算支出类账户的明细账户的发生额分析填列，如“政府性基金收入”“利息预算收入”“捐赠预算收入”“租金预算收入”“利息支出”“捐赠支出”。

（3）根据表中已有项目计算填列，主要包括“本年预算收入”“本年预算支出”“本年预算收支差额”三个项目。

（4）特殊项目——“食堂净预算收入”，反映实行独立核算的中小学校食堂或对食堂收支等主要业务实行独立核算的中小学校食堂本年预算收支相抵后的净额。如果食堂预算收入和支出相抵后的净额合计数为负数，则以“-”号填列。

预算收入支出表“上年数”栏反映各项目上年度的实际发生数，应当根据上年度预算收入支出表中“本年数”栏内所列数字填列。

如果本年度预算收入支出表规定的项目的名称和内容同上年度不一致，应当对上年度预算收入支出表项目的名称和数字按照本年度的规定进行调整，将调整后金额填入本年度预算收入支出表的“上年数”栏。

6.1.3 预算结转结余变动表和财政拨款预算收入支出表

预算结转结余变动表的结构和具体编制方法见数字资源 6-1。

数字资源 6-1

预算结转结余变动表的结构和编制方法

1. 财政拨款预算收入支出表的结构。财政拨款预算收入支出表反映学校本年财政拨款预算资金收入、支出及相关变动的具体情况。它采用了矩阵式结构，纵向反映了财政拨款预算收入的来源，横向反映了各类资金项目的变动过程。具体样式如表 6-3 所示。

表 6-3　财政拨款预算收入支出表

会政预 03 表

编制单位　　年　　单位：元

项目	年初财政拨款结转结余		调整年初财政拨款结转结余	本年归集调入	本年归集上缴或调出	单位内部调剂		本年财政拨款收入	本年财政拨款支出	年末财政拨款结转结余	
	结转	结余				结转	结余			结转	结余
一、一般公共预算财政拨款											
（一）基本支出											

续表

项目	年初财政拨款结转结余		调整年初财政拨款结转结余	本年归集调入	本年归集上缴或调出	单位内部调剂		本年财政拨款收入	本年财政拨款支出	年末财政拨款结转结余	
	结转	结余				结转	结余			结转	结余
1. 人员经费											
2. 日常公用经费											
（二）项目支出											
1. ×× 项目											
2. ×× 项目											
……											
二、政府性基金预算											
财政拨款											
（一）基本支出											
1. 人员经费											
2. 日常公用经费											
（二）项目支出											
1. ×× 项目											
2. ×× 项目											
……											
总计											

2. 财政拨款预算收入支出表的编制方法。财政拨款预算收入支出表“项目”栏内各项目，应根据学校取得的财政拨款种类分项设置。其中“项目支出”项目下，根据每个项目设置；学校取得除一般公共财政预算拨款和政府性基金预算拨款以外的其他财政拨款的，应按照财政拨款种类增加相应的资金项目及其明细项目。

（1）“年初财政拨款结转结余”栏中各项目，应根据“财政拨款结转”“财政拨款结余”及其明细科目的年初余额填列，数额应与上年度财政拨款预算收入支出表中“年末财政拨款结转结余”栏中各项目的数额相等。

（2）“调整年初财政拨款结转结余”栏中各项目，应根据“财政拨款结转”“财政拨款结余”科目下“年初余额调整”明细科目及其所属明细科目的本年发生额填列；如调整减少年初财政拨款结转结余，以“-”号填列。

（3）“本年归集调入”“本年归集上缴或调出”“单位内部调剂”栏中各项目，应根据“财政拨款结转”“财政拨款结余”科目下“归集调入”“归集上缴”“归集调出”“单位内部调剂”明细科目及其所属明细科目的本年发生额填列。“归集上缴”科目和“归集调出”明细科目以“-”号填列；对单位内部调剂减少的金额，以“-”号填列。

（4）“本年财政拨款收入”栏中各项目，应根据“财政拨款预算收入”科目及其所属明细科目的本年发生额填列；“本年财政拨款支出”栏中各项目，应根据“事业支出”等科目及其所属明细科目本年发生额中的财政拨款支出数的合计数填列。

（5）“年末财政拨款结转结余”栏中各项目，应根据“财政拨款结转”“财政拨款结余”科目及其所属明细科目的年末余额填列。

数字资源6－2

中小学校事业支出明细表

此外，中小学校应当在财务报表附注中的格式披露事业支出的基本情况。中小学校事业支出明细表格式见数字资源6－2。

在预算管理一体化系统中有个“报表管理模块”，具体包括“报表设计”“报表生成”和“报表查询”，见图1－4。“报表设计”界面已经按照政府会计制度的要求，内置了《政府会计制度》中的预算会计报表模板；年末在“报表生成”界面点击“生成”按钮，即可自动生成中小学校的几张预算会计报表。

6.2 部门决算报告

6.2.1 与决算相关的规定

与决算相关的规定具体见表6－4。

表6－4　　与决算相关的规定

规定名称	施行日期	条款
《预算法》	2015年1月1日	第8章第七十四条至第八十二条
《预算法实施条例》	2020年10月1日	第5章第八十条至第八十八条
《部门决算管理制度》	2014年1月1日，自2022年1月1日废止	共13章58条
《财政部关于2022年度部门决算工作的通知》		
《部门决算管理办法》	2022年1月1日	共7章36条
《国务院关于进一步深化预算管理制度改革的意见》	2021年3月7日	
《事业单位财务规则》	2022年3月1日	第五十五、第五十八、第五十九条

《部门决算管理办法》主要章节包括：第一章总则，第二章报告体系设计，第三章编制审核和汇总报送，第四章批复和信息公开，第五章分析应用和数据资料管理，第六章管理责任，第七章附则。

部门决算管理事项主要包括部门决算的工作组织、报告体系设计、编制审核、汇总报送、批复、信息公开、分析应用以及数据资料管理等。

6.2.2 部门决算的基本理论

1. 决算的概念。《部门决算管理办法》第三条指出，部门决算是指各部门依据国家有关法律法规规定及其履行职能情况编制，反映部门所有预算收支和结余执行结果及绩效等情况的综合性年度报告，是改进部门预算执行以及编制后续年度部门预算的参考和依据。部门决算由本部门及其所属单位决算组成。

《预算法实施条例》第八十条指出，决算草案是指各级政府、各部门、各单位编制的未经法定程序审查和批准的预算收支和结余的年度执行结果。

《事业单位财务规则》（2022 年）规定，事业单位决算是指事业单位预算收支和结余的年度执行结果。事业单位应当按照规定编制年度决算草案，由主管部门审核汇总后报财政部门审批。决算报告由决算报表和决算分析两部分组成。决算报表主要包括收入支出表、财政拨款收入支出表等。决算分析的内容主要包括收支预算执行分析、资金使用效益分析和机构人员情况等。

《中小学校财务制度》（2022 年）规定，中小学校决算是指中小学校预算收支和结余的年度执行结果。

2. 政府会计准则制度中的决算报告。《政府会计准则——基本准则》和《政府会计制度》规定，政府决算报告是综合反映政府会计主体年度预算收支执行结果的文件。政府决算报告应包括决算报表和其他应当在决算报告中反映的相关信息和资料。政府决算报告的具体内容及编制要求等，由财政部另行规定。决算报告的目标是向决算报告使用者提供与政府预算执行情况有关的信息，综合反映政府会计主体预算收支的年度执行结果，有助于决算报告使用者进行监督和管理，并为编制后续年度预算提供参考和依据。政府决算报告使用者包括各级人民代表大会及其常务委员会、各级政府及其有关部门、政府会计主体自身、社会公众和其他利益相关者。

《中小学校财务制度》（2022 年）规定，中小学校应当按国家有关规定向主管部门和财政部门以及其他有关的报告使用者提供决算报告。决算报告主要以收付实现制为基础编制，综合反映学校年度预算收支执行结果等信息。决算报告由决算报表和决算分析两部分组成。决算报表主要包括收入支出表、财政拨款收入支出表等。决算分析的内容主要包括收支预算执行分析、资金使用效益分析和机构人员情况等。

3. 部门决算报告体系。《部门决算管理办法》（2021 年）第七条规定，部门决算报告体系包括决算报表、报表说明和决算分析等。

（1）决算报表。决算报表包括报表封面、主表、附表等，反映部门和单位收支预算执行结果以及与预算管理相关的机构人员、存量资产等信息。

2022 年部门决算报表包括 20 张主表、5 张附表，具体目录见表 6 – 5。

表 6-5　　2022 年部门决算报表目录

项目	编号	名称	备注
主表	财决 01 表	Z01 收入支出决算总表	
	财决 01-1 表	Z01-1 财政拨款收入支出决算总表	
	财决 02 表	Z02 收入支出决算表	
	财决 03 表	Z03 收入决算表	
	财决 04 表	Z04 支出决算表	
	财决 05 表	Z05 支出决算明细表	自动生成
	财决 05-1 表	Z05-1 基本支出决算明细表	
	财决 05-2 表	Z05-2 项目支出决算明细表	
	财决 05-3 表	Z05-3 经营支出决算明细表	2019 年新增
	财决 06 表	Z06 项目支出分收入支出决算表	2022 年新更名
	财决 07 表	Z07 一般公共预算财政拨款收入支出决算表	
	财决 08 表	Z08 一般公共预算财政拨款支出决算明细表	自动生成
	财决 08-1 表	Z08-1 一般公共预算财政拨款基本支出决算明细表	
	财决 08-2 表	Z08-2 一般公共预算财政拨款项目支出决算明细表	
	财决 09 表	Z09 政府性基金预算财政拨款收入支出决算表	
	财决 10 表	Z10 政府性基金预算财政拨款支出决算明细表	自动生成
	财决 10-1 表	Z10-1 政府性基金预算财政拨款基本支出决算明细表	
	财决 10-2 表	Z10-2 政府性基金预算财政拨款项目支出决算明细表	
	财决 11 表	Z11 国有资本经营预算财政拨款收入支出决算表	2020 年根据《预算法实施条例》新增
	财决 12 表	Z12 国有资本经营预算财政拨款支出决算明细表	2020 年根据《预算法实施条例》新增
附表	财决附 01 表	F01 预算支出相关信息表	2019 年新增，涉及资产的信息，除特殊情况外，应与单位国有资产年度报告对应信息保持一致
	财决附 02 表	F02 基本数字表	
	财决附 03 表	F03 机构运行信息表	
	财决附 04 表	F04 非税收入征缴情况表	
	财决附 05 表	F05 基本支出分项目收入支出情况表	2022 年新增

数字资源 6-3

2022 年部门决算报表

数字资源 6-3：2022 年部门决算报表格式。

（2）报表说明。

①报表说明内容：包括报表编制基本情况、数据审核情况，以及需要说明的重要事项等，主要反映决算报表编制的相关情况。其内容和 2013 年《部门决算管理制度》的“填报说明”

基本相同。

②报表说明格式：2022 年度部门决算报表说明有基层单位版、部门汇总版、财政汇总版三种编写格式，中小学校适用于基层单位版。数字资源 6－4：部门决算报表说明（2022 年）（基层单位编写格式）。

数字资源 6－4

2022 年度部门决算报表说明（基层单位编写格式）

③报表说明附表：2022 年度部门决算报表说明附表（基层单位编写格式）主要有 8 张附表，“CS01－2 表 非财政拨款结余和专用结余年初年末变动情况表”为 2022 年新增报表。中小学校一般填写年初结转和结余调整情况表、主要指标变动情况表、其他收入明细情况表 3 张附表。数字资源 6－5：2022 年度部门决算报表说明附表（基层单位编写格式）。

数字资源 6－5

2022 年度部门决算报表说明附表（基层单位编写格式）

（3）决算分析。决算分析包括收支预算执行、机构人员、预算绩效等情况分析，以及决算管理工作开展情况，主要反映部门预决算管理及预算执行情况。

2022 年度部门决算分析包括分析评价表和分析报告两部分内容。

①分析评价表：2022 年度部门决算分析评价表包括部门决算分析表和部门决算量化评价表两个部分共 14 张表，具体目录见表 6－6。本套分析评价表各项指标均可从决算报表中自动取数生成，可由各级财政部门、主管单位和基层单位使用。

表 6－6　2022 年部门决算分析评价表目录

目录	备注
第一部分　部门决算分析表（13 张）	
一、收入支出预算执行情况分析表	
1. 收入预决算对比分析表（一）	数据取自财决 01 表、财决 01－1 表等
2. 收入预决算对比分析表（二）	数据取自财决 01 表、财决 01－1 表等
3. 支出预决算对比分析表（一）	数据取自财决 01 表、财决 01－1 表等
4. 支出预决算对比分析表（二）	数据取自财决 01 表、财决 01－1 表等
5. 收入支出结构分析表	数据取自财决 03 表、财决 04 表、财决 05 表、财决 07 表、财决 09 表、财决 11 表等
6. 基本支出财政拨款分析表	数据取自财决 05－1 表、财决 08－1 表、财决 10－1 表等
7. 项目资金收入支出分析表	数据取自财决 05－2 表、财决 06 表、财决 08－2 表、财决 10－2 表、财决 12 表等
二、收入支出结余上下年度对比分析表	
8. 收入支出上下年度对比分析表	数据取自财决 01 表、财决 02 表、财决 04 表、财决 05 表、财决 07 表、财决 09 表、财决 11 表等

续表

目录	备注
9. 财政拨款收入支出上下年度对比分析表	数据取自财决 07 表、财决 08 表、财决 09 表、财决 10 表、财决 11 表、财决 12 表和财决附 03 表等
10. 年末结转和结余分析表	数据取自财决 01 表、财决 01－1 表、财决 02 表、财决 07 表、财决 09 表、财决 11 表等
三、人均指标分析表	
11. 人均预算支出分析表	数据取自财决 05 表、财决 05－1 表、财决 08 表、财决 08－1 表、财决附 02 表等
12. 人均财务指标分析表	数据取自财决附 01 表、财决附 02 表等
四、机构人员分析表	
13. 人员增减变动分析表	数据取自财决附 02 表
第二部分　部门决算量化评价表（1 张）	
14. 部门决算量化评价表	

数字资源 6－6

2022 年度部门决算量化评价表

2022 年度部门决算量化评价表的具体格式见数字资源 6－6。

②分析报告：2022 年度部门决算分析报告有基层单位版、部门汇总版、财政汇总版三种格式，中小学校适用于基层单位版。数字资源 6－7：2022 年度部门决算分析报告撰写提纲（基层单位版）。

4. 部门决算的工作组织。部门决算管理按照“依法依规、科学规范、统一高效”的原则，由财政部实施统一管理，各级政府财政部门、各部门、各单位依据预算管理关系分别组织实施。

数字资源 6－7

2022 年度部门决算分析报告撰写提纲（基层单位版）

2022 年的部门决算工作要求各地区、各部门、财政部各地监管局要全面学习贯彻党的二十大精神，准确把握“健全现代预算制度”对部门决算工作提出的新任务新要求，着力优化决算编报、审核、批复和公开等工作措施，强化决算反映和促进功用，做到收支真实、数额准确、内容完整、报送及时，推动部门决算工作高质量发展。

各部门、各单位是本部门、本单位的决算管理主体，对决算的规范性、真实性、准确性、完整性负责。

各部门根据本级政府财政部门的部署，组织、指导本部门所属各单位决算布置、审核、汇总报送、批复、公开、分析应用以及数据资料管理等工作。

各单位按照主管部门的布置，做好本单位决算管理工作。

未依法依规编制、报送、批复、公开决算，以及故意漏报、瞒报以及编报虚假决算信息的行为，按照《中华人民共和国预算法》《中华人民共和国会计法》《财政违法行为处罚处分条例》等国家有关规定予以处理。

6.2.3 部门决算的编报

1. 编制时间。决算草案由各部门、各单位，在每一预算年度终了后按照国务院规定的时间编制。编制决算草案的具体事项，由国务院财政部门部署。

中小学校应当按照规定编制年度决算草案，由主管部门审核汇总后报财政部门审批。

2. 编制范围。决算的编制范围每年都不完全一样。2021年决算的编制范围具体如下。

（1）单位范围：编制范围与2021年部门预算编报范围保持一致，包括各级各类国家机关、政党组织、事业单位、社会团体和其他单位等。单位范围为部门所属预算单位，含经费自理事业单位。

（2）资金范围：编报内容包括预算单位的全部收支情况，编报口径与单位综合预算衔接一致。财政部门拨付未纳入部门预算编报范围单位的资金，不需要编制本套决算。部门决算不包括未纳入部门预算管理的偿还性资金。财政拨款反映一般公共预算财政拨款、政府性基金预算财政拨款和国有资本经营预算财政拨款。

3. 编制要求。

（1）每一预算年度终了，应按本级政府财政部门的工作部署，依法依规编制决算，做到收支真实、数额准确、内容完整、报送及时。

（2）全面清理核实收入、支出和结转结余，严格对账，并在按时办理年终结账的基础上编制决算。具体程序如下。

①清理收支账目、往来款项，核对年度预算收支和各项缴拨款项，做到账实相符、账证相符、账表相符、表表相符。

②按照规定的时间结账，不得提前或者延迟。

③根据预算会计核算生成的数据、财政部门对预算的批复文件等编制决算，如实反映年度内全部收支，不得以估计数据替代，不得弄虚作假。决算应当列示结转、结余资金。

2021年中小学校决算主表数据主要依据学校会计账簿总账及明细账数据填列，预算数据依据单位预、决算批复文件及预算调整文件填列；决算附表数据主要依据单位会计账簿、资产、人事台账及相关资料填列。

（3）专用基金纳入预算管理，并在决算中反映。《事业单位财务规则》（2022年）规定事业单位应当将专用基金纳入预算管理。落实该规定，完整反映使用专用结余的规模及支出用途情况。

（4）落实部门预算将基本支出纳入项目库强化管理要求，认真编报人员经费类项目和公用经费类项目的资金来源、支出及结转结余情况。

数字资源 6－8

2022 年收入支出决算总表和财政拨款收入支出决算总表

（5）编制决算草案，必须符合法律、行政法规。决算草案应当与预算相对应，按预算数、调整预算数、决算数分别列出。一般公共预算支出应当按其功能分类编列到项，按其经济性质分类编列到款。2022 年收入支出决算总表和财政拨款收入支出决算总表格式具体见数字资源 6－8。

4. 中小学校编报流程。登录财政部网站国库司子站（http：//gks. mof. gov. cn/）下载当年部门决算软件及相关资料，安装该软件并进行填写；或者内网登录“某地财政部门决算信息系统”进行填报。下面说明内网登录填报流程。

（1）填报准备。完成当年度记账和对账步骤。

（2）选择任务期。选择当年度“20××年度部门决算报表”任务，确定。

（3）数据录入。按照填报顺序录入数据。

①部门决算报表（主表）：

Z08－01 一般公共预算财政拨款基本支出决算明细表，增加功能科目→找到对应经济科目，录入末级经济科目的金额，保存（自动填充完整功能科目）→审核（仅单表审核）→全算（与本表相关的其他表格数据已经自动生成，如 Z08 已自动生成部分数据）。

Z08－02 一般公共预算财政拨款项目支出决算明细表，增加功能科目→找到对应经济科目，录入末级经济科目的金额，保存（自动填充完整功能科目）→功能科目一栏补充预算项目名称（依据一体化系统的额度汇总明细表）→审核（若提示错误，需要添加错误说明。如末级经济科目支出占比超过上级科目支出 30%，需据实添加超过十字的说明）→全算（Z08 已自动生成完整数据）。

Z10－02 政府性基金预算财政拨款项目支出决算明细表，增加功能科目→找到对应经济科目，录入末级经济科目的金额，保存（自动填充完整功能科目）→功能科目一栏补充预算项目名称（依据一体化系统的额度汇总明细表）→审核（仅单表审核）→全算（Z10 已自动生成完整数据）。

Z09 政府性基金预算财政拨款收入支出决算表，“本年支出”已生成（Z10 全算后已生成该数据）→录入本年收入数据，保存→审核→全算。

Z07 一般公共预算财政拨款收入支出决算表，“本年支出”已生成（Z08 全算后已生成该数据）→录入本年收入数据，保存→审核→全算。

Z05－02 项目支出决算明细表，Z05－01 基本支出决算明细表，填报流程同 Z08－01，Z08－02，保存→审核→全算（Z05 已自动生成完整数据）。

Z06 项目收入支出表，增加功能科目（根据所有项目结账数据）→找到对应资金来源，录入末级来源金额，保存→功能科目一栏补充预算项目名称（依据一体化系统的额度汇总明细表），保存→审核→全算。

Z04 支出决算表，基本支出、项目支出已自动生成（依据 Z05 数据），保存→审核→

全算。

Z03 收入决算表，增加功能科目→找到对应资金来源，录入末级来源金额，保存→审核→全算。

Z02 收入支出决算表，本年收入、本年支出已自动生成（数据来源 Z03、Z04）。

Z01 - 1 财政拨款收入支出决算总表，决算数已自动生成→分别按照支出性质和经济分类、功能分类，填写年初预算数（依据一体化系统的额度汇总明细表）、调整预算数（依据决算数）→填写收入年初预算数、调整预算数，保存→审核→全算。

Z01 收入支出决算总表，已自动生成部分→补充除财政拨款外的收入支出，保存→审核→全算。

②部门决算报表（附表）：部门决算中有关资产、人员、学生等信息，从预算一体化系统基础信息库管理模块资产信息、人员信息中提取。

③填报说明附表：填写结转结余、主要指标变动、其他收入明细等数据增减情况的说明。

④封面代码：提取上年数。

（4）数据运算和审核。通过运算和审核保证数据的完整性和正确性。全算→全审（审核套表中所有表格数据及勾稽关系，若提示错误，需添加错误说明）。

中小学校应当加强决算审核和分析，保证决算数据的真实、准确，规范决算管理工作。

学校在部门决算审核报送前，应按照软件中提供的公式审核、上年数核对和模板审核，审核编制内容是否真实完整准确，决算报表内、表间勾稽关系是否衔接，报表数据和单位会计账簿数据是否相符，部门决算纸介质数据与电子介质数据、分户数据与汇总数据是否保持一致等。

（5）数据上报。将传出的数据通过网络报给上级单位。

《财政部关于 2022 年度部门决算工作的通知》要求，坚持“不立不破、先立后破”的原则，各地区、各部门要加快推进部门决算报表软件与预算管理一体化系统整合。已上线预算管理一体化系统的部门，应积极参与部门决算业务模块测试。部门决算业务模块开发完成、运行稳定、全面覆盖且数据比对验证无误的地区通过一体化系统编报；其他不具备条件的地区使用现行部门决算报表软件编报。

5. 预算管理一体化对决算报告的影响。预算管理一体化系统的“会计核算—决算报表”模块，可根据单位预算会计账设计、生成、查询部门决算报表。以人工方式填报的数据应在附注中加以说明。部门决算中有关机构、资产、人员等信息，从基础信息管理模块单位信息、人员信息中提取。

6.2.4 决算批复

各级决算经批准后，财政部门应当在 20 日内向本级各部门批复决算。各部门应当在接到本级政府财政部门批复的本部门决算后15日内向所属单位批复决算。

决算批复内容应当与预算批复相衔接，主要包括收入、支出、结转和结余，以及其他相关决算数据。各级政府财政部门、各部门根据管理需要，在决算批复文件中提出决算审核中发现的主要问题及改进财政财务管理的意见。

各部门、各单位应当根据决算批复文件、审核审计意见等，办理预算执行调整事项，并按照政府会计准则制度规定进行会计处理。

6.2.5 预决算公开

中小学校的预算、决算应当按照财政部门和主管部门统一要求及时向社会公开。涉及预决算公开的文件如下：

1.《预算法》(2018年)。

第十四条 经本级政府财政部门批复的部门预算、决算及报表，应当在批复后二十日内由各部门向社会公开，并对部门预算、决算中机关运行经费的安排、使用情况等重要事项作出说明。各级政府、各部门、各单位应当将政府采购的情况及时向社会公开。本条前三款规定的公开事项，涉及国家秘密的除外。

数字资源6-9

关于进一步推进预算公开工作的意见(2016年)

2.《关于进一步推进预算公开工作的意见》(2016年)。具体内容见数字资源6-9。

3.《地方预决算公开操作规程》。

第三条 地方预决算公开的原则是：以公开为常态，不公开为例外，依法依规公开预决算。除涉及国家秘密外，不得少公开、不公开应当公开的事项，保证公开内容全面、真实、完整。通过公开进一步促进财政改革，促进财税政策落实，促进财政管理规范，促进政府效能提高。

第四条 地方预决算公开的基本要求是：公开及时，内容准确，形式规范。坚持问题导向，重视公开实效，聚焦社会热点，回应公众关切。方便社会监督，公开内容公众找得着、看得懂、能监督。

第九条 部门预决算应当在本级政府财政部门批复后20日内向社会公开。地方各部门必须在法律规定的时限内公开，鼓励公开时间适当提前，原则上在同一天集中公开。

第十七条 地方部门预决算公开的内容为地方各级财政部门批复的部门预决算及报表，包括部门收支总体情况和财政拨款收支情况，其中：财政拨款收支情况包括一般公共预算、政府性基金预算、国有资本经营预算拨款收支情况。涉及国家秘密的除外。

第十八条 部门收支总体情况原则上至少公开3张报表，包括：①部门收支总体情况表。②部门收入总体情况表。③部门支出总体情况表。

财政拨款收支情况原则上至少公开5张报表，包括：①财政拨款收支总体情况表。

②一般公共预算支出情况表。③一般公共预算基本支出情况表。④一般公共预算“三公”经费支出情况表。⑤政府性基金预算支出情况表。没有数据的表格应当列出空表并说明。

第十九条 一般公共预算支出情况表公开到功能分类项级科目。一般公共预算基本支出表公开到经济性质分类款级科目。一般公共预算“三公”经费支出表按“因公出国（境）费”“公务用车购置及运行费”“公务接待费”公开，其中，“公务用车购置及运行费”应当细化到“公务用车购置费”“公务用车运行费”两个项目。

第二十条 地方各部门公开预决算的同时，应当一并公开本部门的职责、机构设置情况、预决算收支增减变化、机关运行经费安排以及政府采购等情况的说明，并对专业性较强的名词进行解释。各地区应结合工作进展情况，推动各部门逐步公开国有资产占用、重点项目预算的绩效目标和绩效评价结果等情况。

第二十一条 地方各级财政部门和各部门建有门户网站的，应当在门户网站公开预决算，并永久保留，其中当年预决算应当公开在网站醒目位置；没有门户网站的，应当采取措施在公开媒体公开预决算，并积极推动门户网站建设。

第二十二条 自2017年起，地方各级财政部门应当在本级政府或财政部门门户网站上设立预决算公开统一平台（或专栏），将政府预决算、部门预决算在平台（或专栏）上集中公开。对在统一平台公开政府预决算、部门预决算，应当编制目录，对公开内容进行分类、分级，方便公众查阅和监督。

4.《预算法实施条例》(2020年)。

第六条 部门预算、决算应当公开基本支出和项目支出。部门预算、决算支出按其功能分类应当公开到项；按其经济性质分类，基本支出应当公开到款。

各部门所属单位的预算、决算及报表，应当在部门批复后20日内由单位向社会公开。单位预算、决算应当公开基本支出和项目支出。单位预算、决算支出按其功能分类应当公开到项；按其经济性质分类，基本支出应当公开到款。

5.《部门决算管理办法》(2021年)。

第二十三条 各部门、各单位是决算公开的主体。除涉及国家秘密的内容外，各部门、各单位应当按照有关规定，向社会公开经批复的决算。

第二十四条 各部门应当自本级政府财政部门批复决算后二十日内向社会公开决算。各单位应当自部门批复本单位决算后二十日内向社会公开决算。

第二十五条 各部门、各单位应当以本部门、本单位门户网站为主要平台公开决算，并保持长期公开状态。未设置门户网站的，通过本级政府门户网站、上级部门门户网站公开决算，或通过政府公报、报刊、广播、电视等公开决算。

第二十六条 各部门应当制定有关工作规范和工作方案，明确单位决算公开的时间、内容、方式、程序等，指导单位妥善处理涉密信息。各级政府财政部门应当加强对决算信息公开工作的协调和业务指导。

第二十七条 各部门应当根据本级政府财政部门要求，报告本部门的决算公开情况。地方各级政府财政部门应当根据上一级政府财政部门要求，报告本地区的部门决算公开情况。

6.《国务院关于进一步深化预算管理制度改革的意见》。

改进预决算公开。加大各级政府预决算公开力度，大力推进财政政策公开。扩大部门预决算公开范围，各部门所属预算单位预算、决算及相关报表应当依法依规向社会公开。推进政府投资基金、收费基金、国有资本收益、政府采购意向等信息按规定向社会公开。建立民生项目信息公示制度。细化政府预决算公开内容，转移支付资金管理办法及绩效目标、预算安排情况等应当依法依规向社会公开。细化部门预决算公开内容，项目预算安排、使用情况等项目信息应当依法依规向社会公开。推进按支出经济分类公开政府预决算和部门预决算。

7.《财政部关于2022年度部门决算工作的通知》。

持续推进决算信息公开。扩大公开范围，积极推进按支出经济分类公开一般公共预算财政拨款项目支出，落实"全覆盖"要求督导部门所属单位公开决算。细化公开内容，对"三公"经费增减变化原因等予以重点说明。改进公开方式，综合运用传统媒体、政务新媒体等平台，着力做好政策解读和舆论引导工作，切实提升公开的及时性、完整性、规范性和可获得性。

数字资源6－10

关于推进部门所属单位预算公开工作的指导意见

8.《关于推进部门所属单位预算公开工作的指导意见》。具体内容见数字资源6－10。

6.2.6 决算的分析应用和数据资料管理

1. 分析应用。加强对决算数据和预算绩效的分析，汇编分析资料，撰写分析报告，强化决算分析结果的反馈和运用，及时解决决算反映的问题，发挥决算对预算编制、执行以及财务管理的促进作用。充分利用信息技术，推动部门决算数据共享工作，提高决算数据的应用质效。强化决算数据分析利用。及时整理体系化决算数据资料，加强数据汇聚融合和共享共用，实现数据增值。完善分析评价指标，紧密关联预算编制、执行、监督等要求，探索建立对部门和单位的"数据画像"。围绕财政中心工作开展专题研究，解析问题，探求规律，提出政策建议，更好发挥决算服务决策的职能作用。

2. 数据资料管理。按照《会计档案管理办法》有关规定，采取必要措施，对部门决算数据资料进行管理和维护。部门决算数据资料包括以各种介质存放的决算报表、报表说明、决算分析等。部门决算数据资料涉及国家秘密的，各级政府财政部门、各部门、各单位应当依法严格执行保密规定，既确保国家秘密安全，又便利信息资源合理利用。

第7章　中小学校财务报告

7.1　政府会计准则制度中的财务报告

7.1.1　财务报告概述

1. 财务报告的基本概念和内容。《政府会计准则——基本准则》和《政府会计制度》规定，政府财务报告是反映政府会计主体某一特定日期的财务状况和某一会计期间的运行情况和现金流量等信息的文件。

财务报告的目标是向财务报告使用者提供与政府的财务状况、运行情况（含运行成本）和现金流量等有关信息，反映政府会计主体公共受托责任履行情况，有助于财务报告使用者作出决策或者进行监督和管理。政府财务报告使用者包括各级人民代表大会常务委员会、债权人、各级政府及其有关部门、政府会计主体自身和其他利益相关者。

政府财务报告应当包括财务报表和其他应当在财务报告中披露的相关信息和资料。

财务报表是对政府会计主体财务状况、运行情况和现金流量等信息的结构性表述。财务报表包括会计报表和附注。会计报表一般包括资产负债表、收入费用表和净资产变动表，单位可以根据实际情况自行选择编制现金流量表。财务报表格式如表7－1所示。

表7－1　财务报表格式

编号	报表名称	编制基础	编制期
会政财01表	资产负债表	权责发生制	月度、年度
会政财02表	收入费用表	权责发生制	月度、年度
会政财03表	净资产变动表	权责发生制	年度
会政财04表	现金流量表	收付实现制	年度
	附注		年度

2. 财务报表编制的基本要求。根据《政府会计准则第9号——财务报表编制和列报》《政府会计制度》的规定，中小学校财务报表的编制应满足以下基本要求。

（1）政府会计主体应当以持续运行为前提，根据实际发生的经济业务或事项，按照政府会计准则制度的规定对相关会计要素进行确认和计量，在此基础上编制财务报表。政府会计主体不应以附注披露代替确认和计量，也不能通过充分披露相关会计政策而纠正不恰当的确认和计量。如果按照政府会计准则制度规定披露的信息不足以让财务报表使用者了解特定经济业务或事项对政府会计主体财务状况和运行情况的影响时，政府会计主体还应当披露其他必要的相关信息。

（2）财务报表的编制主要以权责发生制为基础，以对外财务会计核算生成的数据为准。

（3）学校应当根据政府会计准则制度规定编制真实、完整的财务报表，不得违反政府会计制度规定随意改变财务报表的编制基础、编制依据、编制原则和方法，不得随意改变政府会计制度规定的财务报表有关数据的口径。

（4）财务报表项目的列报应当在各个会计期间保持一致，不得随意变更，但政府会计准则制度和财政部发布的其他有关规定（以下简称政府会计准则制度等）要求变更财务报表项目的除外。

（5）性质或功能不同的项目，应当在财务报表中单独列报，但不具有重要性的项目除外。性质或功能类似的项目，其所属类别具有重要性的，应当按其类别在财务报表中单独列报。某些项目的重要性程度不足以在资产负债表、收入费用表等报表中单独列示，但对理解报表具有重要性的，应当在附注中单独披露。

（6）财务报表某些项目的省略、错报等，能够合理预期将影响报表主要使用者据此作出决策的，该项目具有重要性。重要性应当根据政府会计主体所处的具体环境，从项目的性质和金额两方面予以判断。关于各项目重要性的判断标准一经确定，不得随意变更。判断项目性质的重要性，应当考虑该项目在性质上是否显著影响政府会计主体的财务状况和运行情况等因素；判断项目金额的重要性，应当考虑该项目金额占资产总额、负债总额、净资产总额、收入总额、费用总额、盈余总额等直接相关项目金额的比重或所属报表单列项目金额的比重。

（7）资产负债表中的资产和负债，应当分别按流动资产和非流动资产、流动负债和非流动负债列示。财务报表中的资产项目和负债项目的金额、收入项目和费用项目的金额不得相互抵销，但其他政府会计准则制度另有规定的除外。资产或负债项目按扣除备抵项目后的净额列示，不属于抵销。

（8）当期财务报表的列报，至少应当提供所有列报项目上一个可比会计期间的比较数据，以及与理解当期财务报表相关的说明，但其他政府会计准则制度等另有规定的除外。

（9）政府会计主体应当至少在财务报表的显著位置披露下列各项：编报主体的名称；报告日或财务报表涵盖的会计期间；人民币金额单位；财务报表是合并财务报表的，应当予以标明。

（10）政府会计主体至少应当按年编制财务报表。年度财务报表涵盖的期间短于一年的，应当披露年度财务报表的涵盖期间、短于一年的原因以及报表数据不具可比性的事实。

（11）财务报表应当根据登记完整、核对无误的账簿记录和其他有关资料编制，做到数字真实、计算准确、内容完整、编报及时。

（12）财务报表应当由单位负责人和主管会计工作的负责人、会计机构负责人（会计主管人员）签名并盖章。

7.1.2　资产负债表

1. 资产负债表的概念。资产负债表是反映政府会计主体在某一特定日期的财务状况的报表。“某一特定日期”是指月末、季末、半年末、年末。资产负债表描述了它在编制那一时点（月末、季末、半年末、年末）企业的财务状况，所以资产负债表是一张静态报表；内容是政府会计主体在某一特定日期的财务状况，即资产、负债以及净资产；编制依据是“资产 = 负债 + 净资产”这一基本会计等式。

2. 资产负债表的结构。中小学校资产负债表的格式为账户式结构，也即左右式资产负债表。它是根据“资产 = 负债 + 净资产”会计恒等式，按照账户的形式列示各类项目，即资产项目排列在表的左方，负债和净资产项目排列在表的右方，左右两方的合计数保持平衡。

资产负债表中项目的排列顺序是有规则的。资产、负债项目按流动性顺序排列，流动性越大、变现能力越强的资产排列在前，反之，排列在后；流动性越大、偿还期限越短的排列在前，反之，排列在后。净资产项目按照形成净资产的来源和影响排列，日常业务形成的排列在前，其他排列在后，资产负债表的样式如表 7 – 2 所示。

表 7 – 2　　资产负债表

会政财 01 表

编制单位：　　　　年　月　日　　　　单位：元

资产	期末余额	年初余额	负债和净资产	期末余额	年初余额
流动资产：			流动负债：		
货币资金			短期借款		
短期投资			应交增值税		
财政应返还额度			其他应交税费		
应收票据			应缴财政款		
应收账款净额			应付职工薪酬		
预付账款			应付票据		
应收股利			应付账款		
应收利息			应付政府补贴款		
其他应收款净额			应付利息		

续表

资产	期末余额	年初余额	负债和净资产	期末余额	年初余额
存货			预收账款		
待摊费用			其他应付款		
一年内到期的非流动资产			预提费用		
其他流动资产			一年内到期的非流动负债		
流动资产合计			其他流动负债		
非流动资产：			流动负债合计		
长期股权投资			非流动负债：		
长期债券投资			长期借款		
固定资产原值			长期应付款		
减：固定资产累计折旧			预计负债		
固定资产净值			其他非流动负债		
工程物资			非流动负债合计		
在建工程			受托代理负债		
无形资产原值			负债合计		
减：无形资产累计摊销					
无形资产净值					
研发支出					
公共基础设施原值					
减：公共基础设施累计折旧（摊销）					
公共基础设施净值					
政府储备物资					
文物文化资产					
保障性住房原值					
减：保障性住房累计折旧			净资产：		
保障性住房净值			累计盈余		
长期待摊费用			专用基金		
待处理财产损溢			权益法调整		
其他非流动资产			无偿调拨净资产*		
非流动资产合计			本期盈余*		
受托代理资产			净资产合计		
资产总计			负债和净资产总计		

注：“*”标识项目为月报项目，年报中不需列示。

3. 资产负债表的编制方法。

（1）“年初余额”栏的填列。资产负债表“年初余额”栏内各项数字，应根据上年年末资产负债表“期末余额”栏内数字填列。

如果本年度资产负债表规定的项目的名称和内容同上年度不一致，应对上年年末资产负债表项目的名称和数字按本年度的规定进行调整，将调整后数字填入本表“年初余额”栏内。

如果本年度单位发生了因前期差错更正、会计政策变更等调整以前年度盈余的事项，还应当对“年初余额”栏中的有关项目金额进行相应调整。

（2）“期末余额”栏的填列。

①按照总账账户期末余额直接填列。主要包括“短期投资”“财政应返还额度”“应收票据”“预付账款”“应收股利”“应收利息”“待摊费用”“长期股权投资”“工程物资”“在建工程”“固定资产原值”“固定资产累计折旧”“无形资产原值”“无形资产累计摊销”“研发支出”“政府储备物资”“文物文化资产”“公共基础设施原值”“公共基础设施累计折旧（摊销）”“保障性住房原值”“保障性住房累计折旧”“长期待摊费用”“待处理财产损溢”“短期借款”“应交增值税”“其他应交税费”“应缴财政款”“应付职工薪酬”“应付票据”“应付账款”“应付利息”“预收账款”“其他应付款”“预提费用”“预计负债”“受托代理负债”“累计盈余”“专用基金”“权益法调整”。

②根据几个总账账户余额计算填列。“货币资金”项目，应根据“库存现金”“银行存款”“零余额账户用款额度”“其他货币资金”科目的期末余额的合计数填列。

“存货”项目，应根据“在途物品”“库存物品”“加工物品”科目的期末余额的合计数填列。

“受托代理资产”项目，应当根据“受托代理资产”科目的期末余额与“库存现金”“银行存款”科目下“受托代理资产”明细科目的期末余额的合计数填列。

③根据总账账户余额减去其备抵账户余额后的净额填列。“应收账款净额”项目 = “应收账款”科目的期末余额 - “坏账准备”科目中对应收账款计提的坏账准备的期末余额

“其他应收款净额”项目 = “其他应收款”科目的期末余额 - “坏账准备”科目中对其他应收款计提的坏账准备的期末余额

“固定资产净值”项目 = “固定资产”科目期末余额 - “固定资产累计折旧”科目期末余额

“无形资产净值”项目 = “无形资产”科目期末余额 - “无形资产累计摊销”科目期末余额

此外，还有“公共基础设施净值”“保障性住房净值”等项目也是相应账户减去其备抵账户余额后的净额填列。

④根据总账账户和所属明细账账户期末余额分析计算填列。“长期债券投资”项目，根据“长期债券投资”科目的期末余额减去其中将于1年内（含1年）到期的长

期债券投资余额后的金额填列。

“一年内到期的非流动资产”项目，反映学校期末非流动资产项目中将在1年内（含1年）到期的金额，如将在1年内（含1年）到期的长期债券投资金额，根据“长期债券投资”等科目的明细科目的期末余额分析填列。

“长期借款”项目，根据“长期借款”科目的期末余额减去其中将于1年内（含1年）到期的长期借款余额后的金额填列。

“长期应付款”项目，根据“长期应付款”科目的期末余额减去其中将于1年内（含1年）到期的长期应付款余额后的金额填列。

“一年内到期的非流动负债”项目，反映学校期末将于1年内（含1年）偿还的非流动负债的余额，根据“长期应付款”“长期借款”等科目的明细科目的期末余额分析填列。

⑤特殊项目。“无偿调拨净资产”项目，反映学校本年度截至报告期期末无偿调入的非现金资产价值扣减无偿调出的非现金资产价值后的净值；仅在月度报表中列示，年度报表中不列示。月度报表中根据“无偿调拨净资产”科目的期末余额填列；“无偿调拨净资产”科目期末为借方余额时，以“－”号填列。

“本期盈余”项目，反映学校本年度截至报告期期末实现的累计盈余或亏损；仅在月度报表中列示，年度报表中不列示。月度报表中本项目应根据“本期盈余”科目的期末余额填列；“本期盈余”科目期末为借方余额时，以“－”号填列。

7.1.3 收入费用表

1. 收入费用表的概念。收入费用表是反映学校在一定会计期间运行情况的报表。收入费用表强调一定会计期间，意味着它是一张动态报表；反映的内容是学校的运行情况，即收入、费用和当期盈余情况；编制的理论依据是“收入－费用＝本期盈余”会计等式。

2. 收入费用表的结构。收入费用表采用单步式格式，也就是将当期所有的收入加在一起，然后将所有的费用加在一起，两者相减，通过一次计算得出本期盈余。收入项目和费用项目分别在“本月数”“本年累计数”两栏中列示金额。收入费用表的样式如表7－3所示。

表7－3　　收入费用表

会政财02表

编制单位　　年　月　日　　单位：元

项目	本月（年）数	本年累计数（上年数）
一、本期收入		
（一）财政拨款收入		

续表

项目	本月（年）数	本年累计数（上年数）
其中：政府性基金收入		
（二）事业收入		
（三）上级补助收入		
（四）附属单位上缴收入		
（五）经营收入		
（六）非同级财政拨款收入		
（七）投资收益		
（八）捐赠收入		
（九）利息收入		
（十）租金收入		
（十一）其他收入		
其中：食堂净收入		
二、本期费用		
（一）业务活动费用		
（二）单位管理费用		
（三）经营费用		
（四）资产处置费用		
（五）上缴上级费用		
（六）对附属单位补助费用		
（七）所得税费用		
（八）其他费用		
三、本期盈余		

补充说明：食堂净收入

中小学校食堂实行独立核算或对食堂收支等主要业务实行独立核算的，年末应当将食堂的报表信息并入学校相关报表的相应项目，并抵销中小学校与食堂的内部业务或事项对中小学校报表的影响。

3. 收入费用表的编制方法。

（1）收入费用表的填列规则。收入费用表根据收入类和费用类账户的本期发生额填列。其中，收入类项目根据相应的收入类账户的贷方发生额填列，费用类项目根据相应的费用类账户的借方发生额填列。收入费用表的收入项目和费用项目的金额以合计数列示。

本表“本月数”栏反映各项目的本月实际发生数。编制年度收入费用表时，应当将本栏改为“本年数”，反映本年度各项目的实际发生数。

本表“本年累计数”栏反映各项目自年初至报告期期末的累计实际发生数。编制年度收入费用表时，应当将本栏改为“上年数”，反映上年度各项目的实际发生数，“上年数”栏应当根据上年年度收入费用表中“本年数”栏内所列数字填列。

如果本年度收入费用表规定的项目的名称和内容同上年度不一致，应当对上年度收入费用表项目的名称和数字按照本年度的规定进行调整，将调整后的金额填入本年度收入费用表的“上年数”栏内。如果本年度单位发生了因前期差错更正、会计政策变更等调整以前年度盈余的事项，还应当对年度收入费用表中“上年数”栏中的有关项目金额进行相应调整。

（2）收入费用表中的“本月（年）数”的填写。表中的“本月”栏内各项数字一般应根据收入类和费用类账户的发生额分析填列。具体方法如下：

①直接根据收入类和费用类账户的本期发生额填列。“财政拨款收入”“事业收入”“上级补助收入”“附属单位上缴收入”“经营收入”“非同级财政拨款收入”“投资收益”（如为投资净损失，以“－”号填列）、“捐赠收入”“利息收入”“租金收入”“其他收入”“业务活动费用”“单位管理费用”“经营费用”“资产处置费用”“上缴上级费用”“对附属单位补助费用”“所得税费用”和“其他费用”等项目应根据各科目的本期发生额填列。

②根据收入类和费用类账户的明细账户的发生额分析填列。“政府性基金收入”项目，反映学校本期取得的财政拨款收入中属于政府性基金预算拨款的金额，根据“财政拨款收入”相关明细科目的本期发生额填列。

③根据收入费用表已有项目计算填列。“本期收入”项目，根据表中“财政拨款收入”“事业收入”等11个收入项目金额的合计数填列。“本期费用”项目，根据表中“业务活动费用”“单位管理费用”等8个费用项目金额的合计数填列。“本期盈余”项目＝“本期收入”项目金额－“本期费用”项目金额；如为负数，以“－”号填列。

④特殊项目。“食堂净收入”项目，反映实行独立核算的中小学校食堂或对食堂收支等主要业务实行独立核算的中小学校食堂本年收入和费用相抵后的净额金额。如果本年食堂收入和费用相抵后的净额合计数为负数，则以“－”号填列。

7.1.4 其他报表和附注

数字资源7－1

净资产变动表的结构和编制方法

净资产变动表的结构和编制方法见数字资源7－1。

现金流量表的基本情况具体见数字资源7－2。

附注的相关内容包括7个方面，具体见数字资源7－3。此外，根据中小学校补充规定，中小学校应当在年度财务报表附注中提供将食堂财务会计信息纳入学校财务报表情况的说明，包括内部业务或事项抵销处理的情况，食堂本年收入、费用情况。

数字资源7-2

现金流量表

数字资源7-3

报表附注

7.1.5　预算管理一体化系统对财务报表的影响

在预算管理一体化系统中有个“报表管理模块”，具体包括“报表设计”“报表生成”和“报表查询”。“报表设计”界面已经按照政府会计制度的要求，内置了《政府会计制度》中的财务报表模板，月末或年末在“报表生成”界面点击“生成”按钮，即可自动生成中小学校的月度或年度财务报表。

7.2　政府财务报告

7.2.1　与政府财务报告相关的规定

与政府财务报告相关的规定具体见表7-4。

表7-4　与决算相关的规定

规定名称	施行日期	条款
《权责发生制政府综合财务报告制度改革方案》	2015年1月1日	第8章第七十四条至第八十二条
《政府财务报告编制办法（试行）》	2020年1月1日	共9章45条
《政府部门财务报告编制操作指南（试行）》	2020年1月1日	全文
《政府综合财务报告编制操作指南（试行）》	2020年1月1日	全文
《政府财务报告审计办法（试行）》	2020年9月5日	共17条
《国务院关于进一步深化预算管理制度改革的意见》	2021年3月7日	第十五条
《关于进一步明确政府部门财务报告编制合并范围的通知》	2021年10月25日	全文
《财政部关于开展2022年度政府部门财务报告编报工作的通知》	2023年1月18日	全文
《财政部关于开展2022年度政府综合财务报告编报工作的通知》	2023年1月18日	全文

《权责发生制政府综合财务报告制度改革方案》提出力争在2020年前建立具有中国特色的政府会计准则体系和权责发生制政府综合财务报告制度。

《国务院关于进一步深化预算管理制度改革的意见》指出要完善政府财务报告体系。建立完善权责发生制政府综合财务报告制度，全面客观反映政府资产负债与财政可持续性情况。推动预算单位深化政府会计改革，全面有效实施政府会计标准体系，完善权责发生制会计核算基础。完善国有资产管理情况报告制度，做好与政府综合财务报告的衔接。

7.2.2 政府财务报告的基本理论

1. 政府财务报告的概念和分类。政府财务报告以权责发生制为基础编制，包括政府部门财务报告和政府综合财务报告。

（1）政府综合财务报告。政府综合财务报告由政府财政部门编制，包括本级政府综合财务报告和行政区政府综合财务报告，分别反映本级政府整体和行政区政府整体财务状况、运行情况和财政中长期可持续性等，可作为考核地方政府绩效、开展地方政府信用评级、评估预警地方政府债务风险、编制全国和地方资产负债表以及制定财政中长期规划和其他相关规划的重要依据。

（2）政府部门财务报告。政府部门财务报告由政府部门编制，主要反映本部门财务状况、运行情况等，为加强政府部门资产负债管理、预算管理、绩效管理等提供信息支撑。政府部门财务报告按照编制主体和方法的不同，分为单位财务报告和合并财务报告。政府部门财务报告由本部门所属单位按照财务管理关系逐级编制。

2. 政府部门财务报告编报范围。2019年政府财务报告编制办法和操作指南修订后，部门财务报告编制范围由原来“纳入部门决算管理范围的行政单位、事业单位和社会团体”修改为“部门及部门所属的行政事业单位，不包括企业（集团）下属的事业单位；与同级财政部门有预算拨款关系的社会团体”。调整的重点是明确不同管理方式下的部分事业单位是否纳入编制范围：部门所属的自收自支事业单位和企业化管理事业单位全部纳入编制范围。企业（集团）下属事业单位，鉴于其财务数据已并入企业（集团）财务报表，反映在企业整体财务状况和运行情况中，故不要求其编制政府部门财务报告，以避免出现重复。

编制政府部门财务报告时，事业单位所属关系一般按照以下标准确认：存在财政预算拨款关系的事业单位，以财政预算拨款关系为基础确认所属关系；实行经费自理的事业单位，按照《事业单位法人证书》所列举办单位确认所属关系。涉及两个或两个以上举办单位的，按排序第一的举办单位确认，纳入该举办单位的财务报告编制范围；如举办单位之间有协议、章程或管理办法约定的，按约定执行，不得重复编报。

3. 财务报告和决算报告的关系。目前，财政部门编制本级政府财政总决算报告，各部门编制本部门决算报告，决算报告主要以收付实现制会计核算为基础，满足政府和人大等加强当年预算执行管理和监督的需要。政府财务报告制度建立后，财政部门编制政府综合财务报告，侧重反映政府整体资产负债状况和收入费用情况；各部门编制部门财务报告，侧重反映本部门资产负债状况和收入费用情况。政府财务报告以权责发生制会计核算为基础，主要为加强宏观经济调控、保障财政中长期可持续发展等决策服务。

政府财务报告与决算报告两套报告体系并行，两者互为补充、有机衔接，形成科学、完整的政府财政财务信息报告体系。

7.2.3　政府部门（单位）财务报告的内容

2019年财政部对政府财务报告编制办法和操作指南进行了修订，修订之后的政府部门（单位）财务报告的具体构成见图7－1。

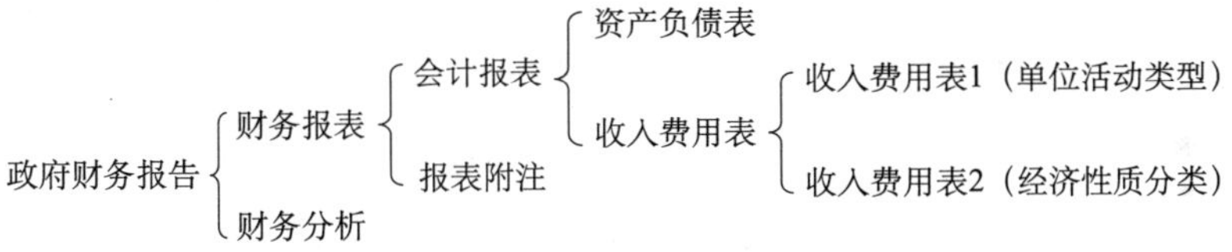

图7－1　政府部门（单位）财务报告的构成

补充：《中小学校财务制度》（2022年）

第六十九条　中小学校应当按国家有关规定向主管部门和财政部门以及其他有关的报告使用者提供财务报告、决算报告。中小学校财务会计和预算会计要素的确认、计量、记录、报告应当遵循政府会计准则制度的规定。

第七十条　财务报告主要以权责发生制为基础编制，综合反映学校特定日期财务状况和一定时期运行情况等信息。

第七十一条　财务报告由财务报表和财务分析两部分组成。财务报表主要包括资产负债表、收入费用表等会计报表和报表附注。财务分析的内容主要包括财务状况分析、运行情况分析和财务管理情况等。

根据《财政部关于开展2022年度政府部门财务报告编报工作的通知》，政府部门（单位）财务报告的格式和内容如下。

1. 资产负债表。资产负债表反映政府部门年末财务状况。资产负债表应当按照资产、负债和净资产分类分项列示。其中，资产应当按照流动性分类分项列示，包括流动资产、非流动资产等；负债应当按照流动性分类分项列示，包括流动负债、非流动负债等。资产负债表最新格式见表7－5。表7－5格式以及表内项目的填写方法和表7－2（政府会计制度中资产负债表的格式）基本相同，但仍有细微差别：表7－5单位为万元，表7－2单位为元；表7－5仅为年报格式，表7－2格式适用于年报和月报。

表 7-5 资产负债表

编制单位： 年 月 日 单位：万元

项目	附注	年末数	年初数
流动资产：			
货币资金	附表1：货币资金明细表		
短期投资			
财政应返还额度			
应收票据	附表2：应收票据明细表		
应收账款净额	附表3：应收账款净额明细表		
预付账款	附表4：预付账款明细表		
应收股利			
应收利息			
其他应收款净额	附表5：其他应收款净额明细表		
存货			
待摊费用			
一年内到期的非流动资产			
其他流动资产			
流动资产合计			
非流动资产：			
长期股权投资	附表6：长期投资及投资收益明细表		
长期债券投资	附表6：长期投资及投资收益明细表		
固定资产原值			
减：固定资产累计折旧			
固定资产净值	附表7：固定资产明细表		
工程物资			
在建工程	附表8：在建工程明细表		
无形资产原值			
减：无形资产累计摊销			
无形资产净值	附表9：无形资产明细表		
研发支出			
公共基础设施原值			
减：公共基础设施累计折旧（摊销）			
公共基础设施净值	附表10：公共基础设施明细表		
政府储备物资	附表11：政府储备物资明细表		
文物文化资产			
保障性住房原值			
减：保障性住房累计折旧			
保障性住房净值	附表12：保障性住房明细表		
PPP 项目资产			
减：PPP 项目资产累计折旧（摊销）			

续表

项目	附注	年末数	年初数
PPP 项目资产净值	附表 13：PPP 项目资产明细表		
长期待摊费用			
待处理财产损溢			
其他非流动资产			
非流动资产合计			
受托代理资产			
资产总计			
流动负债：			
短期借款			
应交增值税			
其他应交税费			
应缴财政款			
应付职工薪酬			
应付票据	附表 14：应付票据明细表		
应付账款	附表 15：应付账款明细表		
应付政府补贴款			
应付利息			
预收账款	附表 16：预收账款明细表		
其他应付款	附表 17：其他应付款明细表		
预提费用			
一年内到期的非流动负债			
其他流动负债			
流动负债合计			
非流动负债：			
长期借款	附表 18：长期借款明细表		
长期应付款	附表 19：长期应付款明细表		
预计负债			
其他非流动负债			
非流动负债合计			
受托代理负债			
负债合计			
净资产：			
累计盈余			
专用基金			
权益法调整			
PPP 项目净资产			
净资产合计			
负债及净资产总计			

2. 收入费用表。收入费用表反映政府部门年度运行情况。收入费用表应当按照收入、费用和盈余分类分项列示。最新具体格式见表7－6和表7－7。表7－6格式和表7－3（政府会计制度中收入费用表的格式）基本相同，但仍有细微差别：表7－6单位为万元，表7－3单位为元；表7－6仅为年报格式，表7－3格式适用于年报和月报。

表7－6　　收入费用表（1）

编制单位：　　年　　单位：万元

项目	附注	本年数	上年数
财政拨款收入			
事业收入	附表20：事业收入明细表		
上级补助收入			
附属单位上缴收入			
经营收入	附表21：经营收入明细表		
非同级财政拨款收入	附表22：非同级财政拨款收入明细表		
投资收益	附表6：长期投资及投资收益明细表		
捐赠收入			
利息收入			
租金收入	附表23：租金收入明细表		
其他收入	附表24：其他收入明细表		
收入合计			
业务活动费用	附表25：业务活动费用明细表		
单位管理费用	附表26：单位管理费用明细表		
经营费用	附表27：经营费用明细表		
资产处置费用			
上缴上级费用			
对附属单位补助费用			
所得税费用			
其他费用			
费用合计			
本年盈余			

表7－7　　收入费用表（2）

编制单位：　　年　　单位：万元

项目	附注	本年数	上年数
财政拨款收入			
事业收入	附表20：事业收入明细表		
上级补助收入			
附属单位上缴收入			

续表

项目	附注	本年数	上年数
经营收入	附表21：经营收入明细表		
非同级财政拨款收入	附表22：非同级财政拨款收入明细表		
投资收益	附表6：长期投资及投资收益明细表		
捐赠收入			
利息收入			
租金收入	附表23：租金收入明细表		
其他收入	附表24：其他收入明细表		
收入合计			
工资福利费用			
商品和服务费用	附表28：商品和服务费用明细表		
对个人和家庭的补助费用			
对企业补助费用			
固定资产折旧费用			
无形资产摊销费用			
公共基础设施折旧（摊销）费用			
保障性住房折旧费用			
计提专用基金			
资产处置费用			
上缴上级费用			
对附属单位补助费用			
所得税费用			
其他费用	附表29：其他费用明细表		
费用合计			
本年盈余			

3. 报表附注。报表附注重点对会计报表作进一步解释说明，一般应当按照下列顺序披露：

（1）会计报表编制基础。政府部门会计报表以权责发生制为基础编制。

（2）遵循相关制度规定的声明。政府部门应当声明编制的会计报表符合政府会计准则、相关会计制度和财务报告编制规定的要求，如实反映政府部门的财务状况、运行情况等有关信息。

（3）合并范围。合并会计报表应披露其包含的主体范围，具体包括所属单位的名称、性质（如行政单位、事业单位或社会团体）、实有人员数等基本信息。与上年相比，合并范围发生变化的应详细说明变动情况。

（4）重要会计政策与会计估计变更情况。对本年发生的重要会计政策和会计估计变更，应说明变更的内容和原因，受其重要影响的报表项目名称和金额，以及重要会计政策和会计估计变更开始适用的时点。

（5）会计报表重要项目明细信息及说明。单位应当按照资产负债表和收入费用表项目列示顺序，采用数字和文字描述相结合的方法披露重要项目的明细信息，便于报表信息使用者更好地理解报表信息。2022 年报表重要项目明细信息应至少包括下列报表（附表 1 ~ 附表 29）：货币资金明细表；应收票据明细表（2021 年新增）；应收账款净额明细表；预付账款明细表；其他应收款净额明细表；长期投资及投资收益明细表；固定资产明细表；在建工程明细表；无形资产明细表；公共基础设施明细表（3 个表）；政府储备物资明细表；保障性住房明细表；PPP 项目资产明细表（2021 年新增）；应付票据明细表（2021 年新增）；应付账款明细表；预收账款明细表；其他应付款明细表；长期借款明细表；长期应付款明细表；事业收入明细表；经营收入明细表；非同级财政拨款收入明细表；租金收入明细表（2021 年新增）；其他收入明细表；业务活动费用明细表；单位管理费用明细表；经营费用明细表；商品和服务费用明细表；其他费用明细表（2021 年新增）。

（6）需要说明的其他事项。

①重要或有事项说明。逐笔披露政府部门或有事项的事由和金额，如担保事项、未决诉讼或未决仲裁等，若无法预计金额应说明理由。

②以名义金额计量的资产名称、数量等情况，以及以名义金额计量理由的说明。2021 年新增了“以名义金额计量资产情况表”。

③使用债务资金形成的固定资产、公共基础设施、保障性住房等资产的账面价值、使用情况、收益情况及与此相关的债务偿还情况。

④重要资产置换、无偿调入（出）、捐入（出）、报废、重大毁损等情况的说明。

⑤对于政府部门管理的公共基础设施、文物文化资产、保障性住房、自然资源资产等重要资产，披露种类和实物量等相关信息。

⑥PPP 项目合同的总体描述、重要条款及报告期间所发生的项目合同变更情况（2021 年新增）。

⑦《政府会计准则制度解释第 4 号》中规定的特殊情况抵销事项的报表项目及金额（由一级部门合并主体说明）（2022 年报告新增）。

⑧资产负债表项目年初数调整情况（2022 年报告新增）。

⑨政府会计具体准则中要求附注披露的其他内容，以及其他未在报表中列示，但对政府部门财务状况有重大影响的事项。

报表附注内容基本与《政府会计制度》中的报表附注内容相同，但又有细微差别：没有单位基本情况；增加了“合并范围”这一部分内容；仅披露“重要会计政策与会计估计变更情况”，不需要披露所有重要会计政策和会计估计；“会计报表重要项目明细信息及说明”包括的附表比《政府会计制度》要求的附表多；没有“本年盈余与预算结余的差异情况说明”；其他事项中增加了有关 PPP 项目、特殊情况抵销事项的报表项目以及资产负债表项目年初数调整情况。

4. 财务分析。

（1）内容构成。2022年政府部门财务分析主要包括以下四个方面的内容：

政府部门工作目标完成情况。结合政府部门职能、工作任务、相关政策要求等，说明政府部门年度工作目标计划及执行情况、绩效目标及完成情况。

政府部门财务状况分析。①分析政府部门资产总额变化情况及原因；分析部门货币资金、长期投资、固定资产、在建工程、公共基础设施、政府储备物资、保障性住房等重要资产项目的结构特点和变化情况；其他资产/总资产若高于10%、货币资金/总资产若高于25%，需单独分析。②分析政府部门负债总额变化情况及原因；结合短期借款、长期借款等重点负债项目的增减变化情况，分析政府部门债务规模和债务结构等；其他负债/总负债若高于10%、应缴财政款若有余额，需单独分析。③运用资产负债率、现金比率、流动比率等指标，分析政府部门财务状况。

政府部门运行情况分析。①分析政府部门收入总额变化情况及原因；分析政府部门收入结构及来源分布、重点收入项目的比重和变化趋势，以及经济形势、相关财政政策等对政府部门收入变动的影响等；其他收入/总收入若高于10%，需单独分析。②分析政府部门费用总额变化情况及原因；分析政府部门费用规模、构成及变化情况，特别是政府部门控制行政成本的政策、投融资情况及对费用变动的影响等；其他费用/总费用若高于10%，需单独分析。③运用政府部门的收入费用率等指标，分析政府部门收入与费用的比例情况。

政府部门财务管理情况。从部门预算管理、内控管理、资产管理、绩效管理、人才队伍建设等方面反映部门加强财务管理的主要措施和取得成效。

（2）分析方法和指标。可采取比率分析法、比较分析法、结构分析法、趋势分析法等方法进行财务分析，可参考使用以下指标，如表7-8所示。

表7-8　　分析指标表

序号	指标名称	公式	指标说明
1	资产负债率	负债总额/资产总额	反映政府部门偿付全部债务本息能力的基本指标
2	现金比率	（货币资金+财政应返还额度）/流动负债	反映政府部门利用现金及现金等价物偿还短期债务的能力
3	流动比率	流动资产/流动负债	反映政府部门流动资产用于偿还流动负债的能力
4	固定资产成新率	固定资产净值/固定资产原值	反映政府部门固定资产的持续服务能力
5	公共基础设施成新率	公共基础设施净值/公共基础设施原值	反映公共基础设施的持续服务能力
6	保障性住房成新率	保障性住房净值/保障性住房原值	反映政府部门保障性住房的持续服务能力
7	收入费用率	年度总费用/年度总收入	反映政府部门收入与费用的比例情况

政府部门财务分析应当基于财务报表所反映的信息，结合政府部门职能，重点分析资产状况、债务风险、收入费用、预算管理和绩效管理等方面。

7.2.4 中小学校财务报告的编报

1. 中小学校财务报告编报流程。中小学校编制单位财务报告，其主管教育部门合并编制部门财务报告。中小学校通过登录政府财务报告管理系统，编制、报送和审核政府财务报告，具体填报流程如图7－2所示。

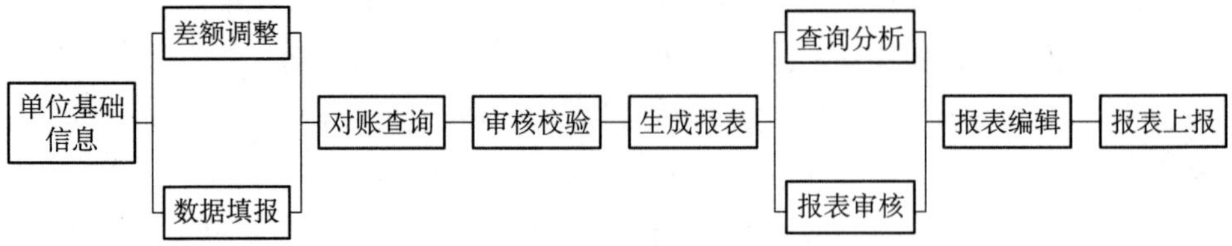

图7－2 中小学校财务报告编制流程

（1）单位基础信息填报：包括编制人、组织机构代码、统一社会信用代码、单位执行会计制度、上年代码等信息。

（2）差额调整：不是所有单位都必需的环节，是针对年初数进行调整。

（3）数据填报：按照当年年度会计账簿的数据，填写财报数据，包括会计报表和报表附注。

（4）对账查询：预算单位之间、预算单位与财政之间，核对彼此发生的经济业务或往来事项，确保单位内部等后续抵销处理环节能精确匹配。

（5）审核校验：对预算单位填报数据的准确性、规范性进行校验核对，包括单表校验、审核，若提示错误，检查原因后修改或据实添加说明。

（6）生成报表：生成预算单位的政府部门财务报表，提供导出报表、打印等操作。

（7）报表审核：是对所有填报表格和文字的审核，由审核人员审核填报人员生成的财务报告整体内容。审核内容主要包括：①真实性审核。财务报告的报表数据与会计账簿数据是否相符，是否存在漏报、虚报和瞒报等现象。②完整性审核。财务报告涵盖主体是否完整。如不完整，需在财务报告中说明未包含的单位及原因。报告文本是否完整，是否包括财务报表（含会计报表和报表附注）、财务分析两大部分内容，各部分内容要素是否齐全。③准确性审核。财务报表表内、表间勾稽关系是否衔接。部门内部抵销事项是否经确认后抵销。如部门内部有无法抵销的事项，需就未抵销原因进行说明。财务报表中资产相关信息是否与系统中资产管理和会计核算的资产信息一致。④规范性审核。部门财务报告文字分析是否内容完整、详细、深入；指标分析是否客观真实；文字排版是否统一规范。

（8）报表编辑：获取政府部门财务报表数据，并根据系统预设的报告模板，自动生成报告初稿，编辑完成后，提交。

（9）报告上报：报告提交之后，再将部门财务报表和报告上报到上级主管部门。

2. 编制注意事项。

（1）应按照预算法、会计法、政府财务报告编制办法、政府部门财务报告编制操作指南等要求编制。

（2）狠抓基础管理，做好数据衔接。严格执行政府会计准则制度，及时规范账务处理，细化核算内容，加强日常对账，扎实做好公共基础设施、政府储备物资、保障性住房、文物文化资产的会计核算。健全内部控制机制，按规定定期清查资产负债，未入账的资产负债要及时确认入账，全面清理历史债权债务，及时处置财务挂账，防控财务风险。优化管理流程，进一步做好政府部门财务报告与部门决算、行政事业性国有资产报告之间的数据衔接。

（3）填报前需要准备的资料：2022年度决算报表、2022年资产负债表、2022年总账余额表；报告中需完善的“政府部门基本情况”和“政府部门财务管理情况”。

（4）单位依据审核无误的财务报表编制单位财务报告，并对特殊事项进行补充说明，编制财务分析，确保报告的真实性、完整性、准确性、规范性。自行审核后将本单位财务报告上报本部门上级单位审核。

（5）政府部门财务报表之间、财务报表各项目之间，凡有对应关系的数字，应当相互一致；报表中本期与上期有关的数字应当衔接。

（6）各单位应当按照《政府部门财务报告编制操作指南（试行）》规定编制本单位财务报告并按照财务管理关系报送上级单位；上级单位除编制本单位财务报表外，还应当对本单位及所属单位财务报表进行合并，对本单位、所属单位之间发生的债权债务、收入费用等业务或事项，经过确认后抵销。主管部门编制的合并财务报表，即部门财务报表。

（7）注重分析利用，实现数据价值。做好历年数据资料整理汇编，推动数据共享共用。探索完善财务报告分析指标体系，深入挖掘数据价值，通过分析及时发现管理中存在的薄弱环节，提出改进建议，充分发挥政府部门财务报告逆向反馈和促进管理的作用，为领导决策提供信息支持。

3. 预算管理一体化系统对财务报告的影响。

《财政部关于开展2022年度政府部门财务报告编报工作的通知》指出，各地应严格按照预算管理一体化规范、系统技术标准和政府财务报告管理系统地方整合实施方案要求，加快推进系统整合，使用预算管理一体化系统进行编报，加强数据报送管理，确保数据真实、完整、准确。

预算管理一体化系统中，基层单位（包括中小学校）财务报告的编制流程具体如下：

第一步，系统登录。通过财政门户网站登录或者通过Ukey、账号密码登录。

第二步，填写封面信息。必录项主要包括：报送主体名称、编制人、编制人电话、单位负责人、财务负责人、财政区划代码、财政预算代码、邮政编码、单位地址、单位基本性质、统一社会信用代码、报表小类、新报因素、是否编制行政事业单位国有资产报表、隶属关系、国民经济分类、预算管理级次、执行会计制度、单位预算级次、是否本级、人员编制数、实有人员数、是否编制部门预算、是否编制部门决算报表、是否计划单列市等。

第三步，生成报表数据。通过“提取数据”可以提取报表的年初数和会计核算数据，固定表和浮动表都可以提取，然后确认提取的金额，保存当前报表，金额有误的可直接修改年末数。年初数的主表不允许修改，明细表可根据主表金额进行修改。除规定事项外，其他以人工方式填报的数据应在附注中加以说明。

第四步，对账管理和校验。①点击“对账管理”，自动识别。如果双方确认对账事项无误，要确认发布，并确认对账。如果单位有财政拨款收入和财政应返还额度数据，需要与总预算报表进行对账。②点击“校验”。校验分禁止和警告两种状态，警告说明可以通过，禁止需改正。

第五步，编制报告。报表填写完成，对账事项确认后，校验通过，则点击“财务分析”，批量保存图片，在生成报告时把分析图片保存到报告中；点击“报告”，生成报告；导出报告，修改报告信息；修改完成后，导入报告。

第六步，上传资料。点击“资料”报送。报送资料包括电子数据、报送文件和工作总结。

7.2.5 政府财务报告审计

《权责发生制政府综合财务报告制度改革方案》提出，改革的三大主要任务之一是建立健全政府财务报告审计和公开机制。政府综合财务报告和部门财务报告按规定接受审计。审计后的政府综合财务报告与审计报告依法报本级人民代表大会常务委员会备案，并按规定向社会公开。政府财务报告审计制度应当对审计的主体、对象、内容、权限、程序、法律责任等作出规定。

2020 年 9 月 5 日，审计署办公厅发布了《政府财务报告审计办法（试行）》，自发布之日起施行。该办法主要包括以下内容：办法制定的主要依据和实施范围；政府财务报告审计的依据、目标、主体、方式、内容、程序；审计报告的内容；对审计人员的要求。

法规速递——《政府财务报告审计办法（试行）》

第一条 为加强对各级政府及其部门财务状况和运行情况的审计监督，根据《中华人民共和国审计法》《中华人民共和国预算法》《国务院关于批转财政部权责发生制政府综合财务报告制度改革方案的通知》（国发［2014］63 号）和相关法律法规，制定本办法。

第二条　审计机关依照法定的职责、权限和程序对政府财务报告进行审计监督，依据政府会计准则、政府财务报告编制办法等作出审计评价。政府财务报告审计，包括政府综合财务报告审计和政府部门财务报告审计。

第三条　各级审计机关实施政府财务报告审计，适用本办法。

第四条　政府财务报告审计工作聚焦政府财务状况和运行情况的真实、合法、效益，着力揭示问题和风险，促进提高政府财务报告可信性和透明度，推动完善权责发生制政府综合财务报告制度，助力防范财政风险，促进提升政府运行绩效，为财政与经济决策提供有用信息，推进国家治理体系和治理能力现代化。

第五条　政府财务报告审计管辖范围按照《中华人民共和国审计法》和《中华人民共和国审计法实施条例》的规定确定。

审计署负责对全国政府综合财务报告、中央政府综合财务报告、中央政府部门财务报告进行审计；负责加强对下级政府财务报告的审计监督；负责指导下级审计机关的政府财务报告审计工作。

地方各级审计机关负责对本行政区政府综合财务报告、本级政府综合财务报告和本级政府部门财务报告进行审计。省、市级审计机关负责加强对下级政府财务报告的审计监督；负责指导本行政区内下级审计机关的政府财务报告审计工作。

第六条　政府财务报告审计应当纳入年度审计项目计划管理，既可以单独实施，也可以结合预算执行情况审计、决算草案审计等项目统筹安排实施。

第七条　政府财务报告审计应关注政府及其部门的资产、负债、收入、费用等情况的真实、合法、效益。

政府综合财务报告审计的内容包括：政府财务状况和运行情况，政府综合财务报告编报披露情况，政府财政财务管理情况，相关电子数据及信息系统设计运行情况，以及其他需要审计的内容。

政府部门财务报告审计的内容包括：部门财务状况和运行情况，政府部门财务报告编报披露情况，部门财政财务管理情况，相关电子数据及信息系统设计运行情况，以及其他需要审计的内容。

第八条　审计机关派出审计组实施审计。审计组向派出审计组的审计机关提交审计报告。审计报告的内容一般应包括：

（一）审计依据和实施审计的基本情况，包括审计范围、内容、方式等；

（二）被审计单位基本情况；

（三）审计评价意见，基于充分适当的审计证据，对于审计范围内被审计单位财务状况和运行情况的真实、合法、效益等做出客观评价；

（四）审计发现主要问题的事实、定性以及依据的法律法规标准等；

（五）根据审计发现问题提出的审计处理、处罚意见或审计建议；

（六）其他需要反映和说明的情况。

第九条 审计组的审计报告提交审计机关前，应当按规定征求被审计单位的意见。审计机关按照规定的程序对审计组的审计报告进行审议，并对被审计单位的意见一并研究后，向被审计单位出具审计报告。

第十条 中央政府财务报告审计结果，应当报中央审计委员会和国务院，同时报全国人民代表大会常务委员会备案。地方政府财务报告审计结果，应当报本级党委审计委员会、本级人民政府和上一级审计机关，同时报本级人民代表大会常务委员会备案。

第十一条 审计机关应当向社会公布政府财务报告审计结果，但法律、行政法规规定不予公布的内容除外。

第十二条 审计机关可以根据工作需要，聘请具有政府财务报告审计相关专业知识的人员参加政府财务报告审计。参加审计工作人员，应当遵循《中华人民共和国审计法》《中华人民共和国审计法实施条例》《中华人民共和国国家审计准则》以及审计机关的有关规定，做到依法审计、文明审计。

第十三条 审计机关和参加审计工作人员对政府财务报告审计工作中知悉的国家秘密、商业秘密、工作秘密、个人隐私等，负有保密义务。

第十四条 对审计机关职责和权限、审计程序、审计质量控制，以及审计机关和被审计单位的法律责任等，本办法未作规定的，依照《中华人民共和国审计法》《中华人民共和国审计法实施条例》《中华人民共和国国家审计准则》和其他有关法律法规执行。

第十五条 地方各级审计机关可以根据本办法制定具体办法。

第十六条 本办法由审计署负责解释。

第十七条 本办法自发布之日起施行。

2021 年 6 月 22 日，中央审计委员会办公室、审计署关于印发《“十四五”国家审计工作发展规划》，指出：围绕财政预算执行过程和结果，每年对各级政府预算执行及决算草案进行审计，重点关注预算收入统筹、预算支出管理和财政支出标准化推进、预算编制的合规性和完整性、预算执行和绩效管理、政府财务报告体系建设及实施等情况，促进加强财政资源统筹，优化财政支出结构，增强国家重大战略任务财力保障。

第 8 章　中小学校国有资产管理

8.1　国有资产管理概述

8.1.1　中小学校国有资产管理相关规范

1995 年，财政部和国家国有资产管理局印发《行政事业单位国有资产管理办法的通知》；2006 年，财政部发布《行政单位国有资产管理暂行办法》和《事业单位国有资产管理暂行办法》；2017 年 12 月，中共中央印发了《关于建立国务院向全国人大常委会报告国有资产管理情况制度的意见》，对充分发挥国有资产在国家治理体系里面的基础和支撑作用提出了更高要求；2019 年，财政部对《事业单位国有资产管理暂行办法》进行了修订；2021 年，《行政事业性国有资产管理条例》公布，自 2021 年 4 月 1 日起正式施行，该条例是我国行政事业性国有资产管理的第一部行政法规，对依法加强行政事业性国有资产管理与监督，健全国有资产管理体制，推进国家治理体系和治理能力现代化具有重要意义。

与中小学校国有资产管理相关的现行有效的规范，具体见表 8－1。

表 8－1　　与中小学校国有资产管理相关的规范

规范名称	实施日期	条款
《中小学校财务制度》	2022 年 9 月 1 日	第 8 章 资产管理
《行政事业单位内部控制规范（试行）》	2014 年 1 月 1 日	第四节 资产控制 第五节 建设项目控制
《财政部关于进一步规范和加强行政事业单位国有资产管理的指导意见》	2015 年 12 月 23 日	
《行政事业单位资产清查核实管理办法》	2016 年 3 月 1 日	共 10 章 63 条
《基本建设财务规则》	2016 年 9 月 1 日	共 12 章 63 条
《基本建设项目竣工财务决算管理暂行办法》	2016 年 9 月 1 日	共 13 章 58 条
《中华人民共和国资产评估法》	2016 年 12 月 1 日	共 55 条
《行政事业单位国有资产年度报告管理办法》	2017 年 1 月 12 日	8 章共 42 条

续表

规范名称	实施日期	条款
《中共中央关于建立国务院向全国人大常委会报告国有资产管理情况制度的意见》	2018 年 1 月 14 日	共 5 条
《关于进一步加强和改进行政事业单位国有资产管理工作的通知》	2018 年 12 月 26 日	共 10 条
《财政部关于做好行政事业性国有资产月报试编工作的通知》	2020 年 12 月 29 日	
《事业单位国有资产管理暂行办法》	2019 年 3 月 29 日	全文
《中华人民共和国民法典》	2021 年 1 月 1 日	第二百五十五、第二百五十六条
《关于加强行政事业单位固定资产管理的通知》	2020 年 8 月 26 日	共 14 条
《全国人民代表大会常务委员会关于加强国有资产管理情况监督的决定》	2020 年 12 月 26 日	共 9 条
《行政事业性国有资产管理条例》	2021 年 4 月 1 日	8 章共 61 条
《国有资产报告编报工作暂行办法》	2021 年 9 月 10 日	共 17 条
《关于进一步加强水利基础设施政府会计核算的通知》	2021 年 12 月 3 日	全文
《事业单位财务规则》	2022 年 3 月 1 日	第 7 章 资产管理
《国务院办公厅关于进一步盘活存量资产扩大有效投资的意见》	2022 年 5 月 19 日	共 24 条
《政府采购品目分类目录》	2022 年 9 月 2 日	
《关于盘活行政事业单位国有资产的指导意见》	2022 年 10 月 25 日	共 14 条
《固定资产等资产基础分类与代码》	2022 年 12 月 30 日	全文
《关于编报 2022 年度行政事业性国有资产报告的通知》	2023 年 1 月 18 日	全文

8.1.2　行政事业性国有资产的概念和范围

《行政事业性国有资产管理条例》指出，行政事业性国有资产，是指行政单位、事业单位通过以下方式取得或者形成的资产：使用财政资金形成的资产；接受调拨或者划转、置换形成的资产；接受捐赠并确认为国有的资产；其他国有资产。

该概念从建立行政事业性国有资产报告制度“全口径、全覆盖”的要求出发，确保《行政事业性国有资产管理条例》调整范围的“全覆盖”；从行政事业性国有资产“形成性”的特点出发，采用列举取得或形成渠道的方式界定行政事业性国有资产范围；不仅包括能以货币计量的经济资源，还包括不能可靠的以货币计量的经济资源。

行政事业性国有资产主要包括流动资产、固定资产、在建工程、无形资产、对外投资、公共基础设施、政府储备物资、文物文化资产、保障性住房等。

8.1.3　行政事业性国有资产的管理体制

行政事业性国有资产属于国家所有，实行政府分级监管、各部门及其所属单位直接支配的管理体制。我国实行“财政部门——主管部门——行政事业单位”三级管理体制。财政部代表国家行使资产所有者职权和综合管理；主管部门接受财政部门委托，对国有资产实施监督管理；行政事业单位对国有资产具有占用使用权，实施具体管理。“直接支配”的依据是《民法典》第二百五十六条关于国家机关举办的事业单位涉及的国家所有权的规定：国家举办的事业单位对其直接支配的不动产和动产，享有占有、使用以及依照法律和国务院的有关规定收益、处分的权利。

各级人民政府应当建立健全行政事业性国有资产管理机制，加强对本级行政事业性国有资产的管理，审查、批准重大行政事业性国有资产管理事项。

8.1.4　行政事业性国有资产管理的部门职责

国务院财政部门负责制定行政事业单位国有资产管理规章制度并负责组织实施和监督检查，牵头编制行政事业性国有资产管理情况报告。

国务院机关事务管理部门和有关机关事务管理部门会同有关部门依法依规履行相关中央行政事业单位国有资产管理职责，制定中央行政事业单位国有资产管理具体制度和办法并组织实施，接受国务院财政部门的指导和监督检查。相关部门根据职责规定，按照集中统一、分类分级原则，加强中央行政事业单位国有资产管理，优化管理手段，提高管理效率。

各部门根据职责负责本部门及其所属单位国有资产管理工作，应当明确管理责任，指导、监督所属单位国有资产管理工作。

各部门所属单位负责本单位行政事业性国有资产的具体管理，应当建立和完善内部控制管理制度。

8.1.5　行政事业性国有资产的管理原则和要求

国有资产管理四原则：安全规范、节约高效、公开透明、权责一致。

国有资产管理三要求：实物管理与价值管理相统一，资产管理与预算管理结合，资产管理与财务管理相结合。

8.1.6　资产管理信息化

1. 概述。国务院财政部门应当建立全国行政事业性国有资产管理信息系统，推行资产管理网上办理，实现信息共享。

法规链接

(1)《中共中央关于建立国务院向全国人大常委会报告国有资产管理情况制度的意见》。建立全口径国有资产信息共享平台，实现相关部门单位互联互通，全面完整反映各类国有资产配置、使用、处置和效益等基本情况。

(2)《行政事业单位国有资产年度报告管理办法》。财政部建立全国行政事业单位资产基础数据库，完善行政事业单位资产管理信息系统；地方各级财政部门建立本地区行政事业单位资产基础数据库，完善本地区行政事业单位资产管理信息系统；主管部门建立本部门资产基础数据库，完善本部门资产管理信息系统。

(3)《财政部关于正式实施行政事业单位资产管理信息系统有关问题的通知》。资产管理信息系统是严格按照行政事业单位国有资产管理体制进行设计的，遵循横向“财政部门—主管部门—行政事业单位”、纵向“中央—省—市—县—乡”的框架。

(4)《行政事业单位国有资产管理信息系统管理规程》。

第四条 资产管理信息系统管理，是指各级财政部门、主管部门和行政事业单位，按照职责规定，根据资产管理流程，制定资产管理信息系统相关制度、推进系统建设、强化系统使用、管控系统风险，与财务、预算、决算、政府采购、非税收入管理等系统对接，对国有资产实现动态管理。

事业单位应当按照国有资产管理信息化的要求，及时将资产变动信息录入管理信息系统，对本单位资产实行动态管理，并在此基础上做好国有资产统计和信息报告工作。

中小学校平时通过行政事业单位资产管理信息系统进行日常管理。该系统是国有资产管理的信息化管理平台，包括卡片管理、配置管理、新标准信息卡、使用管理、处置管理、收益管理、查询中心、资产报表、清查核实、数据体检、系统管理等功能。具体见图 8 - 1。

2. 预算管理一体化对资产管理的影响。近年来，行政事业性国有资产管理信息化已融入预算管理一体化，实现资产管理与预算编制、预算执行、会计核算、决算和报告等环节的深度融合。2020 年 3 月以来，财政部陆续发布《预算管理一体化规范（试行)》《预算管理一体化系统技术标准 V1.0》《关于修订预算管理一体化规范和技术标准有关资产管理内容的通知》《预算管理一体化规范（2.0）（征求意见稿)》，其中“一、基础信息管理”中第 3 部分为“资产管理基础信息”，第 9 部分为“资产管理”，规定了资产的验收、使用、处置、调剂共享平台、设备动态监管、清查核实、产权管理的管理流程和规则。

资产信息是指单位资产存量情况以及反映资产形成过程、资产特性、资产管理情况等的资产卡片信息，是开展资产配置、使用、处置以及编报部门决算、财务报告等的数据基础。

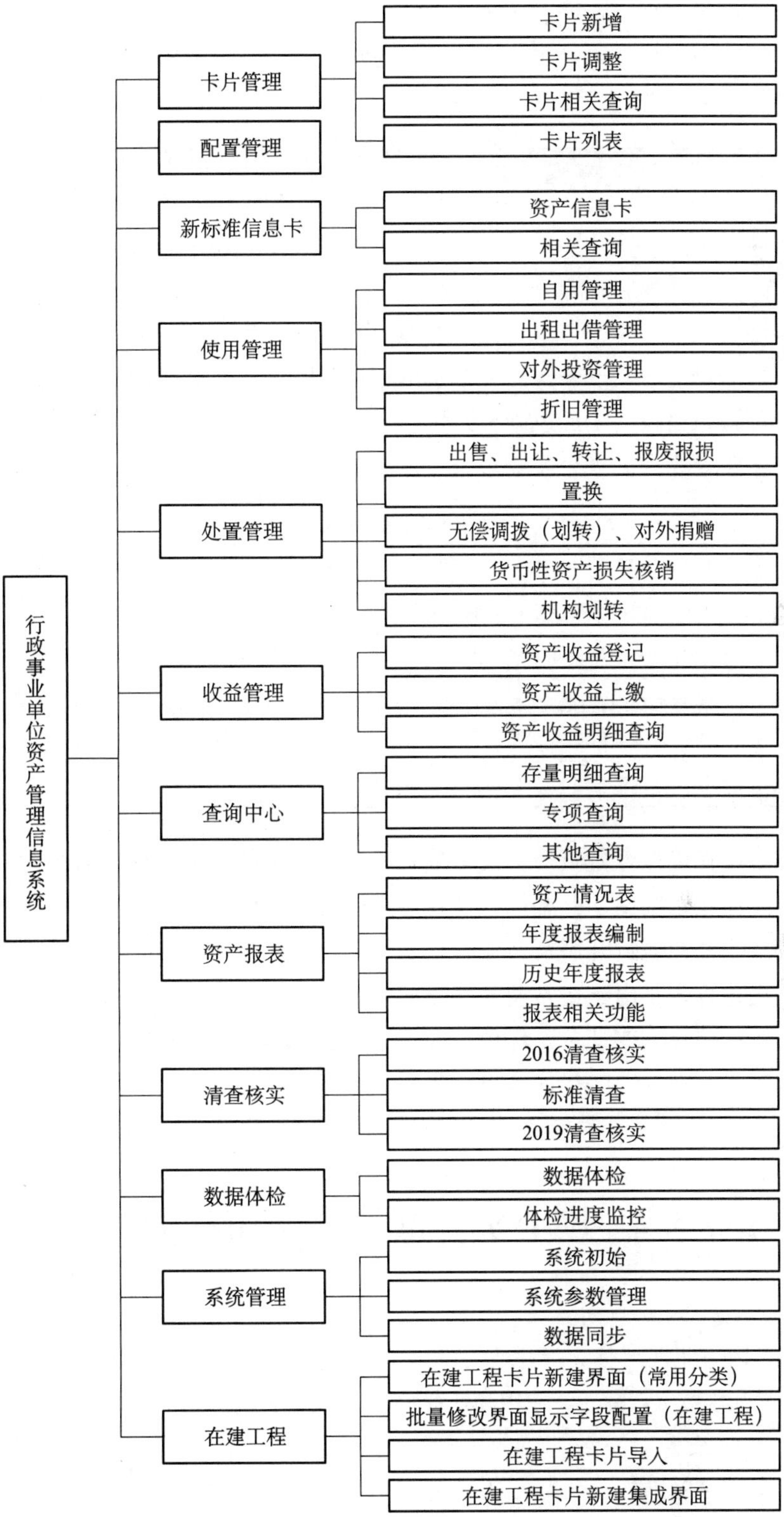

图 8－1　行政事业单位资产管理信息系统

财政部统一制定固定资产、无形资产、政府储备物资、文物文化资产等各项资产的分类、代码和资产卡片标准化管理体系。财政部将资产分类和代码维护到一体化系统中，并下发至地方财政部门。

数字资源8－1

资产信息卡分类

资产信息卡样式根据资产属性进行设计，共分为十六类，具体见数字资源8－1资产信息卡分类；每一类资产信息卡均包括基本信息、财务信息、使用信息和处置信息，并针对不同类别资产特点设置特性信息，以满足各类资产管理需要。具体内容见表8－2。资产信息卡信息随着资产全生命周期管理动态更新，全面反映资产配置、使用、变动等情况。资产信息卡登记原则上要按照一物一卡要求，一个实物登记一张资产信息卡。

表8－2　　资产信息卡内容

信息	内容
基本信息	卡片编号、资产分类、资产名称、项目代码、权属证号、政府采购合同号等
财务信息	根据会计核算信息自动生成并由会计人员补充确认
使用信息	由资产管理部门根据资产管理的实际情况进行登记，按照管理规定需纳入共享共用管理范围的资产，资产管理部门在资产验收登记后要予以标识并做好资产共享共用情况登记
处置信息	反映资产办理资产处置业务的相关业务信息

部门和单位在确保存量资产信息卡信息与会计账务核对一致的基础上，将存量资产信息卡导入一体化系统中，并根据一体化系统预设资产信息卡内容完善相关信息。财政部门积极创造条件，通过开展资产清查核实等工作，实现所有存量资产的完整反映。

资产使用过程中，由于正常业务变化或错误登记等原因，需对资产信息卡进行变动的，应填写资产信息卡变动单，经单位内部审批后，根据需要提交到会计核算模块进行记账凭证登记，并根据记账凭证结果完成资产相关信息变动。

8.2　国有资产配置、使用和处置

我国对行政事业性国有资产管理实行全生命周期管理。中小学校应当建立健全资产管理制度，加强和规范资产配置、使用和处置管理，维护资产安全完整，提高资产使用效率。

8.2.1　资产配置

资产配置是行政事业单位资产形成的起点，各级财政部门、主管部门和行政事业单位应当严控资产配置“入口关”。事业单位国有资产配置是指财政部门、主管部门、事业单位等根据事业单位履行职能的需要，按照国家有关法律、法规和规章制度规定的程序，通过购置或者调剂等方式为事业单位配备资产的行为。

1. 资产配置依据。中小学校应当根据依法履行职能和事业发展的需要，结合资产存量、资产配置标准、绩效目标和财政承受能力配置资产。优先通过调剂方式配置资产，不能调剂的，可以采用购置、建设、租用等方式。

法规链接

（1）《行政事业性国有资产管理条例》（2021 年）。

第四十九条　各部门及其所属单位应当根据依法履行职能和事业发展的需要，结合资产存量、资产配置标准、绩效目标和财政承受能力配置资产。

（2）《关于加强行政事业单位固定资产管理的通知》（2020 年）。

从严配置。各部门、各单位要真正落实“过紧日子”要求，在摸清固定资产存量基础上，合理提出配置需求，审核部门要严格把关，从严控制。固定资产配置能通过调剂、收回出租出借等方式解决的，原则上不得重新购置、建设、租用。购置、建设、租用固定资产的，应当严格执行政府采购等法律法规，并做好政府采购等履约验收与固定资产入账的衔接严格按规定标准配置固定资产，没有配置标准的，结合本单位履职需要和事业发展需求，厉行节约，合理配备。固定资产原则上不得一边出租出借、一边新增配置。

（3）《事业单位财务规则》（2022 年）。

第三十九条　事业单位应当根据依法履行职能和事业发展的需要，结合资产存量、资产配置标准、绩效目标和财政承受能力配置资产。优先通过调剂方式配置资产。不能调剂的，可以采用购置、建设、租用等方式。

（4）《国务院关于进一步深化预算管理制度改革的意见》。

盘活财政存量资金，完善结余资金收回使用机制。新增资产配置要与资产存量挂钩，依法依规编制相关支出预算。……各级行政事业单位要将资产使用管理责任落实到人，确保资产安全完整、高效利用。

2. 资产配置的预算管理。各部门及其所属单位购置、建设、租用资产应当提出资产配置需求，编制资产配置相关支出预算，并严格按照预算管理规定和财政部门批复的预算配置资产。

《预算法实施条例》（2020 年）第三十二条规定，各部门、各单位在编制预算草案时，应当根据资产配置标准，结合存量资产情况编制相关支出预算。

《国务院关于进一步深化预算管理制度改革的意见》规定，新增资产配置要与资产存量挂钩，依法依规编制相关支出预算。

《事业单位国有资产管理暂行办法》（2019 年）第十五条规定，年度部门预算编制前，事业单位资产管理部门会同财务部门审核资产存量，提出下一年度拟购置资产的品目、数量，测算经费额度，报主管部门审核。

3. 资产配置方式。各部门及其所属单位应当合理选择资产配置方式，资产配置重大事项应当经可行性研究和集体决策，资产价值较高的按照国家有关规定进行资产评估，并履行审批程序。

资产配置包括调剂、购置、建设、租用、接受捐赠等方式。

（1）调剂。中小学校应当优先通过调剂方式配置资产。不能调剂的，可以采用购置、建设、租用等方式。中小学校长期闲置、低效运转或者超标准配置的国有资产，应当由主管部门进行调剂，并报本级财政部门备案。

（2）建设。《行政事业性国有资产管理条例》（2021 年）第三十一条规定，各部门及其所属单位采用建设方式配置资产的，应当在建设项目竣工验收合格后及时办理资产交付手续，并在规定期限内办理竣工财务决算，期限最长不得超过 1 年。各部门及其所属单位对已交付但未办理竣工财务决算的建设项目，应当按照国家统一的会计制度确认资产价值。

《行政事业单位内部控制规范》第五十三条规定，建设项目已实际投入使用但超时限未办理竣工决算的，单位应当根据对建设项目的实际投资暂估入账，转作相关资产管理。

《中小学校财务规则》（2022 年）第五十三条和《事业单位财务规则》（2022 年）第四十二条规定，在建工程达到交付使用状态时，应当按照规定办理工程竣工财务决算和资产交付使用，期限最长不得超过 1 年。

《政府会计准则第 3 号——固定资产》第十条规定，已交付使用但尚未办理竣工决算手续的固定资产，按照估计价值入账，待办理竣工决算后再按照实际成本调整原来的暂估价值。

《关于加强行政事业单位固定资产管理的通知》（2020 年）第四条规定，对已投入使用但尚未办理竣工决算的在建工程，应当按规定及时转入固定资产。

《基本建设财务规则》（2016 年）第三十三条规定，项目建设单位在项目竣工后，应当及时编制项目竣工财务决算，并按照规定报送项目主管部门。项目设计、施工、监理等单位应当配合项目建设单位做好相关工作。建设周期长、建设内容多的大型项目，单项工程竣工具备交付使用条件的，可以编报单项工程竣工财务决算，项目全部竣工后应当编报竣工财务总决算。第四十二条规定，项目竣工验收合格后应当及时办理资产交付使用手续，并依据批复的项目竣工财务决算进行账务调整。

《基本建设项目竣工财务决算管理暂行办法》第二条规定，基本建设项目完工可投入使用或者试运行合格后，应当在 3 个月内编报竣工财务决算，特殊情况确需延长的，中小型项目不得超过 2 个月，大型项目不得超过 6 个月。

《关于加快做好行政事业单位长期已使用在建工程转固工作的通知》规定：①积极推动长期已使用在建工程转固。对于尚不具备转固条件、计入在建工程科目核算的实际成本，进行核实、确认；对于已交付使用的建设项目，应按规定及时办理基建项目竣工财务决算相关手续，确认固定资产入账成本等。防止出现故意不办理在建工程转固、继续从已完工在建工程中列支各种费用支出、项目运行维护费用等行为。②将长期已使用在建工程转固情况纳入中央基建项目竣工财务决算工作进度报告。项目主管部门要加强对长期已使用在建工程转固工作的监督管理，按照财政部《关于及时报送中央基本建设项目竣工财务决算工作进度和结余财政资金上交情况的通知》，及时掌握项目竣工财务决算编制、批复、长期已使用在建工程转固工作进度，按时将有关情况报送我部。③将长期已使用在建工程转固情况纳入年度资产报告。各单位要按照进一步加强和改进行政事业单位国有资产管理工作统一要求，将长期已使用在建工程转固情况纳入本单位年度资产报告，并重点对在建工程未转固定资产等问题进行说明。各中央部门和地方财政部门要总结长期已使用在建工程转固管理情况，随年度行政事业单位国有资产报告一并报财政部。

4. 资产配置标准。

（1）资产配置标准体系。资产配置标准是科学合理编制资产配置预算的重要依据。县级以上人民政府应当组织建立、完善资产配置标准体系，明确配置的数量、价值、等级、最低使用年限等标准。现实工作中，通用类资产的配置标准由各级政府财政部门制定，专用资产配置标准由主管部门提出，由财政部门会同相关主管部门制定。例如《党政机关办公用房管理办法》《党政机关办公用房建设标准》《党政机关公务用车管理办法》以及各省份出台的通用类资产的配置标准。

（2）资产配置标准要求。应当按照勤俭节约、讲求绩效和绿色环保的要求，根据国家有关政策、经济社会发展水平、市场价格变化、科学技术进步等因素适时调整。

法规链接

（1）《关于进一步加强和改进行政事业单位国有资产管理工作的通知》（2018 年）。

要加大资产配置标准体系建设力度，为预算编审提供科学依据。对已经有资产配置标准的，要严格按照标准配置；对没有资产配置标准或暂未纳入新增资产配置相关预算编报审核范围的，要坚持厉行节约、反对浪费的原则，结合单位履职需要、存量资产状况和财力情况，在充分论证的基础上配置。

（2）《事业单位国有资产管理暂行办法》（2019 年）。

第十三条　事业单位国有资产配置应当符合规定的配置标准；没有规定配置标准的，应当从严控制，合理配置。

8.2.2　资产使用

1. 资产的基本功能。事业单位国有资产应当用于保障事业发展、提供公共服务。

2. 资产使用方式。事业单位国有资产的使用包括单位自用和对外投资、出租、出借、担保等方式。

3. 资产使用管理要求。各部门及其所属单位应当加强对本单位固定资产、在建工程、流动资产、无形资产等各类国有资产的管理，明确管理责任，规范使用流程，加强产权保护，推进相关资产安全有效使用。

4. 资产使用管理信息化。“行政事业单位资产管理信息系统”中的“使用管理”功能如图 8－2 所示。

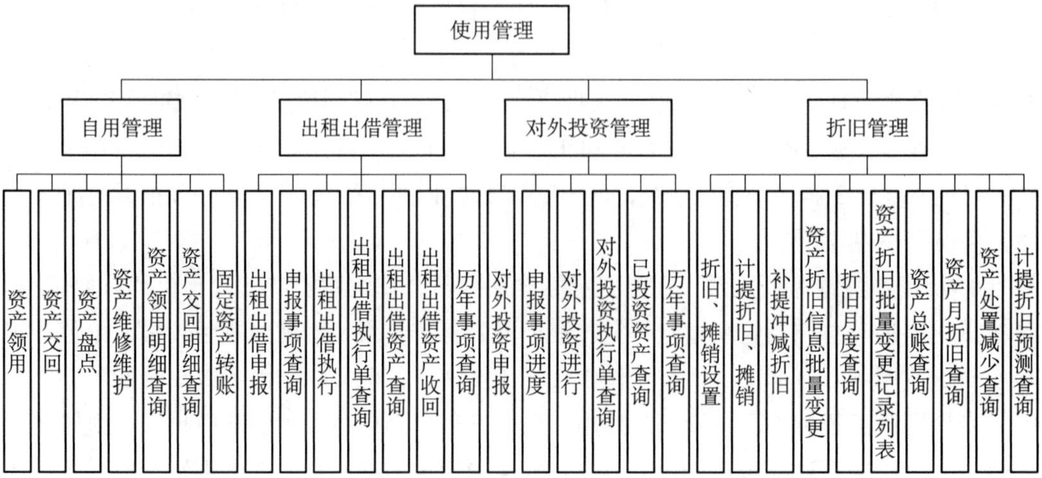

图 8－2　行政事业单位资产管理信息系统的“使用管理”功能

5. 明确岗位责任。中小学校应当明确资产使用人和管理人的岗位责任。

资产使用人、管理人应当履行岗位责任，按照规程合理使用、管理资产，充分发挥资产效能。资产需要维修、保养、调剂、更新、报废的，资产使用人、管理人应当及时提出。资产使用人、管理人发生变化的，应当及时办理资产交接手续。

各部门及其所属单位应当明确资产的维护、保养、维修的岗位责任。因使用不当或者维护、保养、维修不及时造成资产损失的，应当依法承担责任。

6. 资产共享共用。县级以上人民政府及其有关部门应当建立健全国有资产共享共用机制，采取措施引导和鼓励国有资产共享共用，统筹规划有效推进国有资产共享共用工作。

事业单位应当在确保安全使用的前提下，推进本单位大型设备等国有资产共享共用工作，可以对提供方给予合理补偿。可见，资产共享共用的基本原则，第一个是安全使用，第二个是合理补偿。

《国务院关于进一步深化预算管理制度改革的意见》规定，推动国有资产共享共用，促进长期低效运转、闲置和超标准配置资产以及临时配置资产调剂使用，有条件的部门和地区可以探索建立公物仓，按规定处置不需使用且难以调剂的国有资产，提高财政资源配置效益。

中小学校应当在确保安全使用的前提下，推进学校大型设备等国有资产共享共用工作，可收取合理补偿。所取得的共享共用补偿收入应当纳入学校预算，统一管理。

8.2.3　资产处置

1. 概念。中小学校资产处置是指学校对其占有、使用的资产，进行产权转让或者注销产权的行为，包括出售、出让、转让、对外捐赠、报废、报损以及货币性资产损失核销等。

2. 资产处置要求。中小学校资产处置应当遵循公开、公平、公正和竞争、择优的原则，严格履行相关审批程序。中小学校资产处置收入应当按照国家有关规定，实行“收支两条线”管理。学校应当根据履行职能、事业发展需要和资产使用状况，经集体决策和履行审批程序，依据处置事项批复等相关文件及时处置行政事业性国有资产。处置资产应当及时核销相关资产台账信息，同时进行会计处理。除国家另有规定外，各单位将行政事业性国有资产进行转让、拍卖、置换、对外投资等，应当按照国家有关规定进行资产评估。行政事业性国有资产以市场化方式出售、出租的，依照有关规定可以通过相应公共资源交易平台进行。

3. 资产处置信息化。行政事业单位资产管理信息系统中的“处置管理”功能如图 8－3 所示。

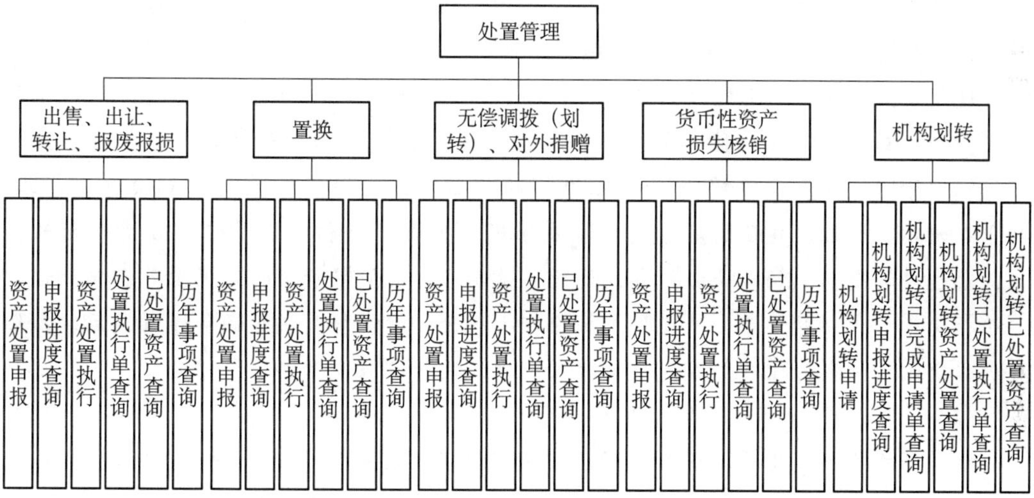

图 8－3　行政事业单位资产管理信息系统的“处置管理”功能

资产处置的相关规定

（1）《事业单位国有资产管理暂行办法》（2019 年）。

第二十五条　除本办法第五十六条另有规定外，事业单位处置国有资产，应当严格履行审批手续，未经批准不得自行处置。

第二十六条　事业单位占有、使用的房屋建筑物、土地和车辆的处置，货币性资产损失的核销，以及单位价值或者批量价值在规定限额以上的资产的处置，经主管部门审核后报同级财政部门审批；规定限额以下的资产的处置报主管部门审批，主管部门将审批结果定期报同级财政部门备案。法律、行政法规和本办法第五十六条另有规定的，依照其规定。

第二十七条　财政部门或者主管部门对事业单位国有资产处置事项的批复是财政部

门重新安排事业单位有关资产配置预算项目的参考依据，是事业单位调整相关会计账目的凭证。

第二十八条 事业单位国有资产处置应当遵循公开、公正、公平的原则。事业单位出售、出让、转让、变卖资产数量较多或者价值较高的，应当通过拍卖等市场竞价方式公开处置。

第二十九条 除本办法第五十六条另有规定外，事业单位国有资产处置收入属于国家所有，应当按照政府非税收入管理的规定，实行“收支两条线”管理。

（2）《关于进一步加强和改进行政事业单位国有资产管理工作的通知》。

规范资产处置管理。各部门和各单位要严格执行有关资产处置管理的规定。要根据实际及时处置长期积压的待报废资产，避免形成新的资产损失。资产处置事项要按照规定权限履行报批程序。资产处置要遵循公开、公平和竞争择优的原则。处置完毕的资产要及时进行账务核销，确保账实相符。切实做好党和国家机构改革、行业协会商会脱钩、事业单位分类改革等重大改革中涉及的资产处置工作，确保国有资产安全完整。

（3）《关于加强行政事业单位固定资产管理的通知》。

规范处置。明确固定资产内部处置程序，严格按规定权限履行报批程序，及时处置固定资产。对长期积压的待处置资产，按“三重一大”事项履行集体决策程序，在规定权限内予以处置，切实解决“销账难”的问题。固定资产处置要做到公开、公正、公平。出售、出让、转让固定资产应依法依规进行资产评估，数量较多或者价值较高的，通过进场交易、拍卖等公开方式处置。确实不具备使用价值的处置资产，鼓励通过网络拍卖等方式公开处置。处置收入扣除相关税金、评估费、拍卖佣金等费用后，按照政府非税收入收缴管理有关规定及时缴入国库，实行“收支两条线”管理。

（4）《事业单位财务规则》（2022 年）。

第四十六条 事业单位资产处置应当遵循公开、公平、公正和竞争、择优的原则，严格履行相关审批程序。事业单位出租、出借资产应当严格履行相关审批程序。

（5）《行政事业性国有资产管理条例》（2021 年）。

第三十五条 各部门及其所属单位处置资产应当及时核销相关资产台账信息，同时进行会计处理。

第三十六条 除国家另有规定外，各部门及其所属单位将行政事业性国有资产进行转让、拍卖、置换、对外投资等，应当按照国家有关规定进行资产评估。行政事业性国有资产以市场化方式出售、出租的，依照有关规定可以通过相应公共资源交易平台进行。

资产报废、报损的范围确定。各部门及其所属单位应当对下列资产及时予以报废、报损：因技术原因确需淘汰或者无法维修、无维修价值的资产；涉及盘亏、坏账以及非正常损失的资产；已超过使用年限且无法满足现有工作需要的资产；因自然灾害等不可抗力造成毁损、灭失的资产。

8.3 国有资产基础管理

8.3.1 资产台账

中小学校应当按照国家规定设置国有资产台账，依照国家统一的会计制度进行会计核算，不得形成账外资产。

各单位处置资产应当及时核销相关资产台账信息，同时进行会计处理。

8.3.2 产权管理

1. 基本要求。中小学校对需要办理权属登记的资产应当依法及时办理。对有账簿记录但权证手续不全的行政事业性国有资产，可以向本级政府有关主管部门提出确认资产权属申请，及时办理权属登记。

《国务院关于进一步深化预算管理制度改革的意见》提出，严格各类资产登记和核算，所有资本性支出应当形成资产并予以全程登记。防止国有资产流失。

资产登记应遵循《中华人民共和国民法典》中关于物权的规定。

法规链接——《中华人民共和国民法典》

第二百零九条 不动产物权的设立、变更、转让和消灭，经依法登记，发生效力；未经登记，不发生效力，但是法律另有规定的除外。依法属于国家所有的自然资源，所有权可以不登记。

第二百一十条 不动产登记，由不动产所在地的登记机构办理。国家对不动产实行统一登记制度。统一登记的范围、登记机构和登记办法，由法律、行政法规规定。

第二百一十一条 当事人申请登记，应当根据不同登记事项提供权属证明和不动产界址、面积等必要材料。

第二百一十六条 不动产登记簿是物权归属和内容的根据。不动产登记簿由登记机构管理。

第二百一十七条 不动产权属证书是权利人享有该不动产物权的证明。不动产权属证书记载的事项，应当与不动产登记簿一致；记载不一致的，除有证据证明不动产登记簿确有错误外，以不动产登记簿为准。

第二百二十四条 动产物权的设立和转让，自交付时发生效力，但是法律另有规定的除外。

第二百三十三条 物权受到侵害的，权利人可以通过和解、调解、仲裁、诉讼等途径解决。

2. 产权纠纷的处理。各部门及其所属单位之间，各部门及其所属单位与其他单位和个人之间发生资产纠纷的，应当依照有关法律法规规定采取协商等方式处理。

（1）事业单位与其他国有单位之间发生国有资产产权纠纷的，由当事人协商解决。协商不能解决的，可以向同级或者共同上一级财政部门申请调解或者裁定，必要时报有管辖权的人民政府处理。

（2）事业单位与非国有单位或者个人之间发生产权纠纷的，事业单位应当提出拟处理意见，经主管部门审核并报同级财政部门批准后，与对方当事人协商解决。协商不能解决的，依照司法程序处理。

8.3.3 资产评估

除国家另有规定外，各部门及其所属单位将行政事业性国有资产进行转让、拍卖、置换、对外投资等，应当按照国家有关规定进行资产评估。

事业单位有下列情形之一的，应当对相关国有资产进行评估：整体或者部分改制为企业；以非货币性资产对外投资；合并、分立、清算；资产拍卖、转让、置换；整体或者部分资产租赁给非国有单位；确定涉讼资产价值；法律、行政法规规定的其他需要进行评估的事项。

事业单位国有资产评估工作应当委托具有资产评估资质的评估机构进行。事业单位应当如实向资产评估机构提供有关情况和资料，并对所提供的情况和资料的客观性、真实性和合法性负责，不得以任何形式干预资产评估机构独立执业。

事业单位国有资产评估项目实行核准制和备案制。核准和备案工作按照国家有关国有资产评估项目核准和备案管理的规定执行。

各部门及其所属单位对无法进行会计确认入账的资产，可以根据需要组织专家参照资产评估方法进行估价，并作为反映资产状况的依据。

8.3.4 资产盘点

中小学校应当定期或者不定期对资产进行盘点、对账。资产盘点按盘点对象分为全面盘点和局部盘点，按盘点时间可分为定期盘点和不定期盘点。

出现资产盘盈盘亏的，应当按照财务、会计和资产管理制度有关规定处理，做到账实相符和账账相符。每年至少盘点一次固定资产，全面掌握并真实反映固定资产的数量、价值和使用状况。

8.3.5 资产清查

1. 资产清查的概念。《行政事业单位资产清查核实管理办法》（2016 年）指出，行政事业单位资产清查是指各级政府及其财政部门、主管部门和行政事业单位，根据专项工作要求或者特定经济行为需要，按照规定的政策、工作程序和方法，对行政事业单位进行账务清理、财产清查，依法认定各项资产损溢和资金挂账，真实反映行政事业单位国有资产占有使用状况的工作。

2. 资产清查的情形。《行政事业性国有资产管理条例》（2021 年）指出，有下列情形之一的，各部门及其所属单位应当对行政事业性国有资产进行清查：根据本级政府部署要求；发生重大资产调拨、划转以及单位分立、合并、改制、撤销、隶属关系改变等情形；因自然灾害等不可抗力造成资产毁损、灭失；会计信息严重失真；国家统一的会计制度发生重大变更，涉及资产核算方法发生重要变化；其他应当进行资产清查的情形。

3. 资产清查的内容。《行政事业单位资产清查核实管理办法》（2016 年）指出，资产清查工作内容主要包括单位基本情况清理、账务清理、财产清查和完善制度等。

单位基本情况清理是指对应当纳入资产清查工作范围的所属单位户数、机构及人员状况等基本情况进行全面清理。

账务清理是指对行政事业单位的各种银行账户、各类库存现金、有价证券、各项资金往来和会计核算科目等基本账务情况进行全面核对和清理。

财产清查是指对行政事业单位的各项资产进行全面的清理、核对和查实。行政事业单位对清查出的各种资产盘盈、损失和资金挂账应当按照资产清查要求进行分类，提出相关处理建议。

完善制度是指针对资产清查工作中发现的问题，进行全面总结、认真分析，提出相应整改措施和实施计划，建立健全资产管理制度。

4. 资产清查的程序。由事业单位组织开展的资产清查工作。事业单位应当向主管部门提出资产清查立项申请，说明资产清查的原因，明确清查范围和基准日等内容，经主管部门同意立项后，在主管部门的监督指导下明确本单位资产清查工作机构，制定实施方案，根据方案组织清查，必要时可委托社会中介机构对清查结果进行专项审计，并形成资产清查报告按规定逐级上报至主管部门审核确认。

5. 资产清查结果。各部门及其所属单位资产清查结果和涉及资产核实的事项，应当按照国务院财政部门的规定履行审批程序。

事业单位可以委托依法设立的，具备与所承担工作相适应的专业人员和专业胜任能力的会计师事务所等社会中介机构对资产清查结果进行专项审计。财政部门或者主管部门认为必要时，可以直接委托社会中介机构对资产清查结果进行专项审计或复核。资产清查工作专项审计费用，按照“谁委托，谁付费”的原则，由委托方承担。

各部门及其所属单位在资产清查中发现账实不符、账账不符的，应当查明原因予以说明，并随同清查结果一并履行审批程序。各部门及其所属单位应当根据审批结果及时调整资产台账信息，同时进行会计处理。由于资产使用人、管理人的原因造成资产毁损、灭失的，应当依法追究相关责任。

6. 资产清查信息化。“行政事业单位资产管理信息系统”中的“清查核实”模块如图 8－4 所示。

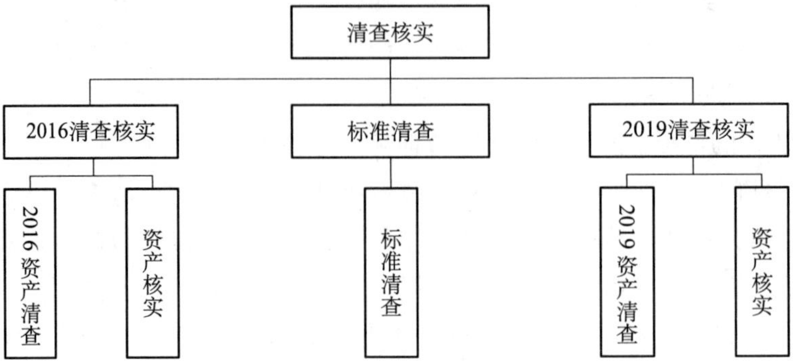

图 8－4　行政事业单位资产管理信息系统的“清查核实”模块

8.4　国有资产报告

8.4.1　国有资产年度报告

国家建立行政事业性国有资产管理情况报告制度。国务院向全国人民代表大会常务委员会报告全国行政事业性国有资产管理情况。县级以上地方人民政府按照规定向本级人民代表大会常务委员会报告行政事业性国有资产管理情况。《事业单位财务规则》（2022 年）第三十八条规定，事业单位应当汇总编制本单位行政事业性国有资产管理情况报告。《中小学校财务制度》（2022 年）第四十八条规定，中小学校应当汇总编制学校行政事业性国有资产管理情况报告。

资产年报是行政事业性国有资产占有、使用、变动等情况的综合反映，是落实国务院向全国人大常委会报告国有资产管理情况制度的重要举措，编报资产年报对于推进行政事业性国有资产管理高质量发展，服务国家治理体系和治理能力现代化，具有重要意义。

1. 概念。《行政事业单位国有资产年度报告管理办法》（2017 年）指出，资产报告是指行政事业单位年度终了，根据资产管理、预算管理等工作需要，在日常管理基础上编制报送的反映行政事业单位年度资产占有、使用、变动等情况的文件，包括行政事业单位资产报表、填报说明和分析报告。

2. 2022 年编报范围。经机构编制管理部门批准成立的执行政府会计准则制度、军工科研事业单位会计制度的各级各类行政事业单位、社会团体，依法直接支配国有资产并执行民间非营利组织会计制度的社会团体等单位（以下统称行政事业单位），截至 2022 年 12 月 31 日的全部国有资产情况。

3. 编报内容。行政事业性国有资产管理情况报告，主要包括资产负债总量，相关管理制度建立和实施，资产配置、使用、处置和效益，推进管理体制机制改革等情况。行政事业性国有资产管理情况按照国家有关规定向社会公开。

行政事业单位资产报告由行政事业单位资产报表、填报说明和分析报告三部分构成。

（1）资产报表。行政事业单位资产报表分为单户报表和汇总报表两类。

单户报表由各行政事业单位编报，反映本单位国有资产总体情况、存量情况、配置使用处置等管理情况，以及土地、房屋、车辆、公共基础设施、政府储备物资、文物文化资产、保障性住房、政府和社会资本合作（PPP）项目资产等重要资产情况。2022 年单户报表具体目录见表 8－3。

表 8－3　2022 年行政事业单位单户报表具体目录

项目	编号	名称	备注
主表（18 张）	财资 01 表	资产负债表	
	财资 02 表	机构人员情况表	
	财资 03 表	固定资产和无形资产存量表	
	财资 04 表	土地情况表	
	财资 05 表	房屋情况表	
	财资 06 表	车辆情况表	
	财资 07 表	在建工程情况表	
	财资 08 表	固定资产和无形资产配置情况表	
	财资 09 表	出租出借情况表	
	财资 10 表	资产处置情况表	
	财资 11 表	对外投资情况表	
	财资 12－1 表	公共基础设施情况表——交通基础设施情况表	2020 年单列
	财资 12－2 表	公共基础设施情况表——水利基础设施情况表	2020 年单列
	财资 12－3 表	公共基础设施情况表 ——市政基础设施、其他公共基础设施情况表	2020 年单列
	财资 13 表	政府储备物资情况表	2020 年单列
	财资 14 表	文物文化资产情况表	2020 年单列
	财资 15 表	保障性住房情况表	2020 年单列
	财资 16 表	PPP 项目资产情况表	2021 年新增

财资 01 表“资产负债表”格式见表 8－4。

表 8－4 **资产负债表** 财资 01 表

编制单位： 年 月 日 单位：元

资产	行次	期初数	期末数	负债和净资产	行次	期初数	期末数
栏次		1	2	栏次		1	2
一、资产合计	1			二、负债合计	43		
流动资产	2			流动负债	44		
货币资金	3			短期借款	45		
短期投资	4			应交增值税	46		
财政应返还额度	5			其他应交税费	47		
应收票据	6			应缴财政款	48		
应收账款净额	7			应付职工薪酬	49		
预付账款	8			应付票据	50		
应收股利	9			应付账款	51		
应收利息	10			应付政府补贴款	52		
其他应收款净额	11			应付利息	53		
存货	12			预收账款	54		
待摊费用	13			其他应付款	55		
一年内到期的非流动资产	14			预提费用	56		
其他流动资产	15			一年内到期的非流动负债	57		
非流动资产	16			其他流动负债	58		
长期股权投资	17			非流动负债	59		
长期债券投资	18			长期借款	60		
固定资产原值	19			长期应付款	61		
减：固定资产累计折旧	20			预计负债	62		
固定资产净值	21			其他非流动负债	63		
工程物资	22			受托代理负债	64		
在建工程	23				65		
无形资产原值	24				66		
减：无形资产累计摊销	25				67		
无形资产净值	26				68		
研发支出	27				69		
公共基础设施原值	28				70		
减：公共基础设施累计折旧（摊销）	29				71		
公共基础设施净值	30				72		
政府储备物资	31				73		

续表

资产	行次	期初数	期末数	负债和净资产	行次	期初数	期末数
栏次		1	2	栏次		1	2
文物文化资产	32				74		
保障性住房原值	33				75		
减：保障性住房累计折旧	34				76		
保障性住房净值	35				77		
PPP 项目资产	36				78		
减：PPP 项目资产累计折旧（摊销）	37				79		
PPP 项目资产净值	38			三、净资产	80		
长期待摊费用	39			累计盈余（非限定性净资产）	81		
待处理财产损溢	40			专用基金（限定性净资产）	82		
其他非流动资产	41			权益法调整	83		
受托代理资产	42			PPP 项目净资产	84		

汇总报表由各单位、各部门、各地方按照财务隶属关系（行政区划）或预算管理级次逐级汇总编报。汇总报表（2022 年）包括封面和 8 张主表，分别为：财资综 01 资产负债汇总表、财资综 02 机构人员情况汇总表、财资综 03 －1 表资产情况汇总表（一）、财资综 03 －2 资产情况汇总表（二）、财资综 04 资产配置情况汇总表、财资综 05 资产使用情况汇总表、财资综 06 资产处置情况汇总表和财资综 07 资产收益情况汇总表。

涉密单位按照国家保密管理有关规定开展资产报告工作，由主管部门报送汇总报表和汇总数据。

（2）资产报表填报说明。填报说明是对资产报表填报口径、审核情况、数据差异情况以及其他编报相关情况的说明。（数字资源 8 －2：2022 年度行政事业性国有资产报表填报说明提纲）

数字资源 8 －2

2022 年度行政事业性国有资产报表填报说明提纲

（3）资产报表分析报告。分析报告是按照国有资产报告制度有关要求，对行政事业性国有资产总体情况以及配置、使用、处置、收益等管理情况的分析和总结，重点突出行政事业性国有资产管理在保障单位运转、支持事业发展、提供社会公共服务等方面发挥的作用，并对当前资产管理中存在的突出问题提出意见、建议。（数字资源 8 －3：2022 年度行政事业性国有资产分析报告提纲）

数字资源 8 －3

2022 年度行政事业性国有资产分析报告提纲

4. 报告编制。

（1）夯实基础，强化管理。各部门、各地方要认真贯彻落实《行政事业性国有资产管理条例》，指导、督促行政事业单位按照资产管理、财务管理相关要求，做好年终盘点，规范会计核算，完善资产卡片，全面准确反映长期股权投资，加快推进已使用在建工程转固，确保资产账实相符、账账相符、账表相符。要结合政府会计准则制度实施，将公共基础设施、保障性住房、政府储备物资、文物文化资产、PPP 项目资产全面纳入核算和管理范围，加强与相关行业主管部门统计数据的比对分析，确保公共基础设施类资产填报数据的真实性、准确性和完整性。

（2）编报要求。行政事业单位应当在做好财务管理、会计核算的基础上，全面盘点资产情况，完善资产卡片数据，编制资产报告，并按照财务隶属关系逐级上报。

行政事业单位应当认真、如实编制资产报告，不得故意瞒报、漏报、编造虚假资产信息。资产报表数据应当真实、准确、完整，表内数据、表间数据、本期与上期数据、资产与财务数据应当相互衔接。填报说明和分析报告内容应当全面翔实。

资产报告编制完毕后，须经编制人员、资产管理部门负责人和单位负责人审查、签字并加盖单位公章后，于规定时间内上报。单位负责人对本单位编制的资产报告的真实性、准确性和完整性负责。

严格审核，确保质量。各部门、各地方要加大资产年报数据审核力度，建立资产年报与政府部门财务报告、企业决算报告的数据对比、审核机制，保障同口径数据的衔接和一致性。资产年报中资产、负债、净资产等主要数据，需经本单位政府部门财务报告编报部门认可。资产年报中被投资单位名称与中央部门所属企业名录应保持一致。财政部将继续加强资产年报审核工作，对资产年报质量及报送情况等进行通报。地方财政部门可结合本地区实际情况开展审核批复工作。

各部门、各地方应当严格遵守国家有关保密法规，落实相关安全保密要求，重视上报资产数据的安全保密工作。按照“谁产生，谁定密”的原则，由报送主体确定所报送信息是否涉密。涉密资产数据不得纳入非涉密资产管理信息系统进行管理。凡单位认定或者按照国家有关规定认定为涉密的信息，应当通过光盘等介质进行离线报送，并准确标注报送介质的密级。

（3）中小学校编报流程。2022 年报可通过预算管理一体化系统或者行政事业单位资产管理信息系统报送，具体流程如图 8－5 所示。资产年报电子材料应当按照财政部统一要求的文件格式导出后报送财政部。

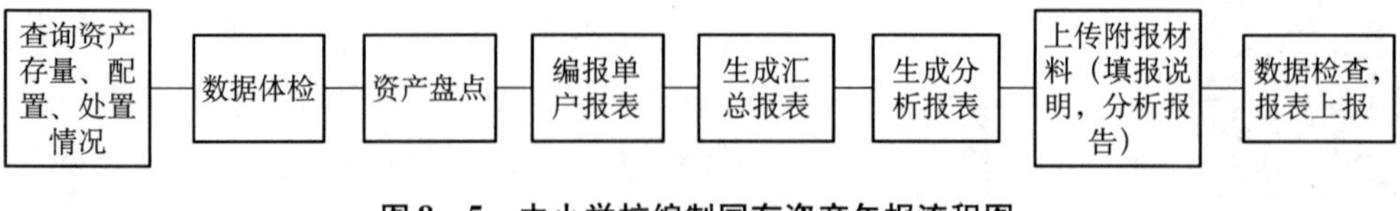

图 8－5　中小学校编制国有资产年报流程图

①报表编制前进行数据核查：进入“资产报表—2022 年报表资产存量、配置、处

置、对外投资情况查询”，直接单击确定。

②数据体检：在“数据体检”界面找到“必须完成事项”，单击“检查所有项”，对所有事项，如“单位基本信息”“卡片合规性检查”“国标分类检查”“土地资产分类检查”“一物一卡检查”“0 元记账卡片检查”“折旧业务检查”等进行检查，通过后进入下一步。

③资产盘点：年末开展该工作，系统提供手动录入、Excel 导入、条码枪三种盘点方式，盘点结果作为资产报表的主要数据来源。具体操作如下：单击“未盘点”页签，单击“更多”按钮，从下拉菜单中选择“设置实有数为账面数”对所有资产的实有数按账面数赋值；如存在盘盈、盘亏资产，需要补充土地、房屋资产的出租出借面积，点击“全部”页签，单击“选择盘点方式”—“录入盘点信息”，对盘盈盘亏资产进行手工盘点信息的录入；最后单击“检查并确认结果”，表示已完成所有资产的盘点工作并且已盘资产数据无误。

④编报单户报表：包括单户封面和 18 张主表，报表数据分为手工填写与提取运算两种方式，填报过程需结合财务决算编报工作，保证相同口径数据一致，同时要满足表内、表间逻辑审核公式，存在核实性问题需要详细补充说明。具体操作如下：进入“单户表”界面，依次单击“全表提取”“全表运算”“全表审核”，系统自动提取和运算各报表中的部分数据，完成对报表的首次“初审”。“初审”之后需要根据各报表提示的错误，填报、修改数据。

⑤生成汇总报表：包括汇总封面和 8 张主表，其中主表数据通过单户表提取运算自动生成，汇总表编制完成后需满足表内、表间逻辑审核公式，存在核实性问题需要详细补充说明。操作流程如下：全表运算→全表审核→切换金额单位为“万元”→pdf 导出/打印。

⑥生成分析报表：由单户报表、汇总报表运算生成，无法手工修改。操作流程：全表运算→全表审核→导出 Excel。如果全表审核不通过时，根据错误信息返回盘点单、单户报表、汇总报表进行数据调整。修改完毕后重新运算分析表，直至“全表审核”通过。

⑦上传附报材料：单击“分析报告支撑数据”，导出分析报告模板，并进行完善补充，重点对资产管理工作情况及成效、问题及整改措施、审核重点事项等内容进行详细报告；单击“模板下载及文件上传”，下载“填报说明模板”进行完善补充；通过“上传附件”，上传正式行文、填报说明和分析报告，三者缺一不可。

⑧数据检查和报表上报：第一步，数据检查，对报表数据进行全面审核。如果存在问题，需根据审核结果返回相应功能进行数据修改，直至数据检查结果无误。第二步，报表上报。如果审核不存在问题，则可以通过“报表上报”按钮将编制完成的报表上报至上级单位。报表上报后则不可进行数据修改，如果需要修改报表数据，则需要联系上级单位对已上报的报表进行退回后进行修改。

（4）报送材料。须在资产系统中报送的电子材料：本单位 2022 年度行政事业性国有资产报表、填报说明、分析报告三部分。

须报送的纸质材料：各单位以正式文件报送本部门汇总的资产年报（包括资产报表、填报说明和分析报告），要求加盖单位公章，单位负责人、资产管理负责人、填表人均需签字（签章）。分析报告中除系统自动生成的支撑数据外，重点对资产管理工作情况及成效、问题及整改措施、审核重点事项等内容进行详细报告。

（5）报送时间。年度终了，行政事业单位应当按照财政部门的工作部署，在规定时间内编制和报送行政事业单位国有资产报告，经主管部门审核汇总后报同级财政部门审核。

中央部门和省级财政部门 2022 年资产年报报送截止时间为 2023 年 4 月 30 日。

5. 数据使用和管理。各级财政部门、主管部门和行政事业单位应当充分有效利用行政事业单位资产管理信息系统和资产报告数据资料，全面、动态地掌握行政事业单位国有资产占有、使用、变动等情况，形成全国行政事业单位国有资产基础数据库。

各级财政部门、主管部门和行政事业单位应当建立和完善资产与预算有效结合的激励和约束机制，同时将资产报告数据作为建立和完善资产配置标准体系的重要基础。

各级主管部门、行政事业单位应当根据资产报告反映的情况，结合其依法履行职能和事业发展的需要，合理提出新增资产配置需求，严格控制资产增量。各级财政部门应当将资产报告反映的情况作为预算安排和绩效管理的重要依据。

各级财政部门、主管部门和行政事业单位应当将资产报告数据作为行政事业单位利用国有资产对外投资、出租出借，以及处置国有资产的重要依据。

各级财政部门、主管部门和行政事业单位应当有效利用资产报告数据，加强大型仪器、设备等资产的共享、共用和公共研究平台的建设工作。

各级财政部门、主管部门和行政事业单位应当严格按照国家会计档案管理有关规定，对资产数据资料进行归类整理、建档建库、妥善保管。

各级财政部门、主管部门和行政事业单位应当按照国家政府信息公开的有关规定，对外提供资产报告数据资料。

6. 预算管理一体化改革对资产年报的影响。待存量资产数据全部导入一体化系统后，单位依据核对无误的资产卡片信息、财务会计核算信息自动生成行政事业单位国有资产年度报告相关报表。除规定事项外，其他以人工方式填报的数据应在附注中加以说明。资产年度报告中有关人员等信息，从基础信息管理模块人员信息中提取。

8.4.2 国有资产月报

资产月报是行政事业单位月度终了，根据管理工作需要，编制报送的反映行政事业单位月末资产、负债情况的文件，主要包括行政事业单位资产负债表以及实物资产报表。

为落实国务院向全国人大常委会报告国有资产管理情况制度要求，进一步加强行政事业性国有资产管理，及时发现并有针对性地解决问题，夯实行政事业性国有资产报告的数据基础，财政部要求从2019年1月起，在全国范围内开展行政事业性国有资产月报（以下简称资产月报）试编工作。开展资产月报编报工作，动态了解国有资产变动情况，及时发现管理中存在的问题，对于进一步夯实行政事业性国有资产报告数据基础、加强行政事业单位国有资产管理具有重要意义。

1. 月报格式和内容。资产月报包括报表封面、资产情况单户报表（见数字资源8－4）、资产情况汇总报表和地方资产分布情况报表。

数字资源8－4

资产情况单户表

报表封面反映单位性质、执行会计制度、预算管理级次等基本情况。

资产情况单户报表由各单位依据月末财务资产账面数进行填报，反映单位资产、负债、净资产以及重点关注资产的情况。中小学校主要填报该表。

2. 编制注意事项。单位主要负责人作为资产月报第一责任人，要亲自抓落实，明确牵头部门，落实专人负责此项工作。资产月报对数据的时效性、准确性要求高，需要资产、财务以及相关部门密切配合。为保证数据的全面性和真实性，地方财政部门要逐级汇总本地区资产月报数据，不能代为填报资产月报数据。各单位每月15日前向财政部报送资产月报。

3. 编报系统。资产月报采用电子数据报送方式，中央级行政事业单位全部通过"财政部统一报表系统"（https：//tybb. mof. gov. cn）报送；地方财政部门按要求组织本地区资产月报工作，通过本地部署的统一报表系统进行数据采集和报送，没有完成部署的地方暂以数据导入统一报表系统的方式报送；涉密单位应使用统一报表系统离线客户端进行填报，并通过光盘形式报送。

4. 中小学校月报编报方法。登录"财政部统一报表系统（行政事业性资产月报）"，单击"数据管理"下的"数据录入"，即可进入到数据录入界面。

（1）封面信息。第一次填报需要手动完善封面信息，封面信息一定要填写完整正确。如果下个月继续上报月报时，封面信息没有发生更新，可以通过工具栏的"取上期数"，一键自动提取上月封面信息。

（2）资产情况单户表。单户表信息总体两栏：上月期末数和期末数。上月期末数可以通过工具栏的"取上期数"赋值，期末数需要手动填写。填写完成后，单击"保存"，然后单击"全算""全审"，审核通过后，即可通过工具栏的"上报"按钮对当前月度数据进行上报。如果提示"上报成功"，说明完成了本单位本月度数据的上报。

（3）资产月报复核情况确认表。该表通过工具栏"全算"自动生成，当环比增长率超过20%时，需要在对应的备注栏中填写说明后，即可审核通过。

（4）如果上级单位还没有汇总，可通过工具栏"上报取回"按钮对报表进行取回。如果上级单位已经汇总了，可以联系上级主管单位对本单位报表进行"报表退回"

操作。

5. 预算管理一体化改革对资产月报的影响。

（1）预算管理一体化系统下，单位依据核对无误的财务会计核算结果自动生成本单位的资产月报资产负债表；待存量资产数据全部导入一体化系统后，单位依托资产信息卡信息自动生成相关实物资产月报报表。

（2）资产月报中的人员信息，从基础信息管理模块人员信息中提取。

（3）资产月报应当与单位财务会计账簿、资产信息卡每月月末数据保持一致，数据应当真实、准确、完整。单位完成资产报告编制后，须经编制人员、资产管理部门负责人和单位负责人审查、签字并加盖单位公章后，按要求在规定时间内按照财务隶属关系逐级上报。单位负责人对本单位编制的资产报告的真实性、准确性和完整性负责。

（4）单位完成资产月报编制后，须按要求在规定时间内报送本部门上级单位审核。地方财政部门按照财政部的统一要求，自下而上逐级审核、汇总、上报资产月报。各级财政部门、主管部门应当认真做好资产月报审核工作。发现报表编制不符合规定，存在漏报、重报、虚报、瞒报、错报以及相关数据不衔接等错误和问题，应当要求有关部门立即纠正，并责令重报或在下期月报中说明。

8.5 国有资产绩效管理和监督

8.5.1 国有资产绩效管理

《中共中央 国务院关于全面实施预算绩效管理的意见》提出要建立全方位、全过程、全覆盖的预算绩效管理体系，其中行政事业性国有资产管理绩效管理是其重要构成部分。

《行政事业性国有资产管理条例》第二十八条规定，各部门及其所属单位应当按照国家规定建立国有资产绩效管理制度，建立健全绩效指标和标准，有序开展国有资产绩效管理工作。

《事业单位国有资产管理暂行办法》（2019 年）第六条规定，各级财政部门是政府负责事业单位国有资产管理的职能部门，对事业单位的国有资产实施综合管理。其主要职责包括研究建立事业单位国有资产安全性、完整性和使用有效性的评价方法、评价标准和评价机制，对事业单位国有资产实行绩效管理。

《国务院关于进一步深化预算管理制度改革的意见》提出，加强国有资本资产使用绩效管理，提高使用效益。

8.5.2 国有资产监督

我国基本构建了多角度、多层次的行政事业性国有资产监督体系。主要包括七个层次：

1. 人大监督。县级以上人民政府应当接受本级人民代表大会及其常务委员会对行政事业性国有资产管理情况的监督，组织落实本级人民代表大会及其常务委员会审议提出的整改要求，并向本级人民代表大会及其常务委员会报告整改情况。乡、民族乡、镇人民政府应当接受本级人民代表大会对行政事业性国有资产管理情况的监督。

2. 政府层级监督。县级以上人民政府对下级政府的行政事业性国有资产管理情况进行监督。下级政府应当组织落实上一级政府提出的监管要求，并向上一级政府报告落实情况。

3. 财政监督。县级以上人民政府财政部门应当对本级各部门及其所属单位行政事业性国有资产管理情况进行监督检查，依法向社会公开检查结果。

4. 审计监督。县级以上人民政府审计部门依法对行政事业性国有资产管理情况进行审计监督。

5. 行业监督。各部门应当建立健全行政事业性国有资产监督管理制度，根据职责对本行业行政事业性国有资产管理依法进行监督。

6. 单位监督。各部门所属单位应当制定行政事业性国有资产内部控制制度，防控行政事业性国有资产管理风险。

事业单位国有资产监督应当坚持单位内部监督与财政监督、审计监督、社会监督相结合，事前监督与事中监督、事后监督相结合，日常监督与专项检查相结合。

7. 社会监督。公民、法人或者其他组织发现违反《行政事业性国有资产管理条例》的行为，有权向有关部门进行检举、控告。接受检举、控告的有关部门应当依法进行处理，并为检举人、控告人保密。任何单位或者个人不得压制和打击报复检举人、控告人。

8.5.3 国有资产管理的法律责任

各部门及其所属单位有下列行为之一的，责令改正，情节较重的，对负有直接责任的主管人员和其他直接责任人员依法给予处分：配置、使用、处置国有资产未按照规定经集体决策或者履行审批程序；超标准配置国有资产；未按照规定办理国有资产调剂、调拨、划转、交接等手续；未按照规定履行国有资产拍卖、报告、披露等程序；未按照规定期限办理建设项目竣工财务决算；未按照规定进行国有资产清查；未按照规定设置国有资产台账；未按照规定编制、报送国有资产管理情况报告。

各部门及其所属单位有下列行为之一的，责令改正，有违法所得的没收违法所得，情节较重的，对负有直接责任的主管人员和其他直接责任人员依法给予处分；构成犯罪的，依法追究刑事责任：非法占有、使用国有资产或者采用弄虚作假等方式低价处置国有资产；违反规定将国有资产用于对外投资或者设立营利性组织；未按照规定评估国有资产导致国家利益损失；其他违反本条例规定造成国有资产损失的行为。

各部门及其所属单位在国有资产管理工作中有违反预算管理规定行为的，依照《中华人民共和国预算法》及其实施条例、《财政违法行为处罚处分条例》等法律、行政法规追究责任。

各部门及其所属单位的工作人员在国有资产管理工作中滥用职权、玩忽职守、徇私舞弊或者有浪费国有资产等违法违规行为的，由有关部门依法给予处分；构成犯罪的，依法追究刑事责任。

第9章　中小学校食堂财务管理

9.1　中小学校食堂财务管理相关规范

学校食堂，指学校为学生和教职工提供就餐服务，具有相对独立的原料存放、食品加工制作、食品供应及就餐空间的餐饮服务提供者。和中小学食堂财务管理的相关规范很多，除了前面章节提到的《会计法》《会计基础工作规范》《政府会计制度》，还有如下规范：

1. 2018年，财政部发布《关于中小学校执行〈政府会计制度——行政事业单位会计科目和报表〉的补充规定》。该补充规定明确：中小学校食堂实行独立核算或对食堂收支等主要业务实行独立核算的，年末应当将食堂的报表信息并入学校相关报表的相应项目。

2. 2012年12月21日，财政部会同教育部修订发布了《中小学校财务制度》，自2013年1月1日起施行。制度第九条规定：中小学校食堂应当坚持公益性和非营利性原则，在学校财务部门统一管理下，实行单独核算，定期公开账务。

2022年7月14日，财政部会同教育部再次修订发布了《中小学校财务制度》，自2022年9月1日起施行。制度第十条规定：中小学校食堂应当坚持公益性和非营利性原则。

3. 2012年5月23日，财政部、教育部等十五个部门发布《农村义务教育学校食堂管理暂行办法》，该办法适用于实施营养改善计划的试点地区和学校，其他地区和学校可参照执行。（数字资源9－1）

> **数字资源9－1**
>
> 农村义务教育学校食堂管理暂行办法

4. 2019年2月2日，教育部、国家市场监督管理总局、国家卫生健康委员会联合修订发布了《学校食品安全与营养健康管理规定》，自2019年4月1日起施行。

5. 2019年12月2日，国家市场监督管理总局、教育部、国家卫生健康委员会、公安部等四部门，发布《关于落实主体责任强化校园食品安全管理的指导意见》，提出要全面落实主体责任，进一步强化管理责任，大力推进社会共治，以担当负责的精神抓好落实。

6. 2021 年 6 月，国家卫生健康委员会办公厅、教育部办公厅、国家市场监督管理总局办公厅、国家体育总局办公厅发布了《营养与健康学校建设指南》，自发布之日起施行。

7. 2021 年 9 月 26 日，财政部、教育部印发《关于深入实施农村义务教育学生营养改善计划的通知》，要求：提高营养膳食补助国家基础标准，持续加强学校供餐管理；切实落实地方支出责任；严格规范资金使用管理。

8. 地方性文件。2017 年 9 月 25 日，北京市教育委员会印发了《北京市中小学校食堂管理办法（试行）》，自 2017 年 10 月 1 日起施行。该办法共计 13 章 70 条，主要包括总则、组织管理、食堂安全管理、食堂从业人员管理、食堂食品采购、食堂食品储存、食堂食品加工、食堂食品供应、食品营养管理、食堂财务管理、食品安全突发事件应急处置、监督检查和附则。

2019 年，《昆明市农村义务教育中小学食堂财务管理制度（试行）》发布，自印发即日起执行。该制度适用于全市实施农村义务教育营养改善计划的国家（地方）试点地区和学校，其他地区和学校可参照执行。它对该市农村义务教育中小学食堂的财务管理体制、物资采购与管理、收入管理、支出管理、结余及分配管理、监督检查等内容进行了规范。

2012 年 8 月 23 日，《河北省教育厅关于加强中小学食堂财务管理的意见》发布。2019 年 12 月，《河北省中小学校食堂会计核算办法（试行）》发布，自 2020 年 1 月 1 日起施行。该办法适用于各级人民政府举办的中小学校和幼儿园自办食堂的会计核算，其他社会力量举办的学校或幼儿园食堂的会计核算，可参照该办法执行。

2020 年 9 月 8 日，湖北省卫生健康委、省教育厅、省市场监督管理局联合印发《湖北省中小学校健康食堂标准》，对中小学校食堂的设施布局、规范操作、营养健康指标等作出了明确要求。标准共分为责任管理、制度管理、设施布局、规范操作、营养健康指标、社会监督等 7 部分共 37 条具体内容，其中设施布局、规范操作、营养健康指标是标准中的重点。条款要求具体，逐条配以分值，总分为 150 分，实际得分 130 分（含）以上为合格。

2021 年 3 月 23 日，山东省教育厅、山东省财政厅发布了《关于加强中小学校食堂财务管理的意见》，自 2021 年 5 月 1 日起实施。主要包括高度重视财务管理工作、加强学校自营食堂收入管理、规范学校自营食堂成本管理、完善学校自营食堂内部控制、强化学校自营食堂财务监督、加强社会力量承包和委托经营食堂财务管理等六个方面的内容。（数字资源 9－2）

数字资源 9－2

山东省教育厅 山东省财政厅关于加强中小学校食堂财务管理的意见

2014 年，《安徽省教育厅关于加强中小学食堂财务管理的意见》发布；2021 年 6 月 21 日，《安徽省农村义务教育学生营养改善计划学校食堂会计核算办法（试行）》发布，

该办法适用于各级人民政府批准实施学生营养改善计划的中小学校食堂会计核算。(数字资源9－3)

2022年3月29日，吴忠市教育局发布《关于进一步加强市直学校（幼儿园）财务管理工作的通知》，从九个方面对学校财务管理提出了要求，其中在第七部分“其他财务管理事项”对学校食堂管理作出了要求。

数字资源9－3

安徽农村义务教育学生营养改善计划学校食堂会计核算办法(试行)

9.2 中小学校开办食堂的基本要求

9.2.1 中小学校食堂经营方式

中小学校食堂经营方式主要有自主经营、社会力量承包、委托经营等方式。

有条件的学校应当根据需要设置食堂，为学生和教职工提供服务。具备条件的中小学、幼儿园食堂原则上采用自营方式供餐，不再引入社会力量承包或者委托经营食堂，不再签订新的承包或者委托经营合同。实施营养改善计划的农村义务教育学校食堂不得对外承包或者委托经营。

引入社会力量承包或者委托经营学校食堂的，应当以招投标等方式公开选择依法取得食品经营许可、能承担食品安全责任、社会信誉良好的餐饮服务单位或者符合条件的餐饮管理单位。学校应当与承包方或者受委托经营方依法签订合同，明确双方在食品安全与营养健康方面的权利和义务，承担管理责任，督促其落实食品安全管理制度、履行食品安全与营养健康责任。承包方或者受委托经营方应当依照法律、法规、规章、食品安全标准以及合同约定进行经营，对食品安全负责，并接受委托方的监督。

学校要加强食堂食品安全管理，对造成食物中毒事故、存在食品安全问题且拒不整改或连续整改不到位的承包方或者受委托经营方，学校应及时终止承包或委托经营行为。

9.2.2 审批制度

学校开办食堂须提出书面申请，经相关部门审批同意，依法取得餐饮服务许可证、食品经营许可证，严格按照食品经营许可证载明的经营项目进行经营，并在食堂显著位置悬挂或者摆放许可证。

9.2.3 经营管理原则

学校自主经营的食堂应以改善学生营养、增强学生身体素质，促进学生健康成长为宗旨，坚持“公益性”“非营利性”原则。尊重少数民族饮食习惯。坚持学生自愿原则，不得强行要求学生在学校就餐（封闭式管理学校除外）。

学校从供餐单位订餐的，应当建立健全校外供餐管理制度，选择取得食品经营许可、能承担食品安全责任、社会信誉良好的供餐单位；与供餐单位签订供餐合同（或者协议），明确双方食品安全与营养健康的权利和义务，存档备查。供餐单位应当严格遵守法律、法规和食品安全标准，当餐加工，并遵守本规定的要求，确保食品安全。学校应当对供餐单位提供的食品随机进行外观查验和必要检验，并在供餐合同（或者协议）中明确约定不合格食品的处理方式。

9.2.4 内部控制

针对学校食堂管理的各个关键环节，建立健全严密有效的内部控制制度，强化内部控制，提高管理水平。

1. 校长负责制。学校食品安全实行校长（园长）负责制。校长是第一责任人，对学校食堂管理工作负总责。校长（园长）要定期组织召开会议研究和部署食品安全工作，参加食品安全检查，研究重大隐患整改措施，下达隐患整改任务并跟踪落实，严格遵守当地市场监管部门规定的学校食堂和供餐单位不得加工制作和提供的食品品种规定。

建立由校领导、后勤管理部门负责人和食堂管理人员组成的食堂管理工作领导小组，全面负责学校食堂管理。重大开支和重要事项，由集体讨论决定。

学校在食品采购、食堂管理、供餐单位选择等涉及学校集中用餐的重大事项上，应当以适当方式听取家长委员会或者学生代表大会、教职工代表大会意见，保障师生家长的知情权、参与权、选择权、监督权。学校应当畅通食品安全投诉渠道，听取师生家长对食堂、外购食品以及其他有关食品安全的意见、建议。

2. 食堂人员的配备。地方政府应为学校食堂配备数量足够的合格工作人员并妥善落实人员工资及福利，组织专业培训。食堂从业人员不足的，应优先从富余教师中转岗，也可以采取购买公益性岗位的方式向社会公开招聘，从社会招聘人员应按照“省定标准、县级聘用、学校使用”的原则进行。

学校食堂要配备有资质的专（兼）职食品安全管理人员，定期接受有关部门组织的食品安全、营养健康、卫生防疫等方面的培训与考核。

学校食堂要配备有资质的专（兼）职营养指导人员。营养指导人员需要具备为不同人群提供营养配餐的能力，指导采购、配料、加工和营养标示，制定食谱和菜品目录，开展营养健康教育，指导食堂分餐员帮助学生合理选餐。

教育、财政部门应加强对学校财务工作的指导。建立健全食堂财会制度，配备专（兼）职财会人员，定期组织业务培训。

3. 岗位责任制。学校应根据学生就餐规模，切实做好定岗、定责、定薪工作，合理配置人员。学校应按照不相容岗位分设的要求，设置采购、加工、物资保管、会计、出纳、食品安全管理等工作岗位，做到岗位分离、相互牵制、相互监督。食堂财务岗位内部分工要做到钱、账、物分管，分工明确，职责清晰；银行支票和印鉴必须分开保管；关键岗位应定期进行轮换。规模较小的学校，部分岗位可以由符合任职要求的其他人员兼任。

法规速递

（1）《会计法》。

第三十七条　出纳不得兼管稽核、会计档案保管和收入、支出、债权、债务账目的登记工作。

第三十八条　会计人员应当具备从事会计工作所需要的专业能力。

（2）《行政事业单位内部控制规范（试行）》。

第四十一条　单位应当建立健全货币资金管理岗位责任制，合理设置岗位，不得由一人办理货币资金业务的全过程，确保不相容岗位相互分离。按照规定应当由有关负责人签字或盖章的，应当严格履行签字或盖章手续。

（3）《会计基础工作规范》。

第十二条　出纳人员不得兼管稽核、会计档案保管和收入、费用、债权债务账目的登记工作。

第十三条　会计人员的工作岗位应当有计划地进行轮换。

4. 建立膳食委员会。学校应成立由学生代表、家长代表、教师代表等组成的膳食委员会，发挥其在配餐食谱、食堂管理和检查评议等方面的作用。

5. 陪餐制。中小学、幼儿园应当建立学校相关负责人陪餐制度，每餐均应当有学校相关负责人与学生共同用餐，做好陪餐记录，及时发现和解决食堂管理中存在的问题。

有条件的中小学、幼儿园应当建立家长陪餐制度，健全相应工作机制，对陪餐家长在学校食品安全与营养健康等方面提出的意见建议及时进行研究反馈。

6. 财务公开。中小学校食堂应定期公开账务，自觉接受学生、家长、学校膳食委员会的监督。学校应定期（每学期至少一次，每月公开更好）将食堂收、支、余情况全面结算，并将结算的结果及时向学校师生和家长公开，同时报送教育部门备案。

9.3　中小学校食堂业务的会计核算

目前，国家还没有出台适用于中小学校食堂会计核算的统一制度。因此其会计要素、会计科目的设置和账务处理各地并不相同。

9.3.1 中小学校食堂的财务管理体制

学校自主经营食堂为学生提供就餐服务的，财务活动纳入财务部门统一管理，可在学校现有账户下分账核算，真实反映收支状况，并定期公开账务，如有结余，应当转入下一会计年度继续使用。对营养改善资金收支情况必须设立专门台账，明细核算。本章以学校自营食堂业务为例阐述。

学校采用委托方式经营食堂为学生提供就餐服务的，应当加强监督管理，不得向被委托方转嫁建设、修缮等费用。

学校采用配餐或托餐方式为学生提供就餐服务的，餐费可由学校统一收取并按照代收费管理。

9.3.2 中小学校食堂会计核算基础

《河北省中小学校食堂会计核算办法（试行）》《安徽省农村义务教育学生营养改善计划学校食堂会计核算办法（试行）》规定中小学校食堂会计核算采用权责发生制；《山东省教育厅、山东省财政厅关于加强中小学校食堂财务管理的意见》规定，按照权责发生制原则，对食堂收入和成本进行明细核算。

9.3.3 中小学校食堂会计科目的设置（详细情况见数字资源9-4）

数字资源9-4

中小学校食堂会计科目的设置

中小学校自主经营食堂会计采用借贷记账法，其会计要素一般包括资产、负债、净资产、收入、支出（费用）等五类，其会计等式为：资产 = 负债 + 净资产，收入 - 支出（费用）= 结余（盈余），相应其会计科目也分为五类。

1. 资产类会计科目。一般包括库存现金、银行存款、应收账款、预付账款、其他应收款、库存物品（或者原材料、低值易耗品）、待摊费用、待处置财产损溢、库存饭菜票、固定资产、固定资产累计折旧。食堂一般不设“固定资产”和“固定资产累计折旧”科目，食堂使用的房屋、家具以及购买大件物品计入学校固定资产，并由学校提折旧。安徽省、河北省等相关文件规定，食堂使用的房屋等固定资产所需投入（含维修），义务教育阶段纳入义务教育经费保障机制改革范围，由财政性经费予以保障；非义务教育阶段，由财政或学校予以保障，因此不再设置“固定资产”会计科目。历史上形成的食堂固定资产转入学校统一管理。

2. 负债类会计科目。一般包括应付职工薪酬、应付账款、预收账款（或预收伙食费）、其他应付款等。

3. 净资产类会计科目。一般设置“伙食结余”或“食堂结余”科目。安徽省相关文件规定设置了累计盈余、本期盈余两个会计科目，河北省相关文件在其基础又增加了“饭菜票基金”会计科目。

4. 收入类会计科目。一般包括补助收入、伙食收入、其他收入。

5. 支出（费用）类会计科目。支出（费用）类会计科目的设置各地差别比较大，有的设置了伙食支出、用具购置及维修支出、其他支出成本等科目，有的设置了原材料成本、人工成本、设备折旧及低值易耗品成本三个科目，还有的设置了食堂成本支出、专款支出和其他支出。安徽省、河北省相关文件规定设置了伙食费用、其他费用两个费用类会计科目。

学校食堂应当按照各省出台的办法的规定设置和使用会计科目。因没有相关业务不需使用的会计科目可以不设置。在不影响账务处理和编报财务报表的前提下，可以根据实际情况自行增设、减少或合并某些明细科目。

各省出台的办法一般会统一规定食堂会计科目的编号，以便于填制会计凭证、登记账簿、查阅账目，实行会计信息化管理。学校食堂在填制会计凭证、登记账簿时，应同时填列会计科目的名称和编号，或只填列会计科目名称。不准只填科目编号，不填科目名称。

9.3.4 中小学校食堂业务的核算和管理

1. 收入业务的核算和管理。中小学校自主经营的食堂收入一般包括补助收入、伙食收入、其他收入三部分。不得将学校的店面承包收入、房租收入、其他非食堂经营服务收入转入食堂收入。不得转移食堂收入。严禁挪用食堂资金或设立“小金库”。

（1）补助收入。补助收入是指食堂从上级部门或学校取得的各种补贴资金等。该收入在款项到账时予以入账确认，并按照具体资金来源设置明细科目进行明细核算。期末将该科目余额结转至“本期盈余”的贷方；结账后，应无余额。

（2）伙食收入。伙食收入是指食堂向师生提供膳食等收取的伙食费收入和拨入的营养餐拨款收入，主要包括膳食补助资金收入、陪餐伙食收入、学生自愿入伙伙食费收入、教职工伙食费收入、代办伙食费收入等。学校食堂收取伙食费应开具合法票据。如学校食堂既有营养餐又有非营养餐的，本科目需按营养餐收入和非营养餐收入进行明细核算。营养餐收入需按“学生餐费”“陪餐餐费”“教职工就餐费”等明细科目核算。期末，将本科目余额按科目明细结转至“本期盈余”，期末结账后，应无余额。

补充说明

①《关于进一步加强和规范教育收费管理的意见》。

学校自主经营的食堂向自愿就餐的学生收取伙食费，应坚持公益性原则，不得以营利为目的。

②《农村义务教育学校食堂管理暂行办法》。

学校必须确保营养改善专项补助资金足额用于学生伙食，不得以现金形式直接发给学生个人和家长，不得以保健品、含乳饮料等替代。教职工在食堂就餐应与学生同菜同价，伙食费据实结算，不得挤占营养改善补助资金，不得侵占学生利益。

③《关于深入实施农村义务教育学生营养改善计划的通知》。

严格规范资金使用管理。各级财政、教育部门要进一步强化营养膳食补助资金使用管理。营养膳食补助资金应全部用于为学生提供等值优质食品，不得以现金形式发放给学生或家长，不得用于补贴教职工和城市学生伙食、弥补学校公用经费和开支聘用人员费用等方面。因供餐增加的运营成本、食堂聘用人员费用等支出应纳入地方财政预算。学校可统筹改善办学条件相关资金，推进食堂（伙房）建设和条件改善。食堂（伙房）的水、电、煤、气等日常运行经费纳入公用经费开支范畴。各级财政、教育部门及其工作人员、申报使用营养膳食补助资金的单位及个人存在违法违规行为的，依法依规责令改正并追究相应责任。

④《城乡义务教育补助经费管理办法》。

实施农村义务教育学生营养改善计划。国家统一制定学生营养膳食补助国家基础标准。国家试点地区营养膳食补助所需资金，由中央财政全额承担，用于向学生提供等值优质的食品，不得以现金形式直接发放，不得用于补贴教职工伙食、学校公用经费，不得用于劳务费、宣传费、运输费等工作经费；对于地方试点地区，中央财政给予生均定额奖补。

【例9-1】 2×20年12月1日，该校食堂收到学生、教职工充值伙食费40 000元，存入银行食堂专户。

借：银行存款——××银行——食堂专户　　　　40 000

　　贷：预收伙食费——非营养餐　　　　40 000

补充说明

预收伙食费：负债类科目，主要核算IC卡充值和支付以及预收的各类伙食费。

【例9-2】 12月31日，该校师生刷卡消费20 000元（非营养餐部分），确认当月伙食收入。

借：预收伙食费　　　　20 000

　　贷：伙食收入——非营养餐收入　　　　20 000

补充说明——《昆明市农村义务教育中小学食堂财务管理制度（试行）》（节选）

实行包餐制供应的食堂可向师生预收伙食费，应以伙食成本为依据，实行学期初预收（或按月预收），月末结转确认伙食收入，期末结算公布，多退少补的办法。预收伙食费时，学校必须向家长公布伙食费收取标准和计划就餐次数；每月末以当月食堂供应就餐次数、就餐人数为依据，由预收款中结转确认当月伙食收入；学期末以每个学生实际就餐次数和期初计划就餐次数的差额为依据，向学生结算伙食费。

使用校园“一卡通”等刷卡及饭菜票服务的食堂，将师生个人充入卡内的收入或出售饭菜票取得的收入作预收伙食费记账，师生在食堂用餐打卡或使用饭菜票消费的金额确认伙食收入。

（3）其他收入。其他收入是指除“补助收入”和“伙食收入”外，与食堂经营有关的各种合法零星收入。例如，食堂银行存款所产生的利息收入、废旧收入、包装物和饭菜下脚料处理等。本科目可按收入类别进行明细核算。期末将该科目余额结转至“本期盈余”的贷方；结账后，无余额。

2. 支出（费用）业务的核算和管理。食堂支出包括原材料成本、人工成本等。不得将应在学校事业经费列支的费用等计入食堂支出。食堂成本核算应以食堂的日常经营服务活动所必需的各项料、工、费为基本内容。支出要取得合法、有效的票据，按规定办理相应报销手续。按安徽省、河北省相关文件规定，采用伙食费用、其他费用会计科目。

（1）伙食费用。该科目核算学校食堂伙食费各项费用，如原材料支出、人工费、水电费、燃料费等，由财政经费保障的人员、设施设备等方面的运转经费纳入学校财务统一管理和核算，不在食堂专账中列支。人工成本一般包括食堂工作人员的工资及福利支出、按规定缴纳的各项社会保险、意外伤害保险等。

如学校食堂既有营养餐又有非营养餐的，本科目需按营养餐费用和非营养餐费用进行明细核算。期末将该科目余额结转至“本期盈余”的借方；结账后，应无余额。

该科目需按如下项目进行明细核算：粮食、食用油、蔬菜、肉（豆）制品、水产品、蛋奶类、调料、人工费（营养餐费用不使用）、水电费（营养餐费用不使用）、燃料费（营养餐费用不使用）、低值易耗品（营养餐费用不使用）、其他。

【例 9-3】 2×20 年 12 月，某市级高级中学自营食堂由配送中心供应大米 20 000 元，蔬菜 4 000 元，食用油 6 000 元，共计采购支出 30 000 元，用银行存款支付。

借：库存物品——粮食——大米　　20 000
　　　　　　——蔬菜　　4 000
　　　　　　——食用油　　6 000
　贷：银行存款——××银行——食堂专户　　30 000

补充：库存物品

库存物品是指学校食堂在经营活动中为耗用而储存的各种主、副食品及燃料等一次购买分批分期使用的各种货物。食堂随买随用的零星货物和“一日一供”当即用完的生鲜食材可以在验收合格后直接列费用，不通过本科目核算。本科目应按库存物品的种类等进行明细核算。可按以下类别进行明细核算：粮食、食用油、蔬菜、肉（豆）制品、水产品、蛋奶类、调料、燃料、其他材料。

补充链接——食堂采购相关规定

①《农村义务教育学校食堂管理暂行办法》(2012 年)。

第二十条 建立食品采购索证索票制度。食品采购应严格执行《餐饮服务食品采购索证索票管理规定》。从食品生产单位、批发市场等采购的，应当查验、索取并留存供货者的相关许可证和产品合格证明等文件；从固定供货商或者供货基地采购的，应当查验、索取并留存供货商或者供货基地的资质证明、每笔供货清单等；从超市、农贸市场、个体工商户、农户等采购的，应当索取并留存采购清单等有关凭证，做到源头可控，有据可查。

第二十四条 建立双人采购和定期轮换制度。学校应实行双人采购，人员不足的可由教职工陪买，每次采购应做详细的采购记录备查。原则上采购人员每学期应轮换一次。

第二十六条 建立出入库管理制度。食堂物品的入库、出库必须由专人负责，签字确认。规模较大的学校，应由两个以上人员签字验收。严格入库、出库检查验收，核对数量，检验质量，杜绝质次、变质、过期食品的入库与出库。出库食品做到先进先出。

第二十七条 建立库存盘点制度。食堂物品入库、验收、保管、出库应手续齐全，物、据、账、表相符，日清月结。盘点后相关人员均须在盘存单上签字。食堂应根据日常消耗确定合理库存。发现变质和过期的食品应按规定及时清理销毁，并办理监销手续。

②《学校食品安全与营养健康管理规定》(2019 年)。

第二十八条 学校食堂应当建立食品安全追溯体系，如实、准确、完整记录并保存食品进货查验等信息，保证食品可追溯。鼓励食堂采用信息化手段采集、留存食品经营信息。

第三十二条 学校食堂采购食品及原料应当遵循安全、健康、符合营养需要的原则。有条件的地方或者学校应当实行大宗食品公开招标、集中定点采购制度，签订采购合同时应当明确供货者食品安全责任和义务，保证食品安全。

第三十三条 学校食堂应当建立食品、食品添加剂和食品相关产品进货查验记录制度，如实准确记录名称、规格、数量、生产日期或者生产批号、保质期、进货日期以及供货者名称、地址、联系方式等内容，并保留载有上述信息的相关凭证。进货查验记录和相关凭证保存期限不得少于产品保质期满后六个月；没有明确保质期的，保存期限不得少于二年。食用农产品的记录和凭证保存期限不得少于六个月。

第三十四条 学校食堂采购食品及原料，应当按照下列要求查验许可相关文件，并留存加盖公章（或者签字）的复印件或者其他凭证：从食品生产者采购食品的，应当查验其食品生产许可证和产品合格证明文件等；从食品经营者（商场、超市、便利店等）采购食品的，应当查验其食品经营许可证等；从食用农产品生产者直接采购的，应当查验并留存其社会信用代码或者身份证复印件；从集中交易市场采购食用农产品的，应当索取并留存由市场开办者或者经营者加盖公章（或者负责人签字）的购货凭证；采购肉类的应当查验肉类产品的检疫合格证明；采购肉类制品的应当查验肉类制品的检验合格证明。

第三十五条 学校食堂禁止采购、使用下列食品、食品添加剂、食品相关产品：超过保质期的食品、食品添加剂；腐败变质、油脂酸败、霉变生虫、污秽不洁、混有异物、掺假掺杂或者感官性状异常的食品、食品添加剂；未按规定进行检疫或者检疫不合格的肉类，或者未经检验或者检验不合格的肉类制品；不符合食品安全标准的食品原料、食品添加剂以及消毒剂、洗涤剂等食品相关产品；法律、法规、规章规定的其他禁止生产经营或者不符合食品安全标准的食品、食品添加剂、食品相关产品。

学校食堂在加工前应当检查待加工的食品及原料，发现有前款规定情形的，不得加工或者使用。

第三十六条 学校食堂提供蔬菜、水果以及按照国际惯例或者民族习惯需要提供的食品应当符合食品安全要求。学校食堂不得采购、贮存、使用亚硝酸盐（包括亚硝酸钠、亚硝酸钾）。中小学、幼儿园食堂不得制售冷荤类食品、生食类食品、裱花蛋糕，不得加工制作四季豆、鲜黄花菜、野生蘑菇、发芽土豆等高风险食品。省、自治区、直辖市食品安全监督管理部门可以结合实际制定本地区中小学、幼儿园集中用餐不得制售的高风险食品目录。

【例9-4】 2×20年12月31日，食堂消耗蔬菜3 000元，大米10 000元，用于非营养餐。

借：伙食费用——非营养餐费用——蔬菜	3 000	
——粮食	10 000	
贷：库存物品——蔬菜		3 000
——粮食——大米		10 000

【例9-5】 支付食堂炊事人员工资或劳务费3 000元，其中营养餐费用（财政专项补助）2 000元，非营养餐费用1 000元。

借：伙食费用——非营养餐费用——人工费	1 000	
贷：银行存款		1 000

（营养餐工资财政专项补助由学校财务会计核算）

【例9-6】 该校食堂购入一次性炊具，从出纳处支取现金500元（非营养餐费用）。

借：伙食费用——非营养餐费用——低值易耗品	500	
贷：库存现金		500

（2）其他费用。该科目核算学校食堂不能计入伙食费用的其他各项费用。可按费用类别进行明细核算。期末将该科目余额结转至“本期盈余”的借方；结账后，应无

余额。

3. 结余（或盈余）的核算和管理。安徽省、山东省相关文件都规定设置了累计盈余、本期盈余两个会计科目。

（1）本期盈余。该科目核算学校食堂本期各项收入、费用相抵后的余额。如学校食堂既有营养餐又有非营养餐的，本科目需按营养餐本期盈余和非营养餐本期盈余进行明细核算。本科目期末如为贷方余额，反映学校食堂自年初至当期期末累计的盈余；如为借方余额，反映学校食堂自年初至当期期末累计发生的亏损。年末将余额转入“累计盈余”，无余额。

（2）累计盈余。该科目核算学校食堂历年实现的盈余滚存金额。如学校食堂既有营养餐又有非营养餐的，按营养餐累计盈余和非营养餐累计盈余进行明细核算。期末如为贷方余额，反映学校食堂累计实现的盈余；如为借方余额，反映学校食堂累计发生的亏损。

补充链接：食堂结余

①《农村义务教育学校食堂管理暂行办法》（2012 年）。

第五十一条规定，食堂的收支结余实施月度结算，食堂的结余款要专项用于改善学生伙食，严禁用于学校教职工福利、奖金、津补贴以及非食堂经营服务方面的支出。

②《山东省教育厅、山东省财政厅关于加强中小学校食堂财务管理的意见》（2021 年）。

完善食堂定价机制，严格控制结余。食堂伙食费标准应遵循成本补偿和非营利原则，实行价格公示制度。在食堂就餐教职工的伙食费，应与学生同菜同价。学校食堂应按月开展收支核算，月末进行结转；如结余较大，应及时调整伙食费标准，确保历年累计结余控制在年度收入的3%以内。食堂结余应专项用于平抑原材料价格、改善伙食质量、为家庭经济困难学生提供伙食费补助和食堂设施、设备更新及维修等，不得直接或变相用于发放学校教职工福利，不得用于学校招待费支出或非食堂经营服务方面的支出。

9.3.5 中小学校食堂账簿和财务报表

中小学校食堂一般设置总账、收入或费用或往来明细账、银行存款日记账、现金日记账、库存物资数量金额明细账等账册；实行独立核算、自负盈亏、日清月结；学校膳管会定期（至少一学期二次）审查食堂会计账目。

学校食堂应当编制并对外提供真实、完整的财务报表。中小学校食堂一般应当按照月度和年度编制资产负债表和收入费用表。具体见表 9 – 1 和表 9 – 2，该表为《河北省中小学校食堂会计核算办法（试行）》中模板。享受农村义务教育学生营养改善计划的学校，还需编制农村义务教育学生营养改善计划收入费用明细表。

表9-1　　中小学校食堂资产负债表

单位名称：　　　　年　月　日　　　　单位：元

资产	期末余额	期初余额	负债和净资产	期末余额	期初余额
一、资产类			二、负债类		
库存现金			应付账款		
银行存款			预收伙食费		
其他应收款			其他应付款		
库存物品					
待处置财产损溢					
库存饭菜票			三、净资产类		
			累计盈余		
			营养餐累计盈余		
			非营养餐累计盈余		
			本期盈余		
			营养餐本期盈余		
			非营养餐本期盈余		
			饭菜票基金		
资产总计			负债和净资产总计		

学校负责人：　　　　食堂负责人：　　　　制表人：

表9-2　　中小学校学食堂收入费用表

编制单位：　　　　年　月　　　　单位：元

项目名称	合计		营养餐		非营养餐	
	本月数	累计数	本月数	累计数	本月数	累计数
一、上期盈余						
二、收入						
（一）上级补助收入						
（二）伙食收入						
（三）其他收入						
1. 利息收入						
2. 其他收入						
三、费用						
（一）伙食费用						
1. 粮食费用						
2. 食油费用						
3. 蔬菜费用						

续表

项目名称	合计		营养餐		非营养餐	
	本月数	累计数	本月数	累计数	本月数	累计数
4. 肉（豆）制品费用						
5. 水产品费用						
6. 蛋奶类费用						
7. 调料费用						
8. 人工费用						
9. 水电费用						
10. 燃料费用						
11. 低值易耗品费用						
12. 其他						
（二）其他费用						
四、累计盈余						

学校负责人：　　　　食堂负责人：　　　　制表人：

学校食堂财务报表应当根据登记完整、核对无误的账簿记录和其他有关资料编制，做到数字真实、计算准确、内容完整、报送及时。财务报表应当由学校负责人、食堂负责人和食堂会计人员签名并盖章。

食堂的会计凭证、会计账簿和会计报表等会计核算资料，都必须按照《会计档案管理办法》的归档要求整理立卷，装订成册。

中小学校食堂实行独立核算或对食堂收支等主要业务实行独立核算的，年末应当将食堂的报表信息并入学校相关报表的相应项目，并抵销中小学校与食堂的内部业务或事项对中小学校报表的影响。

中小学校在编制收入费用表时，应当将食堂本年收入和费用相抵后的净额并入本表“其他收入”项目金额，并单独填列于该项目下的“食堂净收入”项目。如果食堂收入和费用相抵后的净额合计数为负数，则以“－”号填列。

中小学校在编制预算收入支出表时，应当将食堂本年预算收支相抵后的净额并入本表“其他预算收入”项目金额，并单独填列于该项目下的“食堂净预算收入”项目。如果食堂预算收入和支出相抵后的净额合计数为负数，则以“－”号填列。

中小学校应当在年度财务报表附注中提供将食堂财务会计信息纳入学校财务报表情况的说明，包括内部业务或事项抵销处理的情况，食堂本年收入、费用情况。

第 10 章　中小学校内部控制

10.1　中小学校内部控制基本理论

10.1.1　中小学内部控制相关规范

和中小学校内部控制相关的主要规定具体见表 10－1。

表 10－1　和中小学校内部控制相关的规定

规定名称	施行日期	条款
《中华人民共和国国家审计准则》	2011 年 1 月 1 日	第六十、第六十一、第六十二、第七十三、第七十五、第七十六和第八十六条
《中华人民共和国政府采购法》	2003 年 1 月 1 日	共 9 章 88 条
《会计改革与发展“十二五”规划纲要》	2011 年 9 月 15 日	11. 构建行政事业单位内部控制规范体系
《中小学校财务制度》	2022 年 9 月 1 日	共 84 条
《行政事业单位内部控制规范（试行）》	2014 年 1 月 1 日	全文
《中华人民共和国预算法》	2015 年 1 月 1 日	
《关于全面推进行政事业单位内部控制建设的指导意见》	2015 年 12 月 21 日	全文
《中华人民共和国政府采购法实施条例》	2015 年 3 月 1 日	共 9 章 79 条
《关于开展行政事业单位内部控制基础性评价工作的通知》	2016 年 6 月 24 日	全文
《会计改革与发展“十三五”规划纲要》	2016 年 10 月 19 日	（五）完善内部控制规范体系
《行政事业单位内部控制报告管理制度（试行）》	2017 年 3 月 1 日	共 8 章 29 条
《审计署关于内部审计工作的规定》	2018 年 3 月 1 日	共 7 章 34 条
《预算法实施条例》	2020 年 10 月 1 日	第五十一条
《教育系统内部审计工作规定》	2020 年 5 月 1 日	共 7 章 46 条
《财政部关于加强政府采购活动内部控制管理的指导意见》	2016 年 6 月 29 日	全文

续表

规定名称	施行日期	条款
《事业单位国有资产管理暂行办法》	2019 年 3 月 29 日	全文
《会计改革与发展“十四五”规划纲要》		（六）大力推动会计职能拓展
《行政事业性国有资产管理条例》	2021 年 4 月 1 日	共 8 章 61 条
《关于建立中小学校党组织领导的校长负责制的意见（试行）》	2022 年 1 月 26 日	共 15 条
《事业单位财务规则》	2022 年 3 月 1 日	第五十五、第五十八、第五十九条
《关于进一步加强财会监督工作的意见》	2023 年 2 月	全文
《关于开展 2021 年度行政事业单位内部控制报告编报工作的通知》	2022 年 4 月 12 日	
《会计人员职业道德规范》		全文
《会计人员继续教育专业科目指南（2022 年版）》	2023 年 1 月 1 日	全文

1.《关于全面推进行政事业单位内部控制建设的指导意见》。该意见明确了全面推进行政事业单位内部控制建设的总体目标、四项主要任务及保障措施，指明了单位（包括中小学校）内部控制建设的方向。

总体目标：以单位全面执行《行政事业单位内部控制规范（试行）》为抓手，以规范单位经济和业务活动有序运行为主线，以内部控制量化评价为导向，以信息系统为支撑，突出规范重点领域、关键岗位的经济和业务活动运行流程、制约措施，逐步将控制对象从经济活动层面拓展到全部业务活动和内部权力运行，到 2020 年，基本建成与国家治理体系和治理能力现代化相适应的，权责一致、制衡有效、运行顺畅、执行有力、管理科学的内部控制体系，更好发挥内部控制在提升内部治理水平、规范内部权力运行、促进依法行政、推进廉政建设中的重要作用。

四项主要任务具体见图 10－1。

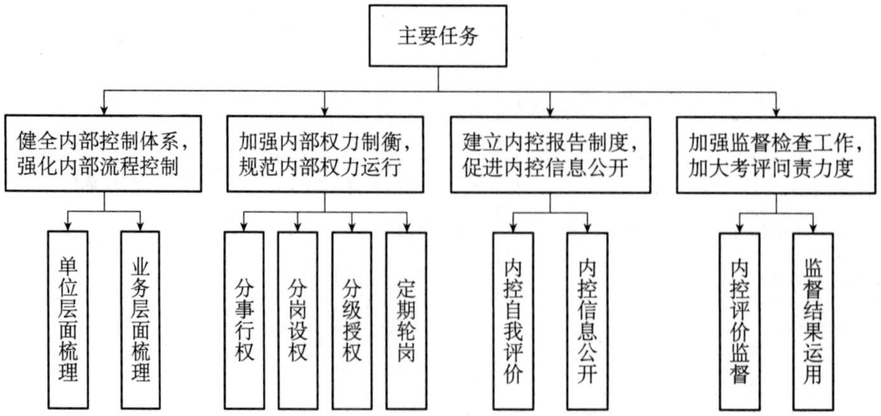

图 10－1　行政事业单位内部控制建设的四大任务

2.《行政事业单位内部控制规范（试行）》。该规范是我国第一部行政事业单位内部控制规范性文件，在内控规范体系中居主导地位，是行政事业单位（包括中小学校）内部控制建设的标准和依据。

3.《行政事业单位内部控制报告管理制度（试行）》。该制度主要规定了行政事业单位、部门行政事业单位以及地区行政事业单位内部控制报告的编制、报送与使用，建立了内部控制报告制度。

4.《会计改革与发展“十四五”规划纲要》。规划纲要提出在“十四五”期间行政事业单位内部控制任务主要包括：推动行政事业单位借助信息化手段确保内部控制制度有效实施，推动地方试点乡镇街道等基层行政单位借助信息化手段提升内部控制；加强管理会计在行政事业单位的政策指导、经验总结和应用推广，为行政事业单位提升内部治理水平作出有益探索。全面修订完善内部控制规范体系，有针对性地加强内部控制规范的政策指导和监督检查，强化上市公司、国有企业、行政事业单位建立并有效实施内部控制的责任，为各类单位加强内部会计监督、有效开展风险防控、确保财务报告真实完整夯实基础。

5.《中小学校财务制度》（2022年）。该制度规定，中小学校应当建立健全内部控制制度、经济责任制度、财务信息披露制度等监督制度，按规定编制和报送内部控制报告，规范学校各项经济活动，依法公开财务信息。

10.1.2　内部控制的概念

《行政事业单位内部控制规范（试行）》指出，内部控制是指单位为实现控制目标，通过制定制度、实施措施和执行程序，对经济活动的风险进行防范和管控。

1. 概念基础。目前我国对内部控制的概念有三种看法，即静态论、动态论和动静态结合论。行政事业单位内部控制概念基础是动静态结合论。从静态上看，内部控制是单位为了防范和管控经济活动而建立的内部管理系统，具体体现为各项管理制度以及落实制度所需要的控制措施和程序。从动态上看，内部控制是通过制定制度、实施措施和执行程序，来实现控制目标的一个过程。

2. 内部控制主体。行政事业单位内部控制主体是行政单位和事业单位。事业单位分类改革完成后，事业单位内部控制主体应仅包括公益性事业单位（公益一类和公益二类）。

3. 内部控制客体。行政事业单位的业务活动包括经济活动和非经济活动。经济活动是指单位根据财政收支预算对本单位的日常业务进行财务收支管理，如中小学校的收支业务、政府采购等业务活动。而学校的教学活动、科研活动等专业业务活动为非经济活动。

《行政事业单位内部控制规范（试行）》将内部控制的客体限定为经济活动。具体就是以财政预算资金为核心的业务活动，主要包括预算业务、收支业务、政府采购、资产管理、建设项目、合同管理等六项业务。也可以概括为“以预算为主线、以资金为核心”。

10.1.3 内部控制的目标

单位内部控制的目标主要包括五个：

1. 合规性目标，即合理保证单位经济活动合法合规。它是最基本的目标，是其他目标存在的前提和基础，具体到中小学校，应遵循相关的各种法律法规以及部门规章。

2. 资产安全目标，即合理保证资产安全和使用有效。该目标一直是管理中的重点和难点问题，因此要实现此目标应加强中小学校以预算为中心的资产管理。

3. 财务报告目标，即合理保证财务信息真实完整。该目标与财务报告的可靠性有关，主要包括决算报告、政府财务报告。

4. 预防腐败目标，即有效防范舞弊和预防腐败。与企业内部控制目标以及国外内部控制目标相比，该目标具有现实针对性和中国特色。

5. 运行目标，即提高公共服务的效率和效果。该目标是最高目标，与企业不同，此目标是为了完成行政事业单位的公共服务职能。

10.1.4 内部控制的原则

中小学校建立与实施内部控制，应当遵循以下四个原则：

1. 全面性原则。全面建立、有效实施内部控制，确保内部控制覆盖学校经济和业务活动的全范围，贯穿内部权力运行的决策、执行和监督全过程，规范学校内部各层级的全体人员。

2. 重要性原则。在全面控制的基础上，内部控制应当重点关注学校重点领域和关键岗位，关注中小学校重要业务流程和高风险领域。

3. 制衡性原则。在中小学校的岗位设置、权责分配、业务流程等方面形成相互制约、相互监督的机制设计。经济活动的决策、执行和监督相互分离，确保不相容岗位相互分离和制约，将制衡机制嵌入到中小学校的内部管理制度之中。

4. 适应性原则。内部控制应当与中小学校财政资金属性、业务范围、经济活动的特点、风险水平以及所处内外环境等相适应和匹配，并且符合成本效益的要求；同时学校应随着国家法律法规、政策、制度等外部环境的改变，以及单位业务流程的调整、管理要求的提高等内部环境的变化，不断修订和完善。

10.1.5 内部控制的要素

内部控制要素是行政事业单位建立和实施内部控制的具体内容。西方国家的企业内部控制以及政府部门内部控制要素，以及我国企业内部控制要素都采用的是五要素说，即内部环境、风险评估、控制活动、信息与沟通、监督五要素，但《行政事业单位内部控制规范（试行)》创新性地提出了构建单位层面内部控制和业务层面内部控制。具体内容见图 10－2。

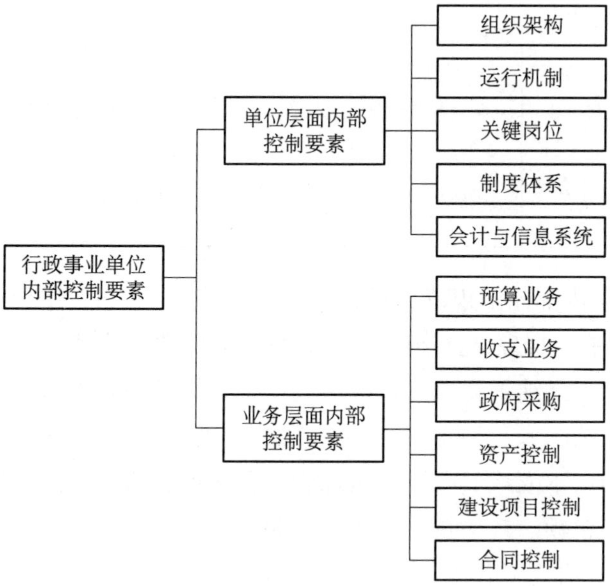

图 10－2　行政事业单位内部控制要素

10.1.6　内部控制方法

《行政事业单位内部控制规范（试行)》总结我国行政事业单位开展内部控制实践的成功经验，根据内部控制的原理，创新性地提出了行政事业单位内部控制的八大控制方法。

1. 不相容岗位相互分离。不相容岗位是指从相互牵制的角度出发，不能由一人兼任的岗位。

不相容岗位相分离要求单位全面系统地分析、梳理单位组织层级和业务活动中所涉及的不相容职务，科学划分机构职能与分工，合理设置内部控制关键岗位，明确不同部门或岗位的职责权限，实施相应的分离措施，从而形成相互监督、相互制约的工作机制。

一般来说，不相容岗位相互分离包括：提出事项申请与审核审批该事项申请的岗位相分离、业务审核审批岗位与业务执行岗位相分离、业务执行岗位与信息记录岗位相分离、业务执行和审批岗位与内部监督岗位相分离等。不同业务的不相容岗位情况见表 10－2。

表 10-2　　六大业务的不相容岗位情况

预算业务	收支业务	政府采购业务	资产管理	建设项目管理	合同管理
预算编制与审核	收款与会计核算	采购需求提出与审核	货币资金保管、稽核与账目登记	项目立项申请与审核	合同拟订与审核
预算审批与执行	支出申请与审批	采购方式确定与审核	资产财务账与实物账	概预算编制与审核	合同文本订立与合同章管理
预算执行与分析	支出审批与付款	采购执行与验收	资产保管与清查	项目实施与价款支付	合同订立与登记台账
决算编制与审核	业务经办与会计核算	采购验收与登记	对外投资立项申报与审核	竣工决算与审计	合同执行与监督

《行政事业单位内部控制规范（试行）》第四十一条指出，单位应当建立健全货币资金管理岗位责任制，合理设置岗位，不得由一人办理货币资金业务的全过程，确保不相容岗位相互分离。出纳不得兼管稽核、会计档案保管和收入、支出、债权、债务账目的登记工作。严禁一人保管收付款项所需的全部印章。财务专用章应当由专人保管，个人名章应当由本人或其授权人员保管。负责保管印章的人员要配置单独的保管设备，并做到人走柜锁。按照规定应当由有关负责人签字或盖章的，应当严格履行签字或盖章手续。

2. 内部授权审批控制。内部授权审批控制是学校根据常规授权和特别授权的规定，明确单位内部各部门、下属单位、各岗位日常管理和业务办理的所授予权限范围、审批程序和相应责任。

学校的任何授权都应当以法律、行政法规和单位的规章制度为依据，并予以书面化，通知到经济活动业务流程中的相关工作人员。授权一经确定，相关工作人员应当在授权范围内行使职权、办理业务，对于审批人超越授权范围的审批业务，经办人员有权拒绝办理，并向上级授权部门报告。对与单位经济活动相关的重大事项决策、重要干部任免、重要项目安排、大额度资金的使用（即“三重一大”业务）还应当建立起集体决策和会签制度，合理保证决策的科学性，并确保任何人不得单独进行决策或者擅自改变要集体决策意见。

3. 归口管理。归口管理是指学校按照管控事项的性质与管理要求，结合学校职责、组织机构和岗位设置，在不相容岗位相互分离和内部授权审批控制的前提下，明确学校内部各个业务的归口管理责任单位的控制方法。

归口管理要求学校在实际工作中尽量一件事一个部门管，避免权力交叉；如果经济活动涉及的内部部门多，需各部门协同完成，可成立联合工作小组并确定牵头部门或牵头人员统一进行管理。

中小学校六大经济业务归口管理如下：

（1）预算归口管理。学校的预算业务归口部门一般是财务处（科、室、岗）。学校应当建立内部预算编制、预算执行、资产管理、基建管理、人事管理等部门或岗位的沟通协调机制。

（2）收支业务归口管理。学校的收支业务归口部门一般是财务处（科、室、岗）。学校的各项收入应当由财会部门归口管理并进行会计核算，严禁设立账外账。

（3）政府采购归口管理。学校的政府采购归口部门一般是总务处采购科（室、岗）。在政府采购活动中建立政府采购、资产管理、财会、内部审计、纪检监察等部门或岗位相互协调、相互制约的机制。

（4）资产归口管理。货币资金、对外投资的归口管理部门一般为财务处（科、室、岗），实物资产的归口管理部门一般是总务处资产管理科（室、岗）。明确资产使用和保管责任人，落实资产使用人在资产管理中的责任。贵重资产、危险资产等特殊要求的资产，应指定专人保管、专人使用，并规定严格的接触限制条件和审批程序。

（5）建设项目归口管理。学校的建设项目归口部门一般是总务处。

（6）合同归口管理。学校的合同归口部门一般是校办公室或者法务部门。学校应当建立财会部门与合同归口管理部门的沟通协调机制，实现合同管理与预算管理、收支管理相结合。

4. 预算控制。中小学校预算是指中小学校根据教育事业发展目标和计划编制的年度财务收支。它是学校业务活动的财力支持和经济活动的基本依据。

预算控制要求学校要强化对经济活动（如收支业务、政府采购业务、建设项目等）的预算约束，使预算管理贯穿于学校经济活动的全过程。例如，学校购置、建设、租用资产应当提出资产配置需求，编制资产配置相关支出预算，并严格按照预算管理规定和财政部门批复的预算配置资产。又如，学校的政府采购业务必须经过先预算、后计划、再采购的流程，形成预算对学校资产购置行为的约束。

5. 资产保护控制。资产保护控制是学校资产购置、配置、使用和处置过程中对资产进行保护，确保资产安全和使用高效。它要求学校建立资产日常管理制度和定期清查制度，采取资产记录、实物保管、定期盘点、账实核对、处置报批等措施，确保资产安全完整。具体可参考第 8 章的“中小学校国有资产管理”。

6. 会计控制。中小学校加强会计控制应主要包括以下五个方面：

（1）建立健全学校财会管理制度。主要包括学校收入管理、学校资金管理办法、学校差旅费管理办法、学校公务卡管理办法、学校财务报销管理办法、学校票据管理办法、学校财务管理办法等。

（2）加强会计机构建设。《会计法》规定，各单位应当根据会计业务的需要，设置会计机构，或者在有关机构中配备会计人员并指定会计主管人员；不具备设置条件的，可以委托经批准设立从事会计代理记账业务的中介机构代理记账。

《行政事业单位内部控制规范（试行）》第十七条规定，单位应当根据《中华人民共和国会计法》的规定建立会计机构，配备具有相应资格和能力的会计人员。单位应当根据实际发生的经济业务事项按照国家统一的会计制度及时进行账务处理、编制财务会计报告，确保财务信息真实、完整。

《中小学校财务制度》（2022年）第七条规定，中小学校应当指定专人主管财务工作，配备财务、会计人员，并根据需要合理设置财务部门，对学校的各类经济活动实施管理、核算和监督。

中小学校根据学校规模的大小，可设置财务处或财务科或财务室或者财务岗。

（3）提高会计人员职业道德和业务水平。《中小学校财务制度》（2022年）第八条规定，中小学校财会人员的任职条件、工作职责、工作权限、专业技术职务、任免奖罚，应当严格按照国家会计法律制度执行。财务、会计人员应当熟悉国家财经法律、法规、规章和方针、政策，掌握财会和教育教学业务管理的有关知识。

①业务水平。《会计法》（2017年）规定，会计人员应当具备从事会计工作所需要的专业能力。担任单位会计机构负责人（会计主管人员）的，应当具备会计师以上专业技术职务资格或者从事会计工作三年以上经历。会计人员应当遵守职业道德，提高业务素质。对会计人员的教育和培训工作应当加强。《会计专业技术人员继续教育规定》提出，具有会计专业技术资格的人员应当自取得会计专业技术资格的次年开始参加继续教育，并在规定时间内取得规定学分。会计专业技术人员参加继续教育实行学分制管理，每年参加继续教育取得的学分不少于90学分。其中，专业科目一般不少于总学分的2/3。

补充说明：《会计行业人才发展规划（2021—2025年）》

会计人才能力框架是从事会计工作或履行会计相关岗位职责应具备的能力和要求的组合，包括知识、技能、价值观等。以经济发展需求和行业发展趋势为导向，遵循人才成长规律，把握会计职业特点，针对不同层次、不同类别的会计人才分别构建能力框架，强化对会计信息化能力的要求，推动各级各类会计人才适应会计工作数字化转型。以能力框架为指引，制定会计人员继续教育科目指南，修订中国注册会计师胜任能力指南，构建高端会计人才培养核心课程体系，积极引导广大会计人员根据职业发展要求，持续加强能力建设，推动会计工作更好地服务高质量发展。

②会计职业道德。《会计基础工作规范》第十七条至第二十四条规定了会计人员职业道德八个方面的内容。

补充说明

第一，《会计改革与发展“十四五”规划纲要》：持续推进会计诚信建设。深入开展会计诚信教育，将会计职业道德作为会计人才培养、评价、继续教育的重要内容，推动财会类专业教育加强职业道德课程建设，不断提升会计人员诚信素养。

加强会计诚信机制建设，依托会计管理信息平台，实现跨层级、跨部门、跨系统数据互联互通。加强会计诚信体系建设，全面建立会计行业信用记录，继续完善守信联合激励和失信联合惩戒机制。根据国家有关规定，加强对于诚实守信、忠于职守、坚持原则、作出显著成绩的会计人员的表彰奖励工作。

加大会计诚信宣传力度，加强会计诚信文化建设，把法律规范和道德规范结合起来，以道德滋养法治精神，加强德治与法治的衔接与贯通，营造全行业守法、合规、诚信的向善向上氛围。

第二，《会计行业人才发展规划（2021—2025 年）》：加强会计诚信建设。诚信是会计职业道德的重要内容，也是对会计行业的最基本要求。要加强会计法治建设，为会计诚信建设提供法律保障。通过修订会计法律制度、制定会计人员职业道德规范，修订完善注册会计师职业道德守则等，强化会计诚信意识，支持会计人员依法履职尽责，保护会计人员合法权益；完善会计法律责任体系，提高会计违法成本。要建立涵盖事前、事中和事后全过程的会计诚信体系，建立会计人员信用信息管理制度，规范信用信息归集、评价、利用，探索诚信积分管理机制，健全会计人员守信联合激励和失信联合惩戒机制，加强与有关部门合作，实现信用信息的互换、互通和共享，将会计人员信用信息作为会计人才选拔、培养、评价、使用的重要依据。支持会计相关行业协会建立健全信用承诺制度，加强行业自律。要加强会计法治教育、会计诚信教育和思政教育，将会计职业道德作为会计人才培养教育的重要内容，推动财会类专业教育加强职业道德和课程思政建设。要加大会计诚信宣传，组织开展先进会计工作者评选表彰，健全评选表彰机制，宣传先进事迹，鼓励会计人才主动担负起时代赋予的使命责任；加强对典型失信案例的警示教育。

（4）强化会计人员岗位责任制。

①学校应当根据会计业务需要设置会计工作岗位。会计工作岗位一般可分为：会计机构负责人或者会计主管人员，出纳，财产物资核算，工资核算，成本费用核算，财务成果核算，资金核算，往来结算，总账报表，稽核，档案管理等。开展会计电算化和管理会计的单位，可以根据需要设置相应工作岗位，也可以与其他工作岗位相结合。

②会计工作岗位，可以一人一岗、一人多岗或者一岗多人。但出纳人员不得兼管稽核、会计档案保管和收入、费用、债权债务账目的登记工作。

③会计人员的工作岗位应当有计划地进行轮换。

（5）规范会计基础工作，加强会计档案管理。

明确会计凭证、会计账簿和财务报告处理程序，确保会计基础管理、会计核算和财务报告编报有章可循，有据可依。具体内容见财政部 2019 年修订的《会计基础工作规范》和第 11 章“中小学校会计档案管理”。

7. 单据控制。单是指表单，通常是指学校发生经济行为所涉及的内部凭证；据即票据，是指学校发生经济行为在报销环节使用的外部凭证，证实经济事项的真实性及其具体金额。单据控制是防止虚假交易的重要手段，对杜绝假发票效果明显。

（1）单据制度化。学校应根据国家有关规定和自己的经济活动业务流程，在内部管理制度中明确各项经济活动所涉及的表单和票据。例如，很多学校出差报销制度规定，教师外出培训报销必须附出差审批单、会议或培训通知、住宿发票、飞机票或火车票、公务卡支付结算凭证、培训签到表或者培训新闻稿等。

（2）管理单据规范化。相关工作人员必须按照规定使用和管理表单和票据，具体包括填制、审核、归档、保管单据的全环节和全过程。例如，有的学校专门出台财务报账指南或手册来指导教师。

8. 信息内部公开。该控制方法要求学校建立健全经济活动相关信息内部公开制度，根据国家有关规定和单位的实际情况，确定信息内部公开的内容、范围、方式和程序。例如，《预算法》及其实施条例要求各部门各单位公开预决算；《中小学校财务制度》要求食堂定期公开账务，依法公开财务信息和预决算信息。

补充：信息公开的其他制度

（1）《营养与健康学校建设指南》（2021 年）。

第十五条 学校食堂和校外供餐单位要建立健全食品安全管理制度，并在显著位置公示。

第二十二条 学校食堂要设置专用的备餐间或操作区，并在显著位置公示人员操作规范。

第二十九条 按照《餐饮食品营养标识指南》对所提供的餐饮食品进行营养标示；学校食堂和校外供餐单位提供自制饮料或甜品时，要标示添加糖含量。

（2）《市场监管总局办公厅 教育部办公厅 国家卫生健康委办公厅 公安部办公厅关于落实主体责任强化校园食品安全管理的指导意见》（2019 年）。

采用食堂方式供餐的，依实际公开食品原料、食品添加剂和食品相关产品的采购品种、规格、供货者的名称和经营资质等。采用供餐单位方式供餐的，要公开供餐单位的名称、地址、食品经营许可证等资质、食品安全等级等。

充分发挥“明厨亮灶”作用。具备条件的学校要积极借助“明厨亮灶＋互联网”，公开本校食堂食品加工制作过程，公布查看方式和渠道，供家长委员会代表查看。

（3）《关于进一步加强和规范教育收费管理的意见》（2020 年）。

严格执行教育收费公示制度。各地要严格执行教育收费公示制度，未经公示不得收费。各级各类学校应建立健全规范化的收费公示动态管理制度，主动接受社会监督。应将收费项目和标准在校内醒目位置向学生公示，在招生简章和入学通知书中注明。义务教育阶段民办学校收费标准应和学校获得的生均公用经费补助一并公示。对按规定应当公示而未公示的收费，或公示内容与规定政策不符的收费，学生有权拒绝缴纳。收费政策变动时，学校要及时更新公示内容，确保公示内容合法、有效。各地要严格执行教育收费等行政事业性收费目录清单，不得擅自增加收费项目、扩大收费范围。

10.2　单位层面内部控制

单位层面内部控制主要包括组织架构、运行机制、关键岗位、制度体系以及会计与信息系统，是实施内部控制的基础，直接影响、制约着内部控制的建立和执行。

10.2.1　组织架构

学校内部控制组织架构包括三个层次：

1. 内部控制建设领导小组。《行政事业单位内部控制规范（试行）》第六条指出，单位负责人对本单位内部控制的建立健全和有效实施负责。单位负责人是指单位法定代表人或者法律、行政法规规定代表单位行使职权的主要负责人。

《关于建立中小学校党组织领导的校长负责制的意见（试行）》要求，建立中小学校党组织领导的校长负责制。选好配强学校领导班子特别是党组织书记和校长。上级党组织要认真履行领导和把关作用，按照有关规定，严格标准条件和程序，精准科学选人用人，注重选拔党性强、懂教育、会管理、有威信、善于做思想政治工作的优秀党员干部担任学校党组织书记，着力培养政治过硬、品德高尚、业务精湛、治校有方的校长队伍。党组织设置为党委、党总支的中小学校，党组织书记、校长一般应当分设，党组织书记一般不兼任行政领导职务，校长是中共党员的应当同时担任党组织副书记；党组织设置为党支部的中小学校，党组织书记、校长一般由一人担任，同时应当设 1 名专职副书记；学校行政班子副职中的党员一般应当进入党组织班子。加强学校领导班子思想政治建设，完善培养选拔、教育培训、考核评价、激励保障机制，加强任期考核，推动学校领导人员履职尽责、潜心育人、清正廉洁。

因此，中小学校要发挥党组织在学校内部控制建设中的领导作用；校长是内部控制建设的首要责任人，对内部控制的建立健全和有效实施负责；学校领导班子其他成员要抓好各自分管领域的内部控制建设工作；学校内部各部门负责人对本部门的内部控制建设承担具体责任。

中小学校应当设立内部控制领导小组，主要负责人任组长，负责领导内部控制建设工作。领导小组的主要职责是：规划和制定学校内部控制建设的基本思路、工作重点、建设计划等；组织全校各部门开展内部控制建设；建立健全学校内部控制建设组织体系，审议内部控制组织机构设置及其职责；审议内部控制规章制度、建设方案、工作计划、工作报告等；推动内部控制建设常态化。

2. 内部控制实施（工作）小组。中小学校应当单独设置内部控制建设职能部门或确定牵头部门，组织落实学校内部控制建设工作，包括研究建立内部控制制度体系，编订内部控制手册；组织编制年度内部控制工作计划并实施；推动内部控制信息化建设；协调解决内控建设中存在的问题；组织编写内部控制报告等。

大多数学校实施小组由主管领导任组长，财务处（科、室）为内部控制牵头部门，内部控制实施（工作）小组一般由财务、资产管理、内部审计、纪检监察、政府采购、基建等部门负责人或岗位组成。

《中小学校财务制度》（2022年）第七条规定，财务主管人员应当依法依规履行职责，参与学校重大建设项目、重要办学资源配置、重要资产处置、大额资金使用等重大事项的决策。

3. 内控评价及监督部门。内部控制评价及监督一般由学校的内部审计部门（或者岗位）或纪检监察部门负责，具体内容见“10.4　内部控制评价与监督”。

10.2.2　运行机制

内部控制运行机制是指包括决策机制、执行机制、协同机制、监督机制等在内的保证学校内部控制目标实现的内部运行和制衡机制。

分事行权是指对单位经济活动和业务活动的决策、执行、监督，应当明确分工、相互分离、分别行权。单位经济活动的决策、执行和监督应当相互分离。主要包括过程的分离和岗位的分离。过程分离指决策过程、执行过程和监督过程相互分离、相互独立、相互影响和相互制约；岗位的分离指不相容岗位相互分离，决策审批与执行、执行与监督检查、决策与监督检查等岗位应相互分离。具体内容见“10.1.6 内部控制方法之不相容岗位相互分离”。例如中小学决策权交给校务会议，执行权交给财务部门（岗）、预算管理部门、采购部门（岗）和资产管理部门（岗）等，监督权交给内部审计、纪检监察部门和上级主管部门。

1. 决策机制。决策机制包括合理的决策议事制度、详尽的决策记录制度和可操作性的决策问责制度。

单位应当建立健全集体研究、专家论证和技术咨询相结合的议事决策机制。

学校党组织会议讨论决定学校重大问题。党组织会议由党组织书记召集并主持，不是党组织班子成员的行政班子成员根据工作需要可列席会议。会议议题由学校领导班子成员提出，党组织书记确定。会议应当有半数以上党组织班子成员到会方能召开；讨论决定干部任免等重要事项时，必须有2/3以上党组织班子成员到会。

校长办公会议（校务会议）是学校行政议事决策机构，研究提出拟由学校党组织讨论决定的重要事项方案，具体部署落实党组织决议的有关措施，研究处理教育教学、行政管理等工作。会议由校长召集并主持。会议成员一般为学校行政班子成员，不是行政班子成员的党组织班子成员可参加会议。会议议题由学校领导班子成员提出，校长确定。会议应当有半数以上行政班子成员到会方能召开。校长应当在广泛听取与会人员意见基础上，对讨论研究的事项作出决定。

学校党组织会议和校长办公会议（校务会议）要坚持科学决策、民主决策、依法决策。讨论决定学校重大问题，应当在调查研究基础上提出建议方案，经学校领导班子成员特别是党组织书记与校长充分沟通且无重大分歧后提交会议讨论决定。对涉及干部工作的方案，在提交党组织会议讨论决定前，应当在一定范围内进行充分酝酿。对事关师生员工切身利益的重要事项，应当通过教职工大会（教职工代表大会）或其他方式，广泛听取师生员工的意见和建议。对专业性、技术性较强的重要事项，应当经过专家评估及技术、政策、法律咨询。会议决定的事项如需变更、调整，应当按照决策程序进行复议。中小学校要结合实际，制定学校党组织会议、校长办公会议（校务会议）的会议制度和议事规则，并按管理权限报教育主管部门审查和备案。

学校党组织实行集体领导和个人分工负责相结合的制度。凡属重大问题都要按照集体领导、民主集中、个别酝酿、会议决定的原则，由党组织会议集体讨论作出决定。党组织班子成员根据集体的决定和分工，切实履行职责。

重大经济事项的内部决策，应当由单位领导班子集体研究决定。重大经济事项包括大额资金使用、大宗资产采购、基本建设项目、重大外包业务、对外投资、融资业务、重要资产处置、信息化建设和预算调整等；重大经济事项的认定标准应当根据有关规定和学校实际情况确定，一经确定，不得随意变更。

做好决策纪要的记录、流转和保存工作；加强对决策执行的追踪问效，建立健全决策问责制度。

补充说明——《关于建立中小学校党组织领导的校长负责制的意见（试行）》（节选）

（八）实行中小学校党组织领导的校长负责制，必须发挥党组织领导作用，保证校长依法依规行使职权，建立健全党组织统一领导、党政分工合作、协调运行的工作机制。合理确定学校领导班子成员分工，明确工作职责。学校领导班子成员要认真执行集体决定，按照分工积极主动开展工作。

（九）建立学校党组织书记和校长定期沟通制度。党组织书记和校长要及时交流思想、工作情况，带头维护班子团结。学校党组织会议、校长办公会议（校务会议）的重要议题，党组织书记、校长应当在会前听取对方意见，意见不一致的议题暂缓上会，待进一步交换意见、取得共识后再提交会议讨论。集体决定重大问题前，党组织书记、校长和有关领导班子成员要个别酝酿、充分沟通。

（十）学校领导班子成员应当经常沟通情况、协调工作。学校党组织书记、校长要发扬民主，充分听取和尊重班子成员的意见，支持他们的工作。学校领导班子成员要相互理解、相互支持，对职责分工交叉的工作，注意协调配合，努力营造团结共事的和谐氛围。

（十一）发挥教职工大会（教职工代表大会）和群团组织作用，健全师生员工参与民主管理和监督的工作机制。按照规定实行党务公开和校务公开，及时向师生员工、群团组织等通报学校工作情况。

2. 其他机制。执行机制。学校应建立并完善包括不相容岗位相分离、内部授权审批控制、归口管理、预算控制、资产保护控制、会计控制、单据控制、信息公开控制等措施在内的内部控制执行机制。具体见“10.1.6 内部控制方法”。

协同机制。学校应当建立健全“以预算为主线、资金管控为核心”的业务流程协同机制，积极发挥财务、政府采购、基建、资产管理、科研、合同管理等与经济活动相关部门或岗位的作用，保证内部控制在分权的基础上充分高效地运行。

监督机制。学校应充分发挥内部审计、纪检监察部门的作用，通过内部控制评价和内部审计监督及时发现内部控制建立和实施中的问题和薄弱环节，并及时改进，确保内部控制体系得以有效运行。具体内容见“10.4 内部控制评价与监督”。

10.2.3 关键岗位

分岗设权就是对涉及经济和业务活动的相关岗位，必须依职定岗、分岗定权、权责明确，防止岗位职责不清和设权界限混乱。

1. 实施关键岗位责任制。明确岗位职责及分工，确保不相容岗位相互分离、相互制约和相互监督。制定岗位职责说明书。

内部控制七大关键岗位：预算业务管理、收支业务管理、政府采购业务管理、资产管理、建设项目管理、合同管理以及内部监督等经济活动的关键岗位。

内部控制关键岗位具体包括预算编制、决算编制、绩效评价、资金管理、票据管理、账户管理、印章管理、采购及验收管理、资产保管、建设项目的设计施工管理、债务管理、合同管理、信息系统管理、会计管理、内部审计等岗位。

内部控制关键岗位工作人员应当具备与其工作岗位相适应的资格和能力。学校应当加强内部控制关键岗位工作人员业务培训和职业道德教育，不断提升其业务水平和综合素质。

小规模单位不一定一人一岗，可以一人多岗，一岗多人，多人多岗。

2. 定期轮岗制度。定期轮岗是对重点领域的关键岗位，在健全岗位设置、规范岗位管理、加强岗位胜任能力评估的基础上，通过明确轮岗范围、轮岗条件、轮岗周期、交接流程、责任追溯等要求，建立干部交流和定期轮岗制度。

对不具备轮岗条件的单位应当采取专项审计、强制休假等控制措施。对轮岗后发现原工作岗位存在失职或违法违纪行为的，应当按国家有关规定追责。

10.2.4 制度体系

内部控制制度体系包括预算管理内部控制制度、收入管理内部控制制度、支出管理内部控制制度、政府采购管理内部控制制度、国有资产管理内部控制制度、建设项目管理内部控制制度、合同管理内部控制制度、其他业务管理内部控制制度、决策机制制度和内部审计制度、内部控制评价与监督制度等。

预算业务管理内部控制制度应涵盖预算编制与内部审批、分解下达、预算执行与调整、决算管理与绩效管理等方面；收入管理内部控制制度应包括价格确定、票据管理、收入收缴、收入核算等方面；支出管理内部控制制度应包括预算与计划、支出范围与标准确定、审批权限与审批流程、支出核算、票据管理、公务卡管理等方面；政府采购管理内部控制制度应包括预算与计划、需求申请与审批、过程管理、验收入库等方面；决策机制制度至少应包括“三重一大”集体决策、分级授权等方面；合同管理内部控制制度应包括合同拟定与审批、合同履行与监督、合同档案与纠纷管理等。

首先应关注学校内部控制制度体系是否健全，是否有流程图；其次还要关注制度和流程图是否定期更新，制度的执行是否有效。

10.2.5 会计与信息系统

1. 会计系统。学校应当根据《中华人民共和国会计法》的规定建立会计机构，配备具有相应资格和能力的会计人员。具体内容见“10.1.6 内部控制方法之会计控制”。

学校应当根据实际发生的经济业务事项按照国家统一的会计制度及时进行账务处理、编制财务会计报告，确保财务信息真实、完整。具体内容见第2～第7章内容。重点关注学校是否执行政府会计准则制度，是否按照政府会计准则制度要求开展预算会计核算和财务会计核算，是否对固定资产和无形资产计提折旧或摊销，是否将基本建设投资、国有文物文化资产等纳入统一账簿进行会计核算，是否开展财务报告数据的分析与应用。

2. 信息系统。

（1）学校应根据内部控制相关要求，结合组织机构、业务过程、技术能力等因素，制定信息系统建设总体规划，健全信息系统管理程序，设置信息系统管理岗位，明确信息系统管理责任，对信息系统实行归口管理。

（2）学校应充分运用现代科学技术手段加强内部控制，将经济活动及其内部控制流程嵌入信息系统中，减少或消除人为操纵因素。信息系统应覆盖预算业务管理、收支管理、政府采购管理、资产管理、建设项目管理、合同管理等方面业务事项。

（3）学校要强化信息系统的安全管理，建立健全用户管理制度、系统数据定期备份制度、信息系统安全保密和泄密责任追究制度等措施，确保重要信息系统安全、可靠，增强信息安全保障能力。

一般来说，信息中心是负责学校信息工作的日常办事机构和工作执行机构，负责信息化具体工作的组织与实施和全局应用系统功能的日常管理，包括服务器、日常软硬件维护等，学校办公室、财务室、总务处、内审岗等部门的主要负责人应积极协助信息中心工作。

10.3 业务层面内部控制

10.3.1 业务层面内部控制内容

1. 预算业务控制。主要包括预算编制与审核、预算批复、预算执行与调剂、决算管理、预算绩效管理等。

2. 收支业务控制。主要包括价格确定、票据管理、收入收缴、收入核算；支出预算与计划、支出范围与标准确定、审批权限与审批流程和支出核算。

3. 政府采购业务控制。主要包括采购预算与计划、需求申请与审批、过程管理和验收入库。

4. 资产业务控制。主要包括资产购置、资产保管、资产使用、资产核算与处置。

5. 建设项目控制。主要包括项目立项与审核、概算预算、招标投标、工程变更、资金控制、验收与决算。

6. 合同业务控制。主要包括合同订立、合同履行、合同归档、合同纠纷处理。

以下主要以预算业务控制为例来阐述业务层面内部控制。

10.3.2 预算业务控制

1. 相关概念和范围。中小学校预算是指中小学校根据教育事业发展目标和计划编制的年度财务收支计划。

中小学校预算由收入预算和支出预算组成。

国家对中小学校实行核定收支、定额或者定项补助、超支不补、结转和结余按规定使用的预算管理办法。定额或者定项补助根据国家有关政策和财力可能，结合教育改革要求、中小学校特点、事业发展目标和计划、学校收支及资产状况等确定。

2. 建立健全预算业务内部管理制度。中小学校应根据表 10－3 中和预算相关的规定，结合学校实际情况，建立健全预算编制、批复、执行与调整、决算管理与预算绩效管理等预算内部管理制度。

表 10－3　与预算相关的规定

规定名称	施行日期	条款
《关于推进省以下预决算公开工作的通知》		
《预算法》		第 8 章第七十四条至第八十二条

续表

规定名称	施行日期	条款
《地方预决算公开操作规程》		
《预算法实施条例》	2020 年 10 月 1 日	第 5 章第八十条至第八十八条
《关于进一步推进预算公开工作的意见》	2016 年 2 月 23 日	
《中共中央 国务院关于全面实施预算绩效管理的意见》		
《关于贯彻落实〈中共中央 国务院关于全面实施预算绩效管理的意见〉的通知》		
《教育部关于全面实施预算绩效管理的意见》	2019 年 12 月 10 日	
《预算管理一体化规范（试行）》		
《预算管理一体化系统技术标准 V1.0》		
《项目支出绩效评价管理办法》		
《关于推进部门所属单位预算公开工作的指导意见》		
《国务院关于进一步深化预算管理制度改革的意见》	2021 年 3 月 7 日	
《事业单位财务规则》	2022 年 3 月 1 日	第五十五、第五十八、第五十九条
《中小学校财务制度》	2022 年 9 月 1 日	第 3 章 预算管理

3. 合理设置预算业务管理机构和岗位。单位应当合理设置岗位，明确相关岗位的职责权限，确保预算编制、审批、执行、评价等不相容岗位相互分离。中小学校一般由财务岗位负责编制预算。

4. 预算编制控制。中小学校预算以校为基本编制单位，不具有独立法人资格的学校纳入其所隶属学校统一编制。中小学校应当按照国务院规定的时间编制预算草案。学校可以通过“预算管理一体化系统”进行预算编制的信息化管理。

（1）编制原则。预算编制应当坚持量入为出、收支平衡、统筹兼顾、保证重点、勤俭节约和讲求绩效的原则。中小学校不得编制赤字预算。

预算编制应当做到程序规范、方法科学、编制及时、内容完整、项目细化、数据准确。单位应当正确把握预算编制有关政策，确保预算编制相关人员及时全面掌握相关规定。

（2）沟通协调机制。单位应当建立内部预算编制、预算执行、资产管理、基建管理、人事管理等部门或岗位的沟通协调机制，按照规定进行项目评审，确保预算编制部门及时取得和有效运用与预算编制相关的信息，根据工作计划细化预算编制，提高预算编制的科学性。

（3）收入预算编制。中小学校应当考虑学校维持正常运转和发展的基本需要，参考以前年度的预算执行情况，根据预算年度的收入增减因素和措施，以及以前年度结转和结余情况，积极稳妥地逐项测算编制收入预算草案。中小学校预算收入编制内容包括本级预算拨款收入、预算拨款结转和其他收入。

（4）支出预算编制。中小学校应当根据学校开展教育教学等活动需要和财力可能，分轻重缓急，编制支出预算草案，按其功能分类编列到项，按其经济性质分类编列到款。编制相关支出预算时，还应当考虑资产配置标准以及存量资产情况。中小学校预算支出编制内容包括基本支出和项目支出。各单位应当按照本级政府财政部门的规定开展预算评审。项目支出实行项目库管理，并建立健全项目入库评审机制和项目滚动管理机制。

5. 预算审核与批复。中小学校预算由学校根据年度事业发展目标和计划以及预算编制的规定，提出预算建议数，经主管部门审核汇总后报财政部门。学校根据财政部门下达的预算控制数编制预算草案，由主管部门审核汇总报财政部门，经法定程序审核批复后执行。

6. 预算执行与调剂。

（1）预算执行。各单位是本单位的预算执行主体，负责本单位的预算执行，并对执行结果负责。中小学校应当严格执行批准的预算，规范办理收支事项，加强预算执行管理。中小学校应当将各项支出全部纳入学校预算，实行项目库管理，建立健全支出管理制度，未纳入预算项目库的项目一律不得安排预算。严禁超预算、无预算安排支出。中小学校各项支出应当按照实际发生数列支，不得虚列虚报，不得以计划数和预算数代替。应当建立预算执行分析机制。定期通报各部门预算执行情况，召开预算执行分析会议，研究解决预算执行中存在的问题，提出改进措施，提高预算执行的有效性。

补充说明——《国务院关于进一步深化预算管理制度改革的意见》

加强部门和单位预算管理。政府的全部收入和支出都应当依法纳入预算，执行统一的预算管理制度。落实部门和单位预算管理主体责任，部门和单位要对预算完整性、规范性、真实性以及执行结果负责。各部门要统筹各类资金资产，结合本部门非财政拨款收入情况统筹申请预算，保障合理支出需求。将项目作为部门和单位预算管理的基本单元，预算支出全部以项目形式纳入预算项目库，实施项目全生命周期管理，未纳入预算项目库的项目一律不得安排预算。有关部门负责安排的建设项目，要按规定纳入部门项目库并纳入预算项目库。实行项目标准化分类，规范立项依据、实施期限、支出标准、预算需求等要素。建立健全项目入库评审机制和项目滚动管理机制。做实做细项目储备，纳入预算项目库的项目应当按规定完成可行性研究论证、制定具体实施计划等各项前期工作，做到预算一经批准即可实施，并按照轻重缓急等排序，突出保障重点。推进运用成本效益分析等方法研究开展事前绩效评估。依法依规管理预算代编事项，除应急、救灾等特殊事项外，部门不得代编应由所属单位实施的项目预算。

（2）预算调剂。预算执行中，财政补助收入和财政专户管理资金的预算一般不予调剂。确需调剂的，由中小学校报主管部门审核后报财政部门调剂。其他资金确需调剂的，按照国家有关规定办理。

7. 决算管理。单位应当加强决算管理，确保决算真实、完整、准确、及时，加强决算分析工作，强化决算分析结果运用，建立健全单位预算与决算相互反映、相互促进的机制。

中小学校应当按照规定编制年度决算草案，由主管部门审核汇总后报财政部门审批。

中小学校应当加强决算审核和分析，保证决算数据的真实、准确，规范决算管理工作。

中小学校的预算、决算应当按照财政部门和主管部门统一要求及时向社会公开。

8. 预算绩效管理。预算绩效管理就是以绩效为导向，将绩效理念和管理方法融入预算编制、预算执行、预算监督全过程的预算管理模式。绩即资金的产出，具备数量、质量、时效和成本四方面特性；效即资金的“效果”，包括经济效益、社会效益、生态效益、可持续影响、服务对象满意度。

《中共中央 国务院关于全面实施预算绩效管理的意见》提出，力争用 3 ~ 5 年时间基本建成全方位、全过程、全覆盖的预算绩效管理体系，实现预算和绩效管理一体化。全方位是指将各级政府收支预算、部门和单位预算收支、政策和项目全面纳入绩效管理；全过程是指建立事前绩效评估机制，强化绩效目标管理，做好绩效运行监控，全面开展绩效评价、绩效评价反馈和应用管理；全覆盖是指将一般公共预算、政府性基金预算、国有资本经营预算、社会保险基金预算全部纳入绩效管理范围，并且积极开展涉及财政资金的政府投资基金、PPP 项目、政府采购、政府购买服务、政府债务项目绩效管理；纵向覆盖中央、省市县乡五级政府，横向覆盖所有同级政府部门及其下属单位。

《中小学校财务制度》（2022 年）第二十三条规定，中小学校应当全面加强预算绩效管理，提高资金使用效益。《行政事业单位内部控制规范（试行）》第二十四条规定，单位应当加强预算绩效管理，建立“预算编制有目标、预算执行有监控、预算完成有评价、评价结果有反馈、反馈结果有应用”的全过程预算绩效管理机制。中小学校可采用如下控制措施。

（1）预算编制有目标。绩效目标是指财政预算资金计划在一定期限内达到的产出和效果。绩效目标是建设项目库、编制部门预算、实施绩效监控和开展绩效评价等的重要基础和依据。项目绩效目标设置应当指向明确、具体细化、合理可行和相应匹配。绩效目标管理一般包括绩效目标设定、绩效目标审核、绩效目标批复三个环节。预算管理部门要将绩效目标设置作为预算安排的前置条件，加强绩效目标审核，并将绩效目标与预算同步批复下达。

（2）预算执行有监控。预算执行中，政府财政部门组织和指导预算资金绩效监控，各单位应实施绩效监控。按照“谁支出、谁负责”的原则，预算单位负责开展预算绩效日常监控，对绩效目标实现程度和预算执行进度实行“双监控”，并定期对绩效监控信息进行收集、审核、分析、汇总、填报；分析偏离绩效目标的原因及存在问题，并及时采取纠偏措施，确保绩效目标如期保质保量实现。

（3）预算完成有评价。预算执行中，政府财政部门组织和指导绩效评价，各单位应开展绩效评价，提高资金使用效益。《预算法实施条例》（2020 年）第二十条指出，绩效评价是指根据设定的绩效目标，依据规范的程序，对预算资金的投入、使用过程、产出与效果进行系统和客观的评价。中小学校应该根据国家有关规定，结合学校实际情况，建立绩效评价制度。评价制度应包括评价对象和内容、评价依据、评价指标、评价标准、评价方法、评价程序等，主要参考《项目支出绩效评价管理办法》的规定。（数字资源 10－1：项目支出绩效评价管理办法）

数字资源 10－1

项目支出绩效评价管理办法

（4）评价结果有反馈。绩效评价结束后，单位自评结果主要通过项目支出绩效自评表的形式反映；财政和部门评价结果主要以绩效评价报告的形式体现，财政部门和预算部门应在绩效评价工作完成后，及时将评价结果反馈被评价单位，并明确整改时限。

（5）反馈结果有应用。单位应切实加强自评结果的整理、分析，单位自评结果作为本单位完善政策和改进管理的重要依据。对预算执行率偏低、自评结果较差的项目，要单独说明原因，提出整改措施。部门评价结果可作为本部门安排预算、完善政策和改进管理的重要依据。对绩效好的政策和项目优先保障，对绩效一般的政策和项目督促改进，对交叉重复、碎片化的政策和项目予以调整，对低效无效的政策和项目调减预算或暂缓安排。对长期沉淀的财政资金一律收回并按照有关规定统筹用于急需支持的领域。强化绩效评价结果对预算安排的刚性约束，激发绩效管理的内生动力。学校可以通过“预算管理一体化系统”进行预算绩效的信息化管理。“预算管理一体化系统”中基层单位的“绩效管理”模块功能如图 10－3 所示。

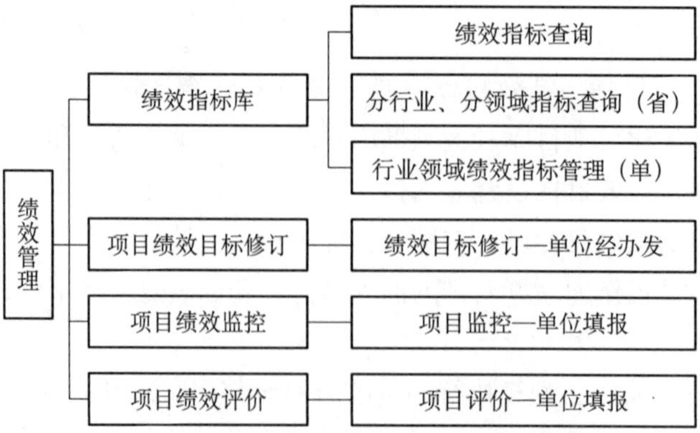

图 10－3　预算管理一体化系统的基层单位“预算绩效管理”模块

10.4　内部控制评价与监督

内部控制评价与监督，是内部控制得以有效实施的重要保障。单位应当建立健全内部控制评价与监督制度，通过日常监督和专项监督，检查内部控制实施过程中存在的突出问题、管理漏洞和薄弱环节，进一步改进和加强内部控制；通过自我评价，评估内部控制的全面性、重要性、制衡性、适应性和有效性，进一步改进和完善内部控制。

内部控制评价是指单位自行或者委托第三方对单位内部控制体系建立与实施情况评价并出具评价报告。

10.4.1　内部监督与评价

1.《行政事业单位内部控制规范（试行）》（2012 年）。

第六十条　单位应当建立健全内部监督制度，明确各相关部门或岗位在内部监督中的职责权限，规定内部监督的程序和要求，对内部控制建立与实施情况进行内部监督检查和自我评价。内部监督应当与内部控制的建立和实施保持相对独立。

第六十一条　内部审计部门或岗位应当定期或不定期检查单位内部管理制度和机制的建立与执行情况，以及内部控制关键岗位及人员的设置情况等，及时发现内部控制存在的问题并提出改进建议。

第六十二条　单位应当根据本单位实际情况确定内部监督检查的方法、范围和频率。

第六十三条　单位负责人应当指定专门部门或专人负责对单位内部控制的有效性进行评价并出具单位内部控制自我评价报告。

2.《教育系统内部审计工作规定》（全文见数字资源 10－2）。

> **数字资源 10－2**
>
> 教育系统内部审计工作规定（2020 年）

2020 年 2 月 25 日，教育部第 2 次部务会议审议通过《教育系统内部审计工作规定》，自 2020 年 5 月 1 日起施行。和中小学校内部控制密切相关的条款主要有：

第三条　本规定所称内部审计，是指对本单位及所属单位财政财务收支、经济活动、内部控制、风险管理等实施独立、客观的监督、评价和建议，以促进单位完善治理、实现目标的活动。

第四条　单位应当加强本单位党组织对内部审计工作的领导，健全党领导相关工作的体制机制。

第八条　单位可以根据工作需要成立审计委员会，加强党对审计工作的领导，负责部署内部审计工作，审议年度审计工作报告，研究制定内部审计改革方案、重大政策和发展战略，审议决策内部审计重大事项等。

第九条 单位可以根据工作需要建立总审计师制度。总审计师协助主要负责人管理内部审计工作。

第二十条 内部审计机构应当按照国家有关规定和本单位的要求，对本单位及所属单位以下事项进行审计：贯彻落实国家重大政策措施情况：发展规划、战略决策、重大措施和年度业务计划执行情况；财政财务收支和预算管理情况；固定资产投资项目情况；内部控制及风险管理情况；资金、资产、资源的管理和效益情况；办学、科研、后勤保障等主要业务活动的管理和效益情况；本单位管理的领导人员履行经济责任情况；自然资源资产管理和生态环境保护责任的履行情况；境外机构、境外资产和境外经济活动情况；国家有关规定和本单位要求办理的其他事项。

第三十七条 单位应当将内部审计结果及整改情况作为相关决策、预算安排、干部考核、人事任免和奖惩的重要依据。

3.《中小学校财务制度》（2022 年）。

第七十四条 中小学校财务监督的主要内容包括：预、决算编制的科学性、真实性、完整性和预算执行的时效性、均衡性；各项收入、支出的合法性、合规性；结转和结余资金以及专用基金管理的合规性；资产管理的安全性、完整性、合规性、有效性；负债的合规性和风险性；学生人数、教职工人数等基础数据的真实性、准确性和完整性。

第七十五条 中小学校财务监督应当实行事前监督、事中监督、事后监督相结合，日常监督与专项监督相结合。

10.4.2 外部监督

目前，对中小学校内部控制实施外部监督的部门主要有财政部门、审计机关、纪检监察部门和主管部门。

1. 财政部门实施的外部监督。《行政事业单位内部控制规范（试行）》（2012 年）第六十四条规定，国务院财政部门及其派出机构和县级以上地方各级人民政府财政部门应当对单位内部控制的建立和实施情况进行监督检查，有针对性地提出检查意见和建议，并督促单位进行整改。

《财政部门监督办法》（2012 年）规定，县级以上人民政府财政部门依法对单位和个人涉及财政、财务、会计等事项实施监督。财政部门实施监督，可以采取监控、督促、调查、核查、审查、检查、评价等方法。财政部门实施监督，可以采取专项监督和日常监督相结合的方式。专项监督应当结合年度监督计划，按照规定程序组织实施；日常监督应当结合履行财政、财务、会计等管理职责，按照规定程序组织实施。

2. 审计机关实施的外部监督。《行政事业单位内部控制规范（试行）》（2012 年）第六十四条第二款规定，国务院审计机关及其派出机构和县级以上地方各级人民政府审计机关对单位进行审计时，应当调查了解单位内部控制建立和实施的有效性，揭示相关内部控制的缺陷，有针对性地提出审计处理意见和建议，并督促单位进行整改。

《义务教育法》（2018 年）第五十条规定，县级以上人民政府建立健全义务教育经费的审计监督和统计公告制度。

3. 纪检监察部门实施的外部监督。作为负责单位党风廉政建设和行使行政监察权力的部门，纪检监察部门可以在对行政事业单位开展纪检监察的过程中，对其内部控制的建立和实施情况进行监督检查，并将单位内部控制的建立和实施情况作为对单位领导干部考核的内容之一。

《中华人民共和国监察法》（2018 年）规定，监察机关对下列公职人员和有关人员进行监察，其中包括“公办的教育、科研、文化、医疗卫生、体育等单位中从事管理的人员”。

4. 主管部门实施的外部监督。《事业单位财务规则》（2022 年）第六十三条规定，事业单位应当遵守财经纪律和财务制度，依法接受主管部门和财政、审计部门的监督。

《中小学校财务制度》（2022 年）第七十七条规定，中小学校应当遵守财经纪律和财务制度，依法接受主管部门和财政、审计等部门的监督。

10.5 内部控制报告

10.5.1 内部控制报告概述

1. 概念。内部控制报告是指行政事业单位在年度终了，结合本单位实际情况，依据《关于全面推进行政事业单位内部控制建设的指导意见》（2015 年）和《行政事业单位内部控制规范（试行）》（2012 年），按照本制度规定编制的能够综合反映本单位内部控制建立与实施情况的总结性文件。

2. 内部控制报告责任人。行政事业单位是内部控制报告的责任主体。

单位主要负责人对本单位内部控制报告的真实性和完整性负责。

10.5.2 内部控制报告格式和内容

2021 年度行政事业单位内部控制报告分为基层单位及汇总单位（部门、地区）两种类型，中小学校应填制基层单位类型。每年行政事业单位内部控制报告的格式和内容不完全相同，本部分以 2021 年基层单位内部控制报告格式和内容为例来说明。

2021 年度行政事业单位内部控制报告分为正文和附表两个部分。正文侧重以文字的形式展示单位内部控制工作组织实施、经验做法、整改落实等情况，附表侧重以报表的形式展示单位内部控制机构运行、内控制度建设与执行等情况。具体见图 10－4。

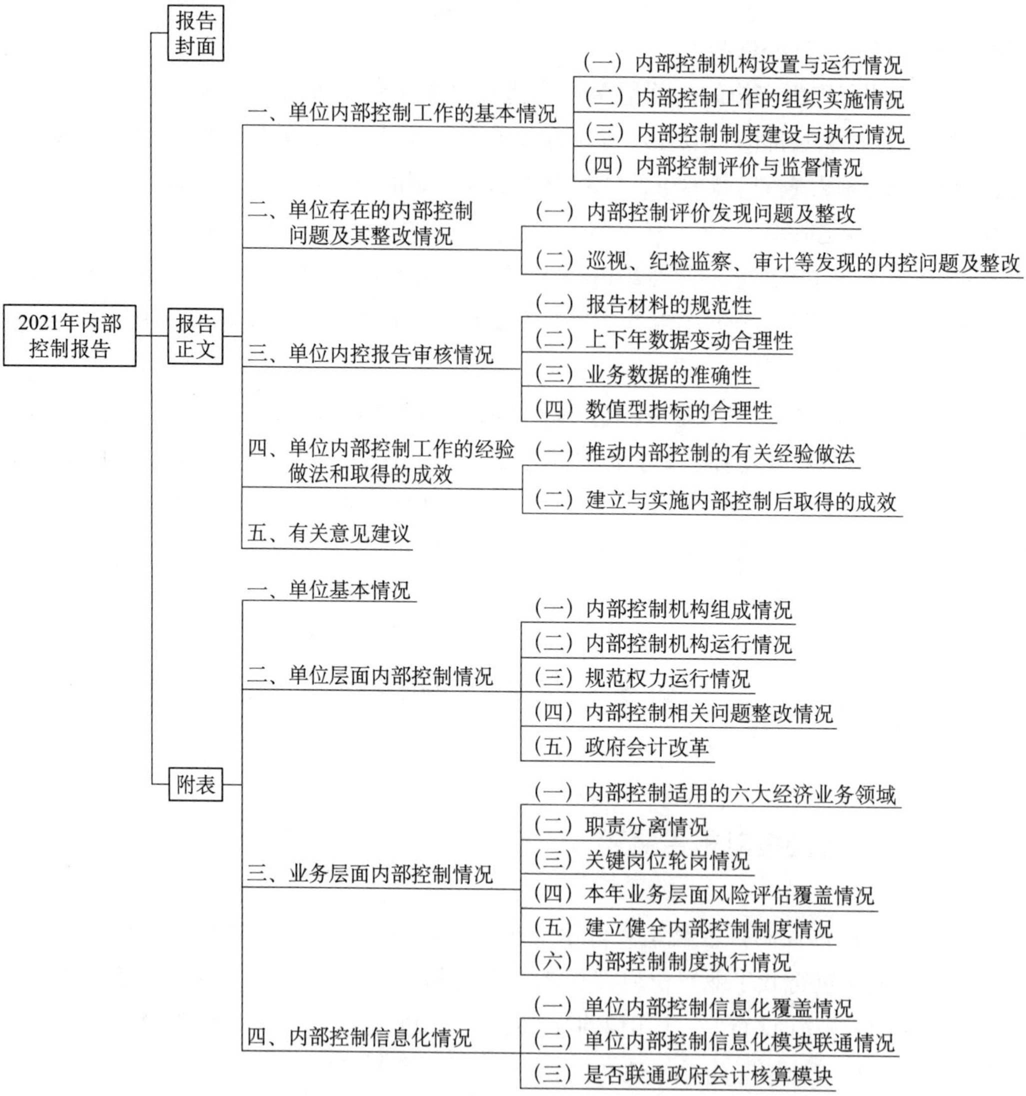

图 10－4　基层单位内部控制报告内容（2021 年）

10.5.3　内部控制报告的编制与报送

1. 编报注意事项。

（1）加强组织领导，层层压实责任。各部门、各单位要加强组织领导，健全工作机制，制定工作方案，做好统筹协调，层层压实责任，确保符合条件的行政事业单位“应报尽报”，扎实推进内部控制报告的编制、汇总、审核、报送、分析、应用等各项工作。

（2）加大审核力度，提高编报质量。各单位应当加强内部控制报告审核工作，并在内部控制报告中填报审核情况。未经审核的内部控制报告不得汇总上报。各地区、各部门应当对本级及所属单位的内部控制报告进行审核，并根据实际情况抽取一定比例的所属单位，对编报质量进行检查，重点关注内部控制报告内容的真实性、完整性、规范性。审核检查过程中要加强内部控制报告与部门预决算、预算绩效管理、政府采购、行政事业性国有资产报告等工作的统筹协调，确保同口径数据的协调一致性。

（3）开展分析应用，强化问题整改。各地区、各部门应当坚持需求导向和问题导向，积极开展本地区、本部门内部控制报告的专题分析和成果应用，总结内部控制报告应用的经验做法和取得成效，报送典型案例，深入挖掘内部控制报告在完善内部管理制度、绩效管理、监督问责、干部选拔任用等方面的应用价值，提升内部控制工作成效。针对内部控制报告反映的突出问题和薄弱环节，各单位应当认真对照检查，制定整改措施，进一步完善单位内部控制体系。

（4）遵守保密规定，落实安全要求。各地区、各部门、各单位应当重视内部控制报告的安全保密工作。按照“谁产生、谁定密”的原则，由报送主体确定报告内容是否涉及敏感信息或涉密信息。凡通过网络方式报送的内部控制报告，应当按照规定进行脱敏脱密处理；涉及的敏感信息，应当通过单机版软件填报，并通过光盘等介质离线报送；严禁报送涉密信息。

2. 编报系统。

中央部门及下属单位，登录 https：//tybb. mof. gov. cn；已完成统一报表二级部署的地方，登录本地系统地址，或者从财政部统一报表地址点击链接后跳转。

地方使用网报的行政事业单位，打开 https：//tybb. mof. gov. cn 界面，点击下方相关省市链接，或者直接登录各省（市）本地二级部署的“财政部统一报表系统（某省）”进行填报，各地方单位应按照各省级财政部门规定的时间和要求，在本地二级部署的统一报表平台上开展编报工作。

补充：财政部统一报表系统

“财政部统一报表系统”是由财政部开发的报表工作统一平台，包含了多套报表业务，涉及部内众多业务司局。“行政事业单位内部控制报告”是其中的一套报表业务，主要涵盖行政事业单位内部控制报告报表的下发、数据填报、数据审核、数据分析等功能。

不宜采用网络方式填报的单位，可在财政部网站会计司频道（http：//kjs. mof. gov. cn/）“在线服务”栏目下载单机版软件填报。采用单机版报送的地区（部门）应当将从单机版填报软件中导出的各单位电子版内部控制报告，以及汇总报告的可编辑版本及加盖签章的封面扫描件报送财政部（会计司）。

3. 网络编报流程。

（1）数据录入：点击“数据录入”，或者点击首页“常用功能”中的“数据录入”，即可进入到具体报表的录入界面，首先录入封面代码信息，然后按照表 10－4 序号逐表填报和上传附件。

表 10－4　　内部控制网络填报系统填报内容

序号	表名	是否需要录入	注意事项
1	单位层面内部控制建设情况表	需要	根据各单位实际情况，如实填写
2	业务层面内部控制建设情况（一）	需要	
3	业务层面内部控制建设情况（二）	需要	
4	业务层面内部控制建设情况（三）	需要	
5	业务层面内部控制建设情况（四）	需要	
6	信息系统层面内部控制建设情况表	需要	
7	单位内部控制报告文本	需要	文本表，需要各单位根据本单位实际情况填写本单位数据
9	行政事业单位内部控制报告	不需要	审核无误后，再生成报告。双击报告会弹出正在进行公式替换，等待即可，报告会自动打开，点击另存为保存即可

数字资源 10－3

2021 年行政事业单位内部控制报告（系统）

表格第 1～6 号具体内容见数字资源 10－3。

（2）生成报告：用户填写完所有报表之后，需要点击“全算”，确保相关数据都已产生。然后切换到报告。可以通过点击下载查看生成的分析报告。

（3）运算审核：填写单个报表时。可点“审核”进行单个报表审核；填写完所有报表之后，点击“全审”，通过后再上报。

2021 年单位内控报告具体审核内容见表 10－5。

表 10－5　　2021 年单位内控报告审核内容

审核指标		审核要求
一、报告材料的规范性	报告材料完整，数据填列齐全	报告封面指标填列完整，正式行文报送时经部门主要负责人签字或盖章，并加盖单位行政公章
二、基础数据的规范性	（一）报告内容规范	报告中存在大量下拉选择项，须保证单位填录内容在下拉选项的枚举范围内，不存在超出枚举范围的下拉选择项内容
	（二）公式审核无误，勾稽关系准确	软件中内置了大量审核公式，单户单位填报完成后，应点击“全审”对全部勾稽关系进行审核，除了“核实性”错误外，不允许存在审核报错
	（三）隶属关系与实际预算管理级次一致	单位预算级次填列单位按照预算管理权限和经费领拨关系所确定的预算级次，与决算封面上预算级次一致。非预算单位此项填报“无” 预算管理级次按单位预算分级管理的级次选择填列。非预算单位填报“90. 非预算单位” 单位隶属关系和所在地区应与主管部门或同级财政部门登记信息保持一致。“隶属关系”按照单位实际预算管理级次填写，具体略

续表

审核指标		审核要求
三、上下年数据变动合理性	年末总资产账面金额变动合理	上下年度内控报告报送数据衔接一致，年末总资产账面金额变化合理，如有重要资产变动情况应当说明，或上下年年末总资产账面金额差异超过 10% 应当说明
四、业务数据的准确性，同口径数据一致	（一）“年末在职人数”核对	应与本单位 2021 年决算中报送的“在职人员”数据一致。非预算单位应填写本单位“年末在职人数”
	（二）“应上缴非税收入金额”核对	应与本单位 2021 年决算报表中报送的纳入预算管理以及纳入财政专户管理的非税收入合计值保持一致
	（三）“实际上缴非税收入金额”核对	应与 2021 年决算报表的《非税收入征缴情况表》（财决附 04 表）中纳入预算管理的已缴国库小计数及纳入财政专户管理的已缴财政专户小计数之和一致，即表第 3 栏次第 1 行合计数加第 8 栏次第 1 行合计数（单位：元）。有重要差异或差异超过 10% 应当说明
	（四）“本年支出预算金额”核对	应与 2021 年决算报表的《收入支出决算总表》（财决 01 表）中本年支出的调整预算数一致，即表第 8 栏次第 84 行合计数（单位：元）。有重要差异或差异超过 10% 应当说明
	（五）“本年实际支出总额”核对	应与 2021 年决算报表的《收入支出决算总表》（财决 01 表）中本年支出的决算数一致，即表第 9 栏次第 84 行合计数（单位：元）。有重要差异或差异超过 10% 应当说明
	（六）“上年‘三公’经费决算数”核对	应与本单位 2020 年决算报表中报送的“三公”经费支出数保持一致
	（七）“本年‘三公’经费决算数”核对	应与本单位 2021 年决算报表中报送的“三公”经费支出数保持一致
	（八）“本年实际采购金额”核对	应与本单位 2021 年决算报表中报送的政府采购支出数保持一致
	（九）“年度实际投资额”核对	应与本单位 2021 年决算报表中报送的“基建项目属性”为“发展改革委安排的基建项目”“同级财政安排的基建项目”“其他主管部门安排的基建项目”的支出数保持一致
	（十）“年末总资产账面金额”核对	应与 2021 年国有资产报表《资产负债表》（财资 01 表）中第 2 栏次第 1 行资产合计期末数（单位：元）一致
	（十一）“固定资产本期减少额”核对	应与 2021 年国有资产报表中《资产处置情况表》（财资 10 表）中本期减少的固定资产账面原值，即表第 6 栏次第 1 行固定资产原值小计数（单位：元）一致
五、数值型指标的合理性	（一）“内部控制机构运行情况”异常值排查核对	本年单位内部控制领导小组会议次数、本年单位开展内部控制相关培训次数、内部控制相关问题数量、通过内部控制体系进行整改的问题数量应不存在不合理的异常值。存在异常需要说明
	（二）“内部控制制度执行情况”异常值排查核对	本年单位所有数值型数据应不存在不合理的异常值，尤其项目数量、合同订立数、经合法性审查的合同数不能误填为金额。存在异常需要说明

（4）数据上报：所有数据填报完成之后，审核无误后通过“上报”按钮，将填报的数据上报给上级单位。上报后的数据不能修改。

（5）上报取回：单位已经上报后，在上级部门未“确认”前，可以点击“上报取回”按钮进行取回；上级部门发现下级单位数据有误，可以直接“退回”；如果单位数据已经“确认”，需要上级取消确认后，才能“上报取回”或“退回”。

第 11 章　中小学校会计档案管理

11.1　会计档案管理的相关规范

与中小学会计档案管理相关规范很多，最新的规范具体如下。

1. 《会计档案管理办法》（2015 年）。为了加强会计档案的科学管理，统一全国会计档案管理制度，做好会计档案的管理工作，财政部、国家档案局于 1998 年 8 月 21 日发布了《会计档案管理办法》；2015 年 12 月 11 日，财政部、国家档案局对其进行了修订，于 2016 年 1 月 1 日起施行。与原办法相比，主要做了以下调整：一是完善了会计档案的定义和范围。二是增加并明确了电子会计档案的管理要求。三是完善了会计档案的销毁程序。四是明确了会计档案出境的管理要求。五是调整了会计档案的定期保管期限，并延长了会计档案向单位档案管理机构移交的期限。

2. 《关于规范电子会计凭证报销入账归档的通知》。财政部、国家档案局于 2020 年 4 月 3 日发布该通知，规范了电子会计凭证的概念、法律效力以及报销入账归档的具体要求，该通知自发布之日起施行。

3. 会计信息化系列文件。2013 年 12 月 6 日，财政部印发《企业会计信息化工作规范》。该《规范》分总则、会计软件和服务、企业会计信息化、监督、附则 5 章 49 条，自 2014 年 1 月 6 日起施行。

《会计改革与发展“十四五”规划纲要》提出，要修订《企业会计信息化工作规范》，将会计信息化工作规范的适用范围从企业扩展至行政事业单位，实现会计信息化对单位会计核算流程和管理的全面覆盖。制定、试点并逐步推广电子凭证会计数据标准，推动电子会计凭证开具、接收、入账和归档全程数字化和无纸化。

《会计信息化发展规划（2021—2025 年）》提出，在输入环节，加快制定、试点和推广电子凭证会计数据标准，统筹解决电子票据接收、入账和归档全流程的自动化、无纸化问题。到“十四五”期末，实现电子凭证会计数据标准对主要电子票据类型的有效覆盖。（数字资源 11 - 1：《会计信

数字资源 11 - 1

会计信息化发展规划（2021—2025 年）

息化发展规划〈2021—2025 年〉》）

2015 年 12 月 2 日，国家档案局办公室发布《企业电子文件归档和电子档案管理指南》，该指南根据我国已出台的电子文件归档和电子档案管理的规章制度以及部分企业的经验做法而制定，包括引言、正文和附录三部分，正文共 11 章，1.8 万余字，对企业开展电子文件归档和电子档案管理具有较强的指导性和参考性，同样适用于中小学校电子档案管理。

2017 年 12 月 15 日，国家档案局发布《电子档案管理系统基本功能规定》，自公布之日起实施。

2022 年 6 月，国家档案局发布《DA/T 94—2022 电子会计档案管理规范》，自 2022 年 7 月 1 日起实施。

2023 年 3 月 22 日，国家档案局办公室、财政部办公厅、商务部办公厅、国家税务总局办公厅联合发布《关于印发〈电子发票全流程电子化管理指南〉的通知》，为各单位在电子发票开具、接收、报销、入账、归档等环节提供了参考和指导。

4. 《财政票据管理办法》（2020 年）。2020 年 12 月，财政部发布了修订后的《财政票据管理办法》，自 2021 年 1 月 1 日起施行。该办法增加财政电子票据管理的内容，明确财政电子票据和纸质票据具有同等法律效力，并对管理流程进行规范；取消了非税收入专用票据和定额票据；删除了证明事项、防伪专用品和收取票据工本费等内容，增加了财政部门及其工作人员应当为领用单位办理领用证、领用票据提供便利的内容；根据监察法的有关规定，进一步完善了法律责任条款。（数字资源 11－2：《财政票据管理办法〈2020 年〉》）

数字资源 11－2

财政票据管理办法（2020 年）

5. 推行增值税电子发票的系列文件。2015 年 7 月 20 日，国家税务总局决定，自 2015 年 8 月 1 日起，在北京、上海、浙江和深圳开展增值税电子发票试运行工作，试点地区纳税人已实现使用增值税电子发票系统开具增值税电子普通发票。2015 年 11 月 26 日，国家税务总局发布《关于推行通过增值税电子发票系统开具的增值税电子普通发票有关问题的公告》，决定自 2015 年 12 月 1 日起在全国范围推行。

2020 年 12 月，国家税务总局发布《关于在新办纳税人中实行增值税专用发票电子化有关事项的公告》，决定在前期宁波、石家庄和杭州等 3 个地区试点的基础上，在全国新设立登记的纳税人中实行增值税专用发票电子化。

6. 《中华人民共和国档案法》（2020 年）。2020 年 6 月 20 日，十三届全国人大常委会第十九次会议审议通过了新修订的《中华人民共和国档案法》，国家主席习近平签署第四十七号主席令予以公布，自 2021 年 1 月 1 日起正式施行。这是档案法 1988 年 1 月 1 日施行以来的首次修订，从原来的 6 章 27 条扩展到 8 章 53 条，新增了“档案信息化建设”和“监督检查”两章，鼓励传统档案载体数字化，强调电子归档将有法可依。

7.《“十四五”全国档案事业发展规划》（2021 年）。2021 年 6 月，中共中央办公厅、国务院办公厅印发《“十四五”全国档案事业发展规划》，提出了七个发展目标，其中第五个发展目标是“档案信息化建设再上新台阶。档案信息化发展保障机制进一步完善，档案信息化建设进一步融入数字中国建设，新一代信息技术在档案工作中的应用更为广泛，信息化与档案事业各项工作深度融合，档案管理数字化、智能化水平得到提升，档案工作基本实现数字转型”。明确了八个方面二十六项主要任务，其中第五个方面共四项任务和“档案信息化建设”有关。

11.2　会计档案的概念和内容

11.2.1　会计档案的概念

《会计法》规定，“各单位对会计凭证、会计账簿、财务会计报告和其他会计资料应当建立档案，妥善保管”。《会计档案管理办法》（2015 年）指出，会计档案是指单位在进行会计核算等过程中接收或形成的，记录和反映单位经济业务事项的，具有保存价值的文字、图表等各种形式的会计资料，包括通过计算机等电子设备形成、传输和存储的电子会计档案。

11.2.2　会计档案的内容

会计档案包括会计凭证、会计账簿、财务会计报告和其他会计资料四部分。

1. 会计凭证。

（1）会计凭证按其填制程序和用途的分类不同，分为原始凭证和记账凭证两大类。

原始凭证是在经济业务发生或完成时取得或填制的，用以记录或证明经济业务发生或完成、明确经济责任并具有法律效力的书面证明。例如购货时取得的增值税普通发票（纸质发票、电子发票）、增值税专用发票（数字资源 11－3：增值税电子专用发票），财政票据（纸质票据、电子票据），银行转来的收款或付款通知单，教师出差取得的火车票，学校内部使用的借款单、资金往来结算票据、公益事业捐赠票据等。

数字资源 11－3

增值税电子专用发票

记账凭证是会计人员根据审核无误的原始凭证或原始凭证汇总表填制的，用于记载经济业务简要内容、确定会计分录，作为登记账簿直接依据的会计凭证。

(2) 会计凭证按存储形式不同，分为纸质会计凭证和电子会计凭证。电子会计凭证，是指单位从外部接收的电子形式的各类会计凭证，包括电子发票、财政电子票据、电子客票、电子行程单、电子海关专用缴款书、银行电子回单等电子会计凭证。电子会计凭证包括电子原始凭证、电子记账凭证。来源合法、真实的电子会计凭证与纸质会计凭证具有同等法律效力。

增值税电子专票由各省税务局监制，采用电子签名代替发票专用章，属于增值税专用发票，其法律效力、基本用途、基本使用规定等与增值税纸质专用发票相同。单位和个人可以通过全国增值税发票查验平台（https：//inv-veri. chinatax. gov. cn）对增值税电子专票信息进行查验；可以通过全国增值税发票查验平台下载增值税电子发票版式文件阅读器，查阅增值税电子专票并验证电子签名有效性。（数字资源 11－4：增值税发票查验平台图片）

数字资源 11－4

增值税发票查验平台图片

财政票据，是指由财政部门监（印）制、发放、管理，国家机关、事业单位、具有公共管理或者公共服务职能的社会团体及其他组织依法收取政府非税收入或者从事非营利性活动收取财物时，向公民、法人和其他组织开具的凭证。如非税收入通用票据、非税收入一般缴款书、资金往来结算票据、公益事业捐赠票据、医疗收费票据、社会团体会费票据等。财政票据是财务收支和会计核算的原始凭证，包括电子和纸质两种形式。财政电子票据和纸质票据具有同等法律效力，是财会监督、审计监督等的重要依据。学校可通过“财政部全国财政电子票据查验平台”（http：//pjcy. mof. gov. cn/html/index. html）进行真伪查验。（数字资源 11－5：财政电子票据查验平台图片）

数字资源 11－5

财政电子票据查验平台图片

(3) 预算管理一体化对会计凭证的影响。学校对财政资金的核算结果应与财政总预算会计核算结果保持衔接，相关记账凭证所载辅助信息原则上应从财政部门预算指标管理、资金支付管理、政府非税收入征收管理等环节自动获取。记账凭证所载的预算项目信息要完整全面，并与财政部门项目库信息保持一致。

学校会计依据经审核的原始凭证进行会计核算，经一体化系统自动化核算的结果不得人为修改，自动核算确实有误或因会计政策、估计调整涉及调整会计核算结果的，应以会计调整的方式进行修正。涉及财政资金收支核算结果调整的，应按照财政部门支付更正规定报财政审核通过后调整，调整后的会计核算结果要与财政总预算会计核算结果保持一致。

2. 会计账簿。

(1) 会计账簿的分类。《会计法》第十五条规定，会计账簿包括总账、明细账、日记账和其他辅助性账簿。

总账是按照总分类科目开设账户分类登记全部经济业务，提供总括核算资料的账簿，一般采用三栏式。

明细账是按照总分类科目所属的明细科目开设账户，用以分类登记某一类经济业务，提供明细核算资料的账簿，有三栏式、多栏式和数量金额栏式三种格式。三栏式账簿是指账页设有借方、贷方和余额三个金额栏的账簿，主要适用于只反映金额而没有实物量的经济业务，如债权债务明细账等。多栏式账簿是根据经济业务的特点和经营管理的要求，在账页“借方”或“贷方”栏目下设置若干明细科目专栏的账簿。它主要适用于费用、收入、预算支出、预算收入等科目的明细核算。数量金额式账簿是指在账页“借方”“贷方”和“余额”栏目下，都分别设置数量、单价、金额三个小栏，用来反映实物的数量和金额的账簿，适用于既需要反映金额，又需要反映数量的经济业务，如库存物品明细账。

日记账，是按照经济业务发生时间的先后顺序，逐日逐笔进行连续登记的账簿，主要有“库存现金日记账”和“银行存款日记账”，一般采用三栏式。

辅助账簿，指对在日记账和分类账中不予登记或登记不够详细的经济业务进行补充登记的账簿，可以补充说明总账和明细账所不能详细反映的资料。辅助账簿没有固定格式，中小学校可根据自身的实际需要来设置。

（2）预算管理一体化对会计账簿的影响。预算管理一体化系统，通过全业务电子化途径，实现了预算会计账簿的全周期管理要求，及时反映所有资金的流动情况，保证账簿的真实性、完整性和及时性。单位会计账簿，通过单位支付业务生成机制凭证，系统自动生成总账、明细账、余额表等会计账簿。总预算会计账簿，通过与预算单位联网对接，逐步实现同级预算单位会计核算信息的动态反映和集中存放，实现了实时监控账簿情况和财政资金使用情况。具体见图 1 - 4。

预算管理一体化推进了会计账簿中记录的有关数字定期与往来单位、部门进行会计对账的工作。学校预算会计要按照财政部门要求定期与财政部门进行账务核对，做到数字正确、经济分类与功能分类科目一致、会计科目运用准确、项目信息反映完整。

3. 财务会计报告。财务会计报告包括月度、季度、半年度、年度财务会计报告，包括会计报表、附表、附注及文字说明、其他财务报告。此外还包括决算报告，具体内容见前两章。

4. 其他会计资料。其他会计资料包括银行存款余额调节表、银行对账单、纳税申报表、会计档案移交清册、会计档案保管清册、会计档案销毁清册、会计档案鉴定意见书及其他具有保存价值的会计资料。

会计档案还包括通过计算机等电子设备形成、传输和存储的电子会计档案。符合档案管理要求的电子会计档案与纸质档案具有同等法律效力。

11.3 会计档案的归档保管

11.3.1 纸质会计档案的保管

《会计基础工作规范》（2019 年）第五十五条规定：会计机构、会计人员要妥善保管会计凭证。会计凭证登记完毕后，应当按照分类和编号顺序保管，不得散乱丢失。

记账凭证应当连同所附的原始凭证或者原始凭证汇总表，按照编号顺序，折叠整齐，按期装订成册，并加具封面，注明单位名称、年度、月份和起讫日期、凭证种类、起讫号码，由装订人在装订线封签外签名或者盖章。

对于数量过多的原始凭证，可以单独装订保管，在封面上注明记账凭证日期、编号、种类，同时在记账凭证上注明“附件另订”和原始凭证名称及编号。各种经济合同、存出保证金收据以及涉外文件等重要原始凭证，应当另编目录，单独登记保管，并在有关的记账凭证和原始凭证上相互注明日期和编号。

原始凭证不得外借，其他单位如因特殊原因需要使用原始凭证时，经本单位会计机构负责人、会计主管人员批准，可以复制。向外单位提供的原始凭证复制件，应当在专设的登记簿上登记，并由提供人员和收取人员共同签名或者盖章。

11.3.2 电子会计档案的保管

1. 电子会计凭证的报销入账归档。《关于规范电子会计凭证报销入账归档的通知》（2020 年）规定，除法律和行政法规另有规定外，同时满足下列条件的，单位可以仅使用电子会计凭证进行报销入账归档：接收的电子会计凭证经查验合法、真实；电子会计凭证的传输、存储安全、可靠，对电子会计凭证的任何篡改能够及时被发现；使用的会计核算系统能够准确、完整、有效接收和读取电子会计凭证及其元数据，能够按照国家统一的会计制度完成会计核算业务，能够按照国家档案行政管理部门规定格式输出电子会计凭证及其元数据，设定了经办、审核、审批等必要的审签程序，且能有效防止电子会计凭证重复入账；电子会计凭证的归档及管理符合《会计档案管理办法》等要求。

单位以电子会计凭证的纸质打印件作为报销入账归档依据的，必须同时保存打印该纸质件的电子会计凭证。除法律、行政法规另有规定外，电子会计档案可不再另以纸质形式保存。

2. 电子发票的保管。根据财政部、国家档案局、国家税务总局的规定，电子发票的归档保存分为两种情况。

（1）已建立电子档案管理系统的单位，实施了会计信息系统，与电子发票相关的记账凭证、报销凭证等已全部实现电子化（不包括纸质凭证扫描），可将电子发票与相关的记账凭证、报销凭证等电子会计凭证通过归档接口或手工导入电子档案管理系统进行整理、归档并长期保存，归档方法可参照《企业电子文件归档和电子档案管理指南》；如与电子发票相关的记账凭证、报销凭证等未实现电子化，可单独将电子发票通过归档接口或手工导入电子档案管理系统进行整理、归档并长期保存；整理、归档、长期保存方法可参照《企业电子文件归档和电子档案管理指南》。

（2）无电子档案管理系统的单位，如实施了会计信息系统，与电子发票相关的记账凭证、报销凭证等已全部实现电子化，可将电子发票与相关的记账凭证、报销凭证等移交会计档案管理人员保存，编制档号，存储结构建议采取如图 11－1 所示方式。

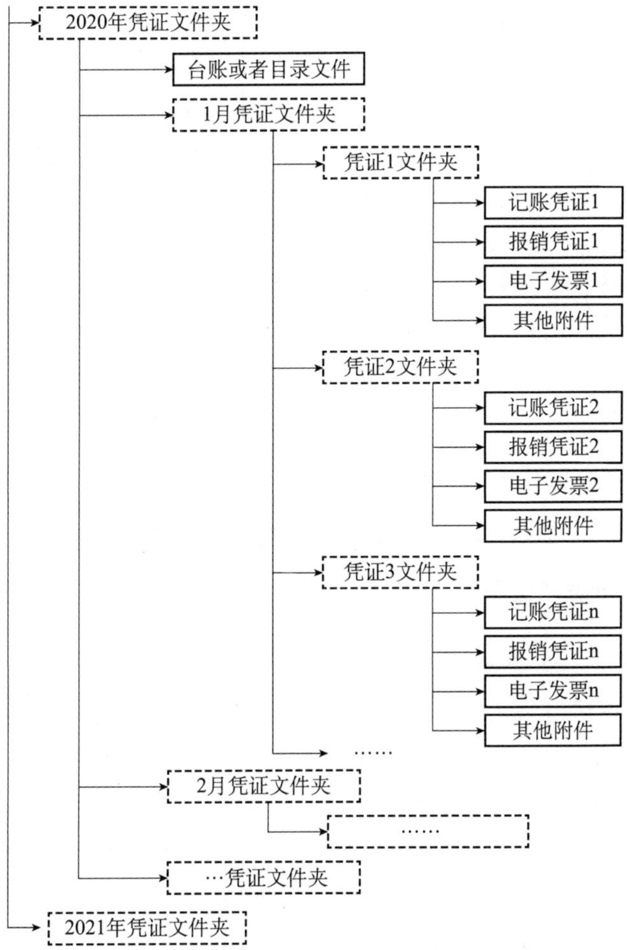

图 11－1　实施会计信息系统单位的存储结构

同时，建立电子会计档案台账或者目录，电子会计档案台账的结构见表 11－1。

表 11－1　　电子会计档案台账的结构

序号	档号	凭证号	摘要	凭证日期	电子凭证件数	备注

如未实施会计信息系统，与电子发票相关的记账凭证、报销凭证未实现电子化，电子发票以电子形式移交会计档案管理人员保存，存储结构建议采取如图 11－2 所示方式。

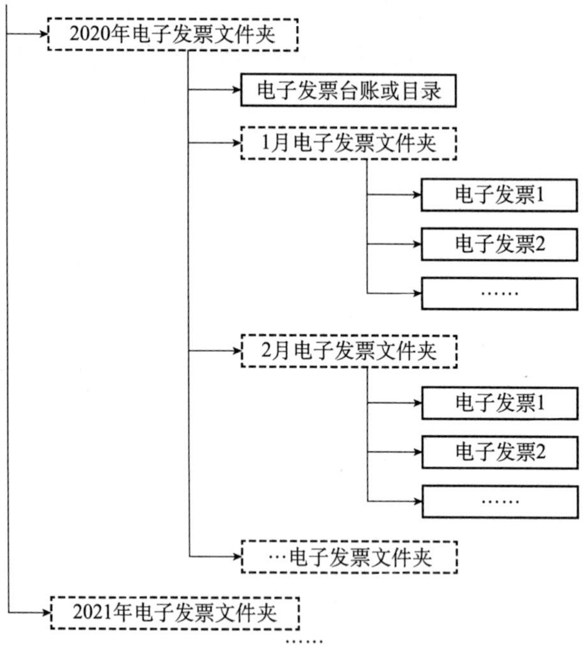

图 11－2　未实施会计信息系统单位的存储结构

同时，建立电子发票台账或者目录，台账或者目录的结构建议见表 11－2。

表 11－2　　电子发票台账的结构

序号	纳税人识别号	年度	交易事项	开票方名称	发票号码	开具日期	报销单据号	记账凭证号	文件名	备注

保存电子发票时，应当采用多重备份、定期检测等方法，保证电子发票档案在规定的保管期限内不会丢失并能被读取。

3. 其他电子会计档案的保存。《会计档案管理办法》第八条规定：同时满足下列条件的，单位内部形成的属于归档范围的电子会计资料可仅以电子形式保存，形成电子会计档案：形成的电子会计资料来源真实有效，由计算机等电子设备形成和传输；使用的会计核算系统能够准确、完整、有效接收和读取电子会计资料，能够输出符合国家标准归档格式的会计凭证、会计账簿、财务会计报表等会计资料，设定了经办、审核、审批等必要的审签程序；使用的电子档案管理系统能够有效接收、管理、利用电子会计档案，符合电子档案的长期保管要求，并建立了电子会计档案与相关联的其他纸质会计档案的检索关系；采取有效措施，防止电子会计档案被篡改；建立电子会计档案备份制度，能够有效防范自然灾害、意外事故和人为破坏的影响；形成的电子会计资料不属于具有永久保存价值或者其他重要保存价值的会计档案。满足本办法第八条规定条件，单位从外部接收的电子会计资料附有符合《中华人民共和国电子签名法》规定的电子签名的，可仅以电子形式归档保存，形成电子会计档案。

《财政票据管理办法》（2020 年）规定，财政票据使用单位开具电子票据，应当确保电子票据及其元数据自形成起完整无缺、来源可靠，未被非法更改，传输过程中发生的形式变化不得影响财政电子票据内容的真实、完整。财政票据使用单位和付款单位应当准确、完整、有效接收和读取财政电子票据，并按照会计信息化和会计档案等有关管理要求归档入账。

《中华人民共和国档案法》（2020 年）规定，机关、团体、企业事业单位和其他组织应当积极推进电子档案管理信息系统建设，与办公自动化系统、业务系统等相互衔接。电子档案应当来源可靠、程序规范、要素合规。电子档案与传统载体档案具有同等效力，可以以电子形式作为凭证使用。

11.3.3　会计档案保管期限

单位的会计机构或会计人员所属机构（以下统称单位会计管理机构）按照归档范围和归档要求，负责定期将应当归档的会计资料整理立卷，编制会计档案保管清册。

当年形成的会计档案，在会计年度终了后，可由单位会计管理机构临时保管一年，再移交单位档案管理机构保管。因工作需要确需推迟移交的，应当经单位档案管理机构同意。

国家鼓励和支持档案馆和机关、团体、企业事业单位以及其他组织推进传统载体档案数字化。已经实现数字化的，应当对档案原件妥善保管。档案馆可以对重要电子档案进行异地备份保管。

单位会计管理机构临时保管会计档案最长不超过三年。临时保管期间，会计档案的保管应当符合国家档案管理的有关规定，且出纳人员不得兼管会计档案。

会计档案的保管期限分为永久、定期两类。定期保管期限一般分为 10 年和 30 年。会计档案的保管期限，从会计年度终了后的第一天算起。中小学校会计档案的保管期限原则上应当按照表 11 -3 执行，表中规定的会计档案保管期限为最低保管期限。

表 11-3　　行政事业单位会计档案保管期限表

序号	档案名称	保管期限	备注
一	会计凭证		
1	行政单位和事业单位的各种会计凭证	30 年	包括原始凭证、记账凭证和传票汇总表
二	会计账簿		
2	日记账	30 年	
3	总账	30 年	
4	明细分类、分户账或登记簿	30 年	
5	行政单位和事业单位固定资产卡片		固定资产报废清理后保管 5 年
三	财务会计报告		
6	部门财务报告	永久	所属单位报送的保管 2 年
7	部门决算	永久	所属单位报送的保管 2 年
8	行政单位和事业单位会计月、季度报表	10 年	所属单位报送的保管 2 年
四	其他会计资料		
9	银行存款余额调节表	10 年	
10	银行对账单	10 年	
11	会计档案移交清册	30 年	
12	会计档案保管清册	永久	
13	会计档案销毁清册	永久	
14	会计档案鉴定意见书	永久	

11.3.4　会计档案保管的特殊情况

单位因撤销、解散、破产或其他原因而终止的，在终止或办理注销登记手续之前形成的会计档案，按照国家档案管理的有关规定处置。

单位分立后原单位存续的，其会计档案应当由分立后的存续方统一保管，其他方可以查阅、复制与其业务相关的会计档案。

单位分立后原单位解散的，其会计档案应当经各方协商后由其中一方代管或按照国家档案管理的有关规定处置，各方可以查阅、复制与其业务相关的会计档案。

单位分立中未结清的会计事项所涉及的会计凭证，应当单独抽出由业务相关方保存，并按照规定办理交接手续。

单位因业务移交其他单位办理所涉及的会计档案，应当由原单位保管，承接业务单位可以查阅、复制与其业务相关的会计档案。对其中未结清的会计事项所涉及的会计凭证，应当单独抽出由承接业务单位保存，并按照规定办理交接手续。

单位合并后原各单位解散或者一方存续其他方解散的，原各单位的会计档案应当由合并后的单位统一保管。单位合并后原各单位仍存续的，其会计档案仍应当由原各单位保管。

建设单位在项目建设期间形成的会计档案，需要移交给建设项目接受单位的，应当在办理竣工财务决算后及时移交，并按照规定办理交接手续。

11.4　会计档案的移交和销毁

11.4.1　会计档案的查阅和复制

单位应当严格按照相关制度利用会计档案，在进行会计档案查阅、复制、借出时履行登记手续，严禁篡改和损坏。单位保存的会计档案一般不得对外借出。确因工作需要且根据国家有关规定必须借出的，应当严格按照规定办理相关手续。会计档案借用单位应当妥善保管和利用借入的会计档案，确保借入会计档案的安全完整，并在规定时间内归还。单位的会计档案及其复制件需要携带、寄运或者传输至境外的，应当按照国家有关规定执行。

11.4.2　会计档案的移交

当年形成的会计档案，在会计年度终了后，可由单位会计管理机构临时保管一年，再移交单位档案管理机构保管。因工作需要确需推迟移交的，应当经单位档案管理机构同意。机关、团体、企业事业单位和其他组织发生机构变动或者撤销、合并等情形时，应当按照规定向有关单位或者档案馆移交档案。

单位会计管理机构在办理会计档案移交时，应当编制会计档案移交清册，并按照国家档案管理的有关规定办理移交手续。纸质会计档案移交时应当保持原卷的封装。电子会计档案移交时应当将电子会计档案及其元数据一并移交，且文件格式应当符合国家档案管理的有关规定。特殊格式的电子会计档案应当与其读取平台一并移交。单位档案管理机构接收电子会计档案时，应当对电子会计档案的准确性、完整性、可用性、安全性进行检测，符合要求的才能接收。

单位之间交接会计档案时，交接双方应当办理会计档案交接手续。移交会计档案的单位，应当编制会计档案移交清册，列明应当移交的会计档案名称、卷号、册数、起止年度、档案编号、应保管期限和已保管期限等内容。交接会计档案时，交接双方应当按照会计档案移交清册所列内容逐项交接，并由交接双方的单位有关负责人负责监督。交接完毕后，交接双方经办人和监督人应当在会计档案移交清册上签名或盖章。

11.4.3 会计档案的销毁

单位应当定期对已到保管期限的会计档案进行鉴定，并形成会计档案鉴定意见书。经鉴定，仍需继续保存的会计档案，应当重新划定保管期限；对保管期满，确无保存价值的会计档案，可以销毁。会计档案鉴定工作应当由单位档案管理机构牵头，组织单位会计、审计、纪检监察等机构或人员共同进行。

经鉴定可以销毁的会计档案，应当按照以下程序销毁：（1）单位档案管理机构编制会计档案销毁清册，列明拟销毁会计档案的名称、卷号、册数、起止年度、档案编号、应保管期限、已保管期限和销毁时间等内容。（2）单位负责人、档案管理机构负责人、会计管理机构负责人、档案管理机构经办人、会计管理机构经办人在会计档案销毁清册上签署意见。（3）单位档案管理机构负责组织会计档案销毁工作，并与会计档案机构共同派员监销。监销人在会计档案销毁前，应当按照会计档案销毁清册所列内容进行清点核对；在会计档案销毁后，应当在会计档案销毁清册上签名或盖章。电子会计档案的销毁还应当符合国家有关电子档案的规定，并由单位档案管理机构、会计管理机构和信息系统管理机构共同派员监销。

保管期满但未结清的债权债务会计凭证和涉及其他未了事项的会计凭证不得销毁，纸质会计档案应当单独抽出立卷，电子会计档案单独转存，保管到未了事项完结时为止。单独抽出立卷或转存的会计档案，应当在会计档案鉴定意见书、会计档案销毁清册和会计档案保管清册中列明。

参考文献

［1］财政部．财政部有关负责人就修订出台《事业单位财务规则》答记者问［EB/OL］．［2022－01－18］．http：//tfs. mof. gov. cn/zhengcejiedu/202201/t20220118_3783089. html.

［2］财政部．关于修订预算管理一体化规范和技术标准有关资产管理内容的通知（财办［2020］15号）［EB/OL］．［2021－05－20］．http：//gks. mof. gov. cn/guizhangzhidu/202105/t20210520_3705586. html.

［3］财政部．关于印发《中小学校财务制度》的通知［EB/OL］．［2022－8－10］．http：//jkw. mof. gov. cn/zhengcefabu/202208/t20220808_3832528. html.

［4］财政部国家档案局有关负责人就印发《关于规范电子会计凭证报销入账归档的通知》答记者问［J］．财务与会计，2020（9）．

［5］财政部会计司国家档案局经济科技档案业务指导司国家税务总局货物和劳务税司关于增值税电子专用发票电子化管理与操作有关问题的答问［J］．财务与会计，2021（3）．

［6］财政部会计司．行政事业单位内部控制规范讲座［M］．北京：经济科学出版社，2013.

［7］财政部会计司有关负责人就印发《政府会计制度——行政事业单位会计科目和报表》答记者问［J］．财务与会计，2017.

［8］财政部．新版《固定资产等资产基础分类与代码》国家标准发布［EB/OL］．［2023－02－16］．http：//zcgls. mof. gov. cn/zhengcejiedu/202302/t20230215_3866519. html.

［9］财政部．政府会计准则制度（合订本·2020）［M］．北京：经济科学出版社，2019.

［10］财政部．中华人民共和国财政部令第108号——事业单位财务规则［EB/OL］．［2022－01－18］．http：//tfs. mof. gov. cn/caizhengbuling/202201/t20220118_3783061. html.

［11］初宜红，刘晓红．新《中小学校会计制度》主要变化及实施中重难点分析［J］．财务与会计，2014（6）：26－27.

［12］杜莉．中小学校执行新政府会计准则制度的实务解析［M］．上海：立信会计出版社，2019.

［13］宫兴国，马永健，陈海妹．完善中小学校财务核算之我见［J］．财会月刊，2005（11）：62.

[14]《基层单位政府会计准则制度指导手册》编委会．基层单位政府会计准则制度指导手册[M]．北京：经济科学出版社，2022.

[15] 蒋宝康，徐建．《事业行政单位预算会计制度》适用范围之我见[J]．财务与会计，1989 (3)：48－49.

[16] 教育部．教育部关于全面实施预算绩效管理的意见[EB/OL]．[2019－12－18]．http://www.moe.gov.cn/srcsite/A05/s7499/201912/t20191227_413738.html.

[17] 晋晓琴，丁尚．新《科学事业单位会计制度》的会计科目变化[J]．财会月刊，2014 (3)：72－75.

[18] 晋晓琴．会计学基础（第2版）[M]．北京：经济科学出版社，2022.

[19] 荆新．中国预算会计改革的回顾与展望——纪念改革开放三十周年[J]．预算管理与会计，2008 (11)：4－6.

[20] 李建发．政府会计论[M]．厦门：厦门大学出版社，1999.

[21] 李阳．中小学新旧会计制度的比较与存在问题分析[D]．北京：首都经济贸易大学，2014.

[22] 李曜明．适应经费管理要求 促进学校健康发展——教育部财务司负责人解读中小学财务新制度[J]．教育财会研究，2013 (2)：19－20.

[23] 刘海燕，彭湘萍，蓝风壮．事业单位预算管理一体化——会计核算及成本实务[M]．北京：中国财政经济出版社，2022.

[24] 刘用铨．《事业单位财务规则》修订重点难点解析[J]．会计之友，2022 (5)．

[25] 龙建强．《企业电子文件归档与电子档案管理指南》主要内容浅析[J]．机电兵船档案，2016 (3)：36－39.

[26] 马耕耘．是挑战也是机遇——略论行政事业单位会计制度改革[J]．内蒙古财会，1998 (10)：16－17.

[27] 田祖荫．关于制定新的教育行业会计制度的几点思考[J]．预算管理与会计，1998 (5)：9－11.

[28] 王小龙，李敬辉．预算管理一体化规范实用教程[M]．北京：经济科学出版社，2020.

[29]《〈行政事业性国有资产管理条例〉解读》编写组．行政事业性国有资产管理条例解读[M]．北京：中国财政经济出版社，2022.

[30] 杨周复．新预算会计法规体系是适应改革和发展需要的科学产物[J]．预算管理与会计，1998 (11)：35－37.

[31] 佚名．财政部、国家教委有关负责人就颁布高校、中小学财务制度答记者问[J]．教育财会研究，1997 (5)：17－19.

[32] 佚名．新修订《中小学校财务制度》的主要创新[J]．教育财会研究，2013，24 (2)：46－48.

［33］尹飞．在法治轨道上加强行政事业性国有资产管理监督［EB/OL］．［2021-03-18］．http：//www. moj. gov. cn/pub/sfbgw/zcjd/202103/t20210318_390297. html.

［34］张庆龙．行政事业单位内部控制建设原理与操作实务［M］．北京：电子工业出版社，2017.

［35］张声和．对财政部重新修订颁发《事业行政单位会计制度》的几点认识［J］．上海会计，1989（1）：23-24.

［36］张燕霞．新旧中小学校财务制度对比分析［J］．行政事业资产与财务，2013（5）：48-49.

［37］张友棠，陈仲明，曹耀威．中小学校施行《政府会计制度》核心业务解读与实务操作指南［M］．武汉：武汉理工大学出版社，2018.